Ludvík Souček

Fragezeichen über Gräbern

Mysteriöse Todesfälle

Das Neue Berlin

Aus dem Tschechischen von Gustav Just

Ludvík Souček lebte von 1926 bis 1978. Der gebürtige Prager war nach dem Medizinstudium Assistent an der Prager Universitätsklinik, arbeitete als Militärarzt, wechselte Anfang der 70er Jahre zum Fernsehen und dann zum Verlag Albatros. Er veröffentlichte Kinderbücher, Romane und populärwissenschaftliche Bücher. »Fragezeichen über Gräbern« erschien 1982 postum in Prag. Die von ihm aufgegriffenen Todesfälle sind nach wie vor Gegenstand historischer und naturwissenschaftlicher Untersuchungen, aber auch spekulativer Deutungen. Neue Methoden erweiterten in manchen Fällen die Erkenntnisse, doch aufgelöst haben sich die Fragezeichen über den Gräbern nicht.

Inhalt

Auch du, mein Sohn Brutus?

Es ist schwerer, mich aus der ersten Reihe in die zweite zu verdrängen als aus der zweiten in die letzte.
Gaius Julius Caesar

Caesar gestand mir ohne Umstände, daß selbst die größten Taten seines Lebens bei weitem nicht dem Ruhm dessen gleichkommen, wie es ihm genommen wurde.
Jonathan Swift, Gullivers Reisen

Die Biographie von Gaius Julius Caesar ist allgemein bekannt, und bekannt sind auch die Umstände, die seinem Tod vorausgingen, die ihn bewirkten und die ihm folgten.
Gewöhnlich wird die Ermordung des Diktators, ausgeführt im Senat am 15. März des Jahres 44 v. u. Z. einer raffinierten Verschwörung von Republikanern zugeschrieben, die im letzten Augenblick die Ernennung Caesars zum König über alle außeritalienischen Völker (laut einer alten Prophezeiung der Sibylle konnten die Parther, die ständige Bedrohung Roms, nur durch einen König geschlagen werden) und damit eine weitere Vergrößerung seiner ohnehin fast unbegrenzten Macht vereiteln. Caesar wird als das überraschte und über den Verrat seiner Nächsten entsetzte Opfer geschildert – dieses Bild hat sich nicht nur bei Historikern festgesetzt, sondern auch in zahlreichen literarischen und dramatischen Werken, deren bekanntestes gewiß das berühmte Stück von Shakespeare ist.
Gaius Julius war schon seit seinem sechzehnten Lebensjahr ein hervorragender Politiker, als er mit seinem mächtigen Gegner Sulla zusammenstieß und dann mit allen Mitteln dessen Helfershelfern entging. Sein ganzes Leben verlief auf des Messers Schneide, viele Male sollte er Opfer eines Mordanschlags werden. Er war Gefangener von Piraten, nach der Wahl zum Prätor wäre er beinahe im Senat von wütenden römischen Rittern *(eques – Repräsentanten der Finanzaristokratie)* erschlagen worden, wegen der angeblichen Teilnahme an der Verschwörung des Catilina drohte ihm die Todesstrafe. Auf den Schlachtfeldern stand er ungezählte Male mit dem

Tod Auge in Auge. Und natürlich war er auch selber der Schmied und Inspirator zahlreicher Verschwörungen, durch die er auf diese oder jene Weise unbequeme Gegner und Rivalen liquidierte.

Bedingung für Caesars physische Existenz und die Realisierung seiner großen Pläne war die perfekte Informiertheit über die Absichten aller aktuellen und potentiellen Widersacher. Caesar war sich dessen vollkommen bewußt und widmete riesige Summen dem Aufbau eines weitverzweigten Netzes von Spionen, Zuträgern und Provokateuren, dessen Fäden in seiner Hand zusammenliefen. Das war zweifellos einer der effektivsten Geheimdienste des Altertums, der selbst in die befestigten Lager der Feinde und in die vertraulichsten Beratungen von Caesars zahlreichen Gegnern eindrang, der jede Verschwörung aufdeckte, bevor sie noch verwirklicht wurde, und der selbst in den Reihen der gegnerischen Truppen Zutritt fand, deren Schwächen Caesar besser kannte als ihre eigenen Kommandeure. Dieser Apparat wurde unablässig vervollkommnet und im Hinblick auf die Projekte verfeinert, die zu realisieren Caesar nicht mehr vergönnt war, die jedoch in einem bedeutenden Maße das Gesicht Roms und der von ihm beherrschten Welt veränderten. Er bewährte sich auch nach Caesars Tod glänzend, da er durch koordinierte Tätigkeit in wenigen Stunden die öffentliche Meinung ganz Roms gegen die Mörder lenkte, die im Gegenteil Ovationen und einen begeisterten Widerhall auf die Flut republikanischer Losungen erwartet hatten, mit denen sie den entsetzten Senat und das Volk überschwemmten. Durch das Verdienst dieses ungemein freigebig entlohnten Netzes von Vertrauensleuten, das vom Senat bis in die römischen Schenken und Hurenhäuser gespannt war, konnte bald darauf Oktavian die Macht ergreifen, der spätere Augustus, ein anfangs so unerfahrener, unbedeutender und farbloser Politiker, daß ihn sich der Senat selber zu seinem eigenen Schaden als künftige, willfährige Marionette für seine Absichten erwählte, die Absichten der Bodenaristokratie, der Latifundienbesitzer.

Außer diesem dem Diktator durch Spione und Zuträger gewährten geheimen Schutz war Caesar auch stets von dem sichtbaren Schutz seiner spanischen Leibwache umgeben, die ihn mit gezogenen Schwertern begleitete und überall umringte, wo ein Attentat drohen konnte. Und schließlich war Caesar selber ein physisch mutiger und kampfgewandter Mann. Als kluger Heerführer nahm er allerdings nicht persönlich am Schlachtgetümmel teil. Einige Male bewies er jedoch seine Tapferkeit und Kraft, dank der er aus ernsten Gefahren unversehrt davonkam. Zum Beispiel bei den Kämpfen in Alexandria, wo er bei einem überraschenden Ausfall der Truppen des Ptolemäus schwimmend flüchtete, wobei er in der hochgereckten Linken wichtige Staatsurkunden rettete und zwischen den Zähnen den Purpurmantel des Heerführers schleppte. Bei den Kämpfen in Germanien zögerte er nicht, sich verkleidet durch die feindlichen Reihen zu schleichen, um den Befehl über die eingeschlossenen römischen Truppen zu übernehmen. Laut dem Zeugnis von Sueton brachte er persönlich, durch physischen Einsatz die flüchtenden römischen Legionäre zum Stehen und trieb sie wieder in den Kampf zurück. Jeder erfahrene Kommandeur weiß, wie gefährlich ein solches Beginnen ist; die vom Kampf halbwahnsinnigen Soldaten zögern nicht, sich den Weg in die Sicherheit mit der Waffe zu bahnen.

Zu all diesen Tatsachen müssen wir die zahlreichen Warnungen und ungünstigen Prophezeiungen hinzuzählen, die den tragischen Iden des März vorangingen. Als wenige Monate vor Caesars Ermordung Grabstätten in Capua zerschlagen wurden, um Baumaterial für eine neue Kolonie zu gewinnen, wurde auf dem Grabmal des Begründers von Capua, Kapysyus, eine Kupferplatte mit der Inschrift freigelegt: »Wenn die Gebeine des Kapysyus aufgedeckt werden, wird sein Nachfahre durch die Hand seiner Blutsbrüder getötet werden, und sein Tod wird bald durch große Katastrophen Italiens gerächt werden.«

Die Pferdeherde, die Caesar beim historischen Übergang über den Fluß Rubikon dessen Gott weihte und die frei herumlief, weigerte sich, zu weiden und »vergoß reichlich Tränen«.

Bei einem Opfer las der *Haruspex* – der Eingeweidebeschauer Spurinna – eine sehr ungünstige Weissagung heraus und warnte Caesar vor der Gefahr, die »über den Tag des fünfzehnten März nicht hinausreichen wird«.

Am Vorabend des Attentats flog in das Pompeius-Theater ein Zaunkönig mit einem Lorbeerzweiglein im Schnabel, wurde aber sogleich im Theater von Raubvögeln zerfleischt.
In der Nacht auf den fünfzehnten März hatte Caesar einen bösen Traum: Er drückte Jupiter selber die Hand. Seine Gattin Calpurnia erblickte ihn, von Dolchen durchbohrt, im Traum, und sie träumte auch, daß der Hausgiebel einstürzte. Die Tür des Schlafzimmers soll sich in der vierten Morgenstunde von selber geöffnet haben.
So viel zu den Warnungen durch übernatürliche Kräfte – von Caesar war allerdings bekannt, daß er sich weder durch religiöse Rücksichten noch die ungünstigsten Prophezeiungen von seinen beabsichtigten Unternehmungen abbringen ließ. So verschob er zum Beispiel den Feldzug gegen Scipio und Jubus nicht, obwohl ihm das Opferrind entlief, was in bezug auf die düstere Bedeutung einer ganzen Schar von schwarzen Katzen gleichkam, die einem über den Weg laufen. Oft machte er sich sogar über Weissagungen mehr oder weniger versteckt lustig und umging sie mit verbalen oder sachlichen Scherzen. Wenn wir Caesars Gleichgültigkeit den negativen Prophezeiungen gegenüber verstehen – die bei Menschen der Antike eine Ausnahme war –, so ist seine Uninteressiertheit an zwar keineswegs übernatürlichen, doch warnenden Signalen befremdlich.
Allen Berichten zufolge war Rom von fieberhafter und erregter Erwartung erfüllt, was die nächsten Stunden bringen würden. Überall kursierten Gerüchte über eine Verschwörung gegen Caesar, die mit dem Tode des Diktators enden sollte. Wenn das die Straße Roms wußte, dann hundertmal eher und ganz bestimmt Caesar selber ...
Caesar fühlte sich am Morgen des 15. März krank und kaum fähig, das Haus zu verlassen. Die religiös sehr laue Calpurnia zwang ihn, einen *Haruspex* zu rufen und ein Weissagungsopfer zu vollbringen – was an sich schon außergewöhnlich und überraschend war, weil Caesars Gattin, soweit das überhaupt möglich war, an Prophezeiungen noch weniger glaubte als Caesar selber. Der *Haruspex* deutete die Zeichen katastrophal und warnte Caesar vor einer aktuellen Gefahr. Caesar entschloß sich, zu Hause zu bleiben.

Die Verschwörer, die sich am Morgen im Haus des Prätors Gaius Cassius Longinus versammelt hatten und deren Häupter außer Cassius noch Marcus Iunius Brutus und Caesars Vertrauter Decimus Iunius Brutus waren, warteten inzwischen, der Hysterie nahe, im Pompeius-Theater, wo an diesem Tage die Senatssitzung stattfinden sollte. Sie verbargen die Dolche und fielen in Panik. Gerüchte wurden laut, daß die Verschwörung verraten sei. Diener trugen bereits den für Caesar bestimmten goldenen Sessel hinaus, und die Attentäter begannen sich gegenseitig zu beschuldigen, anfangs leise, dann immer temperamentvoller und zum Schluß so laut und offen, daß die übrigen Senatoren verstummten und erschrokken zuhörten. Kann man sich vorstellen, daß sich kein einziger von Caesars Anhängern, die im Senat die absolute Mehrheit bildeten, gefunden und energisch eingegriffen haben soll?

In Caesars Haus kam eilends ein fremder Sklave, der für den Diktator außerordentlich wichtige Nachrichten brachte. Er traf Caesar jedoch nicht mehr an.

Decimus Iunius Brutus, Caesars Günstling, war aus dem Senat in Caesars Haus gegangen, wo die Opferung und das Weissagungsritual wiederholt wurden. Er überredete Caesar in den Senat zu gehen, der bereit sei, ihm den Königstitel für die außeritalienischen Besitzungen zu erteilen. Das sollte ein wichtiger Staatsakt sein. Die Niederlage, die die Parther im Jahre 53 v. u. Z. dem eingebildeten und militärisch unfähigen Crassus bei Karrhä beigebracht hatten, wo sie drei Elitelegionen völlig vernichteten, mußte endlich gerächt werden. Die tiefe Demütigung Roms war nicht nur deshalb immer noch lebendig, weil Crassus selber gefallen und sein Kopf dem Partherkönig überreicht worden war, der sich gar nicht die Mühe gemacht hatte, sein Heer persönlich zu führen und bei Lustbarkeiten am Hofe des befreundeten Königs von Armenien weilte, sondern vor allem deshalb, weil alle heiligen Truppenzeichen einschließlich der Legionsadler vom Feind erbeutet worden waren.

(Es ist unstrittig, daß Rom die Schmähung seiner Legionen sehr schwer ertrug und sie weder Hannibal, noch Spartacus oder Decebalus und keinem anderen Feind jemals vergaß –

noch weniger unstrittig ist allerdings, daß das wirkliche Motiv für den unaufhörlichen Druck der Römer auf das Partherreich das beharrliche Bemühen war, den direkten Handel mit Indien und durch seine Vermittlung mit China zu erkämpfen, ohne das Zwischenglied der arabischen und jüdischen Kaufleute. Dieser Traum erfüllte sich Rom jedoch nie, und riesige Summen und Transitgebühren für Luxuswaren, vor allem Kosmetik, wanderten bis zum Niedergang des Reiches – und noch danach – in die tiefen Taschen der Burnusse und Kaftane.)

Caesar begleitete Brutus – nach seinen eigenen Worten – nur deshalb, um an diesem Tage den Senat aufzulösen und einen neuen Sitzungstermin zu fordern.

Ist es möglich, daß er von einer Verschwörung nichts wußte, deren bedeutsames Mitglied Decimus Iunius Brutus war, wo doch Servilla, die Mutter des Brutus, Caesars langjährige favorisierte Geliebte, die bis zur letzten Stunde eine so treue Vertraute und Freundin war, daß sie nach dem Mord ihren Sohn verstieß? Brutus hatte seine Pläne nie sonderlich geheimgehalten. Soweit wir beurteilen können, hatte er einen ziemlich theatralischen Charakter und gefiel sich öffentlich in der Rolle eines tapferen Retters der Republik ... Jedenfalls wußten von der Verschwörung weit mehr Menschen, als es wirkliche Attentäter gab, unter anderen auch der Freund des Brutus, der griechische Gelehrte Artemidoros.

Schwer zu sagen, ob er vor dem Mord zurückschreckte, ob er von Caesar eine Belohnung erwartete oder ob ihn andere Beweggründe leiteten. Tatsache bleibt, daß er am Eingang des Senatsgebäudes Caesar anhielt und ihm einen Brief mit der dringenden Bitte reichte, ihn sogleich und allein zu lesen, weil er sehr wichtige Berichte enthalte. Caesar achtete nicht auf diese bedeutungsvolle Warnung, obwohl er zumindest ahnen mußte, was der Brief enthielt.

Er schob ihn zwischen die übrigen Papiere und trat in den Senat, wo soeben unter Teilnahme der *Haruspizes* die üblichen Opfer vollzogen wurden, die jeder Sitzung vorangingen. Die Zeichen waren wiederum ausgesprochen ungünstig. Wenn wir den Eingeweidebeschauern nicht die Fähigkeit zur Präkognition, also zur Kenntnis künftiger Ereignisse zuschreiben – was wir gewiß nicht tun –, dann scheint es, daß auch sie über das drohende Attentat informiert waren und im Rahmen ihrer Möglichkeiten alles taten, um es zu verhindern. Vergeblich.

Caesar trat in den Sitzungssaal, wo er seinen treuesten Anhänger Marcus Antonius, berühmt durch physische Kraft, Tapferkeit und Gewandtheit in allen Kampfarten, nicht antraf. Die Verschwörer hielten ihn zur Sicherheit unter einem Vorwand in einem anderen Raum fest.

Die Ereignisse eilten unaufhaltsam voran.

Gemäß der Absprache unter den Verschwörern trat ein gewisser Lucius Tillius Cimber vor Caesar und bat in einer langen und verworrenen Rede, die die Verschwörer dazu ausnutzten, ihr Opfer zu umringen, um Gnade für seinen in die Verbannung geschickten Bruder. Caesar war nicht gesonnen, die Verhandlungen in die Länge zu ziehen, ja, er dachte überhaupt nicht daran, die Senatssitzung zu eröffnen, und vertröstete den Bittsteller auf einen günstigeren Zeitpunkt. Cimber sprang an Caesar heran und riß ihm die Toga von den Schultern. Zur Freude der Verschwörer zeigte es sich, daß der sonst so vorsichtige Caesar, der nie ohne einen unter den Falten der Toga verborgenen Brustpanzer ausging – offenbar Gewohnheit aus den Zeiten, da ihn im Senat Ritter mit Dolchen bedroht hatten – diesmal ohne jeden Schutz und ohne Waffe war. Die Mörder stürzten sich auf ihr Opfer. Als erster stach ihn Publius Servilius Casca in den Hals, nach ihm stachen auch die anderen in wilder Verwirrung zu, wobei sie bei ihrem Wüten nicht nur Caesar, sondern sich gegenseitig Wunden zufügten.

Die Berichte über Caesars Worte: »Auch du, mein Sohn?«, nach der einen Version auf lateinisch, nach der anderen auf griechisch (»Auch du, Kind?«) vorgetragen, sind wirklich nur eine nachträgliche Legende, ebenso wie Galileis »Und sie bewegt sich doch!« oder »Ein Königreich für ein Pferd« Richards III. Laut den glaubwürdigsten Quellen sprach Caesar nicht, verhüllte nur das Gesicht mit der Toga, die er mit der anderen Hand dichter an den Leib zog, und er wehrte sich auch in keiner Weise gegen die dreiundzwanzig Stiche, die ihm die Attentäter beibrachten. Seinem Leibarzt Antistius zufolge, der später den Leichnam untersuchte, war nur eine einzige Wunde tödlich ... Auch das ist ein Beweis für die

Verwirrung der Verschwörer und für Caesars Tapferkeit; er gab keinen Laut von sich.
Die Senatoren rannten entsetzt auseinander, was Brutus um die Gelegenheit brachte, die vorbereitete pathetische Rede zu halten. Er hatte keine Zuhörer. Statt zu triumphieren, flüchteten sich die Verschwörer aufs Kapitol, wo sie von Gladiatoren und bewaffneten Sklaven beschützt wurden. Marcus Antonius hingegen handelte und bereitete schon in den ersten Stunden nach dem Mord den Untergang der Attentäter vor. Das alles betrifft jedoch nicht mehr unsere Betrachtungen.
Wir wollen nur noch anmerken, daß das Attentat wie gewöhnlich an die falsche Adresse gerichtet war. Caesar war nicht – und er konnte es nicht sein – der Verderber der römischen Republik, schon deshalb nicht, weil diese Republik, gelenkt durch ungeschriebenes Gewohnheitsrecht aus den Zeiten, da die Begriffe »römischer Staat« und »Stadt Rom« ein und dasselbe bedeuteten, bereits tot war. Die sich häufenden politischen, wirtschaftlichen und vor allem Klassenwidersprüche zeigten klar die Notwendigkeit, die ganzen Strukturen des römischen Reiches zu verändern, das seit der erfolgreichen Beendigung der Punischen Kriege immer deutlicher nach der Weltherrschaft strebte. Es kam zu einer riesigen Akkumulation von Kapital in den Händen Einzelner, der Ritter (Eques) und von Grundbesitz der Latifundisten, vor allem Senatoren. Die kleinen Bauern wurden von ihren Anwesen vertrieben und vermehrten die riesigen Massen des römischen Proletariats, das vom Staat ausgehalten wurde und seinen politischen Einfluß dem verkaufte, der am meisten Brot und die attraktivsten Spiele anbot. Die Zeit des römischen Heeres, das tapfer für das Schicksal seiner Stadt kämpfte – beispielsweise in den Traditionen des standhaften Horatius Coclese, der allein dem Ansturm der riesigen Übermacht des etruskischen Heeres aus der Stadt Clusium so lange trotzte, bis die Brücke von Ianiculum über den Tiber abgebaut und Rom vor einem direkten Angriff aus dem Marsch heraus geschützt war –, war ein für allemal dahin. Die Bauern, die einst den Kern der Mannschaft gebildet hatten, waren nach Rom gegangen, dem Brot und den Spielen folgend, die ehemalige Elite der Armee, die Reiter oder Ritter, waren nur dem

Namen nach Reiter, die meisten hatten ihr Leben lang auf keinem Pferd gesessen, geschweige daß sie für einen unsicheren Kriegsruhm ihre Finanzinteressen vernachlässigt hätten. Das römische Heer hatte sich in ein Söldnerheer verwandelt. Die Söldner kämpften tapfer und geschickt, wie es sich für Profis des Krieges gehört, wurden jedoch leicht und regelmäßig zum Werkzeug der politischen Pläne ihrer Heerführer, gleichgültig ob zum Nutzen Roms oder zu seinem Schaden.

Die Veränderung der römischen Politik gegenüber den besiegten Völkern, denen nicht mehr die Selbständigkeit unter römischer Oberaufsicht belassen wurde, sondern deren Territorien in Provinzen umgewandelt wurden, hatte die Entstehung Hunderttausender von Sklaven zur Folge – einige Autoren geben auf einen freien römischen Bürger etwa achtzig (!) Sklaven an, »lebendes Inventar«, zumindest teilweise zum Vegetieren unter unmenschlichen Bedingungen oder zum Tode bei den grandiosen mörderischen Gladiatorenspielen verurteilt, die in Rom erst im 1. Jahrhundert v. u. Z. in Schwang kamen. Zu Sklaven wurden vor allem Kriegsgefangene gemacht, die als freie Männer und Frauen geboren waren und selbst um den Preis des Todes nach Freiheit dürsteten. Immer wieder brachen gutorganisierte Sklavenaufstände aus, die den Sklavenhaltern Furcht einflößten.

Im Jahre 138 v. u. Z. rebellierten die Sklaven der sizilianischen Latifundien und nach ihrem Vorbild erhoben sich die Sklaven in Attika und auf der Insel Delos. Zu Aufständen kam es auch in Rom selber. Auf Sizilien bildeten die Sklaven sogar einen eigenen Staat, der einige Jahre lang der römischen Macht trotzte. Und der berühmte Aufstand des thrakischen Gladiators Spartacus und seiner Kameraden aus der Gladiatorenschule des Lentulus Batiatus (eröffnet im Jahre 73 v. u. Z.) erschütterte sogar die Fundamente Roms.

Zur Machtkonzentration war es schon lange vor Caesar gekommen. Niemals in der Geschichte des republikanischen Roms war ein Politiker mit so weitreichenden Vollmachten ausgestattet wie L. Cornelius Sulla, der in den achtziger Jahren des 1. Jahrhunderts v. u. Z. die politische Bühne betrat. Rom war damals gleichzeitig vom Aufstand der unterworfenen italienischen Stämme und der erfolgreichen Offensive des pontischen Königs Mithridates gegen Kleinasien und Griechenland bedroht. Eine noch uneingeschränktere Macht akkumulierte Gnaeus Pompeius, der schon vor Caesar nach Art eines Kaisers herrschte. Das republikanische Rom, stolz auf seine maßvollen, fast asketischen Traditionen, hatte nie eine solche Anhäufung von Privatvermögen erlebt, wie sich dessen zum Beispiel Marcus Licinius Crassus rühmte, der lange Zeit Caesar finanzierte und dessen Schulden bezahlte, als Versicherung eines mächtigen Verbündeten gegen den gefährlichen und rücksichtslosen Sulla.

Die politischen Grenzen des römischen Reiches hatten zu existieren aufgehört. Die ganze Welt – nach damaligen Vorstellungen – war von Rom unterworfen oder sollte es bald werden. Und aus den eroberten Provinzen begannen unaufhaltsam religiöse Kulte in die ewige Stadt einzudringen, die die bislang fast völlige Einheit der Staatsreligion, eine der Hauptstützen des Staates, erschütterten. (Eine Ausnahme bildete die kleine, aber ökonomisch bedeutsame jüdische Gemeinde, die streng an ihrem Monotheismus festhielt.)

Die Verschwörer selber, Caesars Mörder, hatten kein politisches Programm – genauer gesagt, ihre politischen Programme gingen diametral auseinander. Sie ähnelten einander nur durch ihre Naivität und Nichtrealisierbarkeit. Der Ausspruch des Livius: »Es ist nicht sicher, ob Caesar dem Gemeinwesen dadurch genutzt hat, daß er geboren ist, oder ob er ihm mehr genutzt hätte, wenn er nicht geboren wäre ...« (nach Seneca) hat keinen Sinn. Caesar war zweifellos der richtige Mann auf dem richtigen Platz, aber auch er konnte die Grenzen der Entwicklung der Gesellschaft nicht überschreiten.

So viel mußte vorausgeschickt werden, ehe wir auf die Frage zu antworten versuchen, die sich dieses Kapitel stellt, nämlich wie es möglich war, daß ein Politiker vom Format eines Caesar, fähig, die raffiniertesten Verschwörungen und die heimlichsten Attentatsvorbereitungen aufzudecken, einem Anschlag erlag, von dem – nur wenig übertrieben gesagt – jeder römische Stadtstreicher wußte und der Caesar schon zu einer Zeit bekannt sein mußte, als die Verschwörung erst geboren wurde.

Wir werden uns bald überzeugen, daß es für diese Behauptung reale Voraussetzungen gibt, auch wenn wir es ablehnen, die historische Wahrheit von Caesars berühmtem Vorwurf zu akzeptieren, mit dem das Kapitel überschrieben ist. Wenn wir sie nämlich akzeptieren, wäre jede weitere Diskussion überflüssig. Caesar hätte sich nicht über den überraschenden Fakt gewundert, daß man ihn ermorden will, sondern nur über die Teilnahme des Brutus. Mit anderen Worten – er ging bewußt und mit Vorbedacht in den Tod.

War es so ?

Zur Lösung der aufgeworfenen Frage, die eine Reihe von Historikern von Sueton bis zu dem zeitgenössischen Publizisten Walter Jens interessiert hat, müssen wir noch einmal zu Caesar zurückkehren. Zu Caesar als Mensch und Objekt einer psychologischen, ja vielleicht sogar psychiatrischen Untersuchung.

Rom liebte Klatsch und Tratsch, und dank dieses Umstands ist das Privatleben des »göttlichen Julius« zumindest genauso gründlich dargestellt wie seine politische Karriere. Über Caesar können wir deshalb eine ganze Reihe von interessanten Details erfahren, sogar aus der Zeit seiner Jugend.

Die erste Feststellung, die wir nicht umgehen können und die übereinstimmend durch alle Quellen bestätigt wird, ist Caesars sexuelle Aggression, die sich sein ganzes Leben lang äußerte und immer mehr steigerte. Außer seinen ersten Frauen, der jugendlichen Gattin Cossutie, mit der er bereits im Knabenalter verlobt war und von der er sich wegen ihrer ungenügend hochgeborenen, lediglich ritterlichen Herkunft trennte, um Cornelia zu heiraten, die Tochter des viermaligen Konsuls Cinna, widmete er seine Gunst gleicherweise Frauen und Männern.

Den ersten homosexuellen Kontakt knüpfte er in den Anfängen seiner militärischen Laufbahn in Asien mit dem bithynischen König Nikomedes an. In diesem Abenteuer ging er so weit, daß er selbst nach seiner Abkommandierung unter fadenscheinigen und naiven Vorwänden Bithynien besuchte, was aber eher erheiterte Aufmerksamkeit als einen Skandal auslöste, obwohl sich zum Beispiel Sueton über Caesars Fehltritte dieser Art entrüstete und sich mit unverhohlener

Schadenfreude pikanten Details widmete. Er zitierte mehr oder wenige witzige Aussprüche von Caesars Feinden unter den Senatoren und Spottlieder, die Caesars Soldaten gemäß ihrer Rechte straflos bei Triumphzügen sangen. Die antike Welt war in dieser Beziehung nicht engstirnig (sonst hätte zum Beispiel Solon nie eine so bedeutsame historische Gestalt werden können) und empörte sich nicht allzusehr über derartiges Verhalten. Caesars Zeitgenossen waren eher von seiner Unersättlichkeit überrascht, mit der er erotische Partner beiderlei Geschlechts wechselte, so daß ihn der Senator Curio der Ältere in einer Rede den »Mann aller Frauen und die Frau aller Männer« nannte.

Unstrittig ist, daß seine intimen Kontakte mit Männern von den höchsten Schichten der römischen Gesellschaft bis zu besonders ansehnlichen Sklaven reichten, die für ihn gekauft wurden und wegen der Erhaltung des gesellschaftlichen Dekors nicht in die Buchhaltungsunterlagen von Caesars lange sehr ungeordneter und chaotischer Wirtschaft eingetragen wurden.

(Hier sei angemerkt, daß einer der berühmtesten Nachfolger Caesars, der Kaiser Hadrianus, sich über das gesellschaftliche Dekor keine Sorgen mehr machte. Seine Liebhaber zeichnete er ganz öffentlich aus, benannte nach ihnen neugegründete Städte und ließ sie nach ihrem Tode sogar zu Göttern befördern – allerdings nur in den asiatischen Provinzen.)

Ein nicht geringeres Temperament bekundete Caesar in der Beziehung zu Frauen. Mit besonderer Vorliebe eroberte er die Gattinnen hochgestellter Männer, unter ihnen auch die des Marcus Crassus und die des Gnaeus Pompeius (dessen Tochter er schließlich heiratete). Berühmt war seine Liebe zu der bereits erwähnten Servilia, der Mutter des Brutus. In den Provinzen war keine hochgeborene Frau vor ihm sicher, und für die wertvollste Beute in den eroberten oder zum Bündnis gezwungenen Ländern hielt er die Königinnen – die mauretanische Eunoe und vor allem Kleopatra, ohne Ansehen ihrer Reize (über die Kleopatra, wie die moderne Forschung nachwies, nicht im Überfluß verfügte) und natürlich ganz ohne Rücksicht auf existierende Ehegatten, denen nichts anderes übrigblieb, als gute Miene zum bösen Spiel zu machen.

Mit zunehmendem Alter begann sich bei Caesar ein offensichtlicher »Torschlußkomplex« zu zeigen, wie er Menschen befällt, die sich an einem recht späten Faunnachmittag noch bemühen, möglichst viel vom Leben zu genießen. Die Leidenschaftlichkeit wuchs sich, wie es scheint, zu einer psychischen Störung aus; Caesar, dessen Gerichtsentscheidungen in Ehestreitigkeiten ungewöhnlich streng, ja fast puritanisch und spießbürgerlich waren, händigte dem Volkstribunen Lucius Cornelius Cinna schriftlich den Entwurf eines Gesetzes aus, nach dem der alternde Caesar (der soeben an Kleopatras Hof in Ägypten weilte) berechtigt sein sollte, sich »zwecks der Zeugung von Nachkommenschaft« jedwede Frau in jeder beliebigen Zahl zur Gattin zu nehmen ...
Cinna wagte nicht, den Gesetzentwurf einzubringen, er vertraute sich damit erst nach Caesars Tod einer Reihe seiner Freunde an. Offensichtlich hatte Caesar in diesem Fall völlig die Urteilskraft verloren. Ein solches Gesetz, das für ihn das »Recht aller Nächte« festlegte, wäre zweifellos trotz aller Speichelleckerei des Senats und großzügigen Freigebigkeit, mit der er sich die römische Stadtarmut kaufte, dank den Resten des Bewußtseins von traditioneller republikanischer Moral mit großer Abneigung aufgenommen worden.
Nach der Rückkehr aus Ägypten hörten Caesars Liebesabenteuer auf wie abgeschnitten, zumindest sind keinerlei diesbezügliche Berichte überliefert. Die Fauntür scheint endgültig zugeschlagen zu sein, obwohl der Diktator sich auf das sorgfältigste bemühte, das zu verheimlichen. Seinen Kahlkopf bedeckte er mit einer kunstvollen Frisur ganz ungewöhnlichen Schnitts, bei dem auf den kahlen Stellen so viel wie möglich des umliegenden Haarwuchses konzentriert wurde, was selbst auf den schmeichelhaftesten Statuen Caesars aus den späteren Lebensjahren offensichtlich ist. Am freudigsten nahm er die ihm von Senat und Volk verliehene Ehrung auf, nämlich die Erlaubnis, unablässig den Lorbeerkranz tragen zu dürfen, der ihm ein Toupet ersetzte. Er benutzte Schminkmittel, und außer der eigenwilligen Frisur und der in Rom ungewöhnlichen regelmäßigen Rasur ließ er sich (zur Entrüstung der Zeitgenossen) am ganzen Körper die Haare auszupfen. Gegen Ende seines Lebens hatte er laut Augen-

zeugen »ein zu volles Gesicht« – man kann mit Sicherheit vermuten, daß diese Fülle auch andere, einst männlich muskulöse und schlanke Körperpartien nicht verschonte, was er mit einer auffälligen Gewandung verbarg, nämlich einer sehr losen Gürtung der freifallenden Toga, die sprichwörtlich wurde.
Kurz gesagt – Caesar erscheint uns in der Zeit kurz vor seinem gewaltsamen Tode als tragikomische Gestalt eines überalterten Seladons, der mühsam, aber vor dem kritischen Blick der Öffentlichkeit ganz vergeblich, die Existenz erloschener Kräfte vortäuscht. Das allein genügt, um bei dazu disponierten Personen einen Seelenzustand herbeizuführen, der in tiefe Depressionen mit allen Folgen mündet.
Die Wirklichkeit war jedoch noch erbarmungsloser.
Caesar, stolz auf seine unerschütterliche Gesundheit und selbst in Situationen, wo das nicht unausweichlich nötig war, demonstrativ seine Kraft, Widerstandsfähigkeit und Ausdauer vorführend, erkrankte. In seiner Jugend hatte er auf der ständigen Flucht vor Sullas Häschern eine mit Anfällen von Schüttelfrost verbundene Krankheit durchgemacht. Es handelte sich höchstwahrscheinlich um Malaria, die in den Sümpfen um Rom noch bis vor kurzem endemisch war. Bei den meisten Patienten geht sie auch ohne Behandlung in eine chronische Form über, wobei sie sich in immer selteneren Anfällen von Fieber und Schüttelfrost äußert. Die Anfälle lassen schließlich völlig nach und melden sich höchstens in mehrjährigen Pausen. Wäre es nicht so, dann hätte der Mensch bis vor kurzem, nämlich bis zur Entdeckung von wirksamen Medikamenten gegen die Malaria, riesige Gebiete der Tropen und Subtropen überhaupt nicht bewohnen können.
An dieser Krankheit litt Caesar anscheinend in den letzten Jahren nicht mehr. Unglaublich leicht ertrug er die Strapazen, marschierte mit seinen Soldaten zu Fuß (und wurde deshalb bewundert und respektiert wie alle Kommandeure, die das schaffen), schwamm vortrefflich und konnte mit allen Waffen fast wie ein Gladiator umgehen. Ihm machten weder Frost noch sommerliche Glut etwas aus, er ging barhäuptig, und wenn es nötig war oder er den Soldaten seine Widerstandskraft zu beweisen wünschte, schlief er selbst in kalten und feuchten Nächten auf der blanken Erde, wie alle anderen nur

mit dem Soldatenmantel zugedeckt, auch wenn er ein bequemeres Nachtlager hätte wählen können. Im Weingenuß war er sehr mäßig und dem Essen gegenüber gleichgültig, obwohl er auf den höchsten Luxus seiner Speisen bedacht war und im Bestreben, alle politischen Vorgänger durch seine Prachtentfaltung zu übertreffen, für Gastmähler riesige, bis dahin unbekannte Summen verschwendete.

Dies alles änderte sich in den letzten Lebensmonaten Caesars schlagartig und tragisch. Er fiel oft in Ohnmacht, zweimal sogar auf öffentlichen Versammlungen. Nacht für Nacht quälten ihn Angstträume. Sein physischer Zustand verschlimmerte sich buchstäblich von Tag zu Tag – an den schicksalhaften Iden des März war er anfangs nicht fähig, überhaupt in den Senat zu gehen.

Aufgrund einer so spärlichen Krankheitsbeschreibung werden wir nur schwer die Diagnose stellen können. Sicher ist, daß Caesars Ohnmachtsanfälle durch eine ernste Krankheit bedingt waren. An Epilepsie zweifeln wir, auch wenn eine ganze Reihe von Symptomen typisch ist (zumindest der sogenannte »große« Anfall, der zur Bewußtlosigkeit führt) und nur schwer verwechselbar mit einem anderen Krankheitsbild. Epilepsie äußert sich gewöhnlich in der Jugend oder nach einer Schädelverletzung. Weder das eine noch das andere finden wir in Caesars Lebensbeschreibung. Bewußtlosigkeit kann freilich eine ganze Reihe von Ursachen in Störungen des Blutkreislaufs, der Drüsen der inneren Sekretion (Diabetes) und so weiter haben – jedenfalls signalisiert sie eine ernste Krankheit, mit der sich die damalige Medizin kaum Rat wußte und deren völlige Heilung – auch wenn es sich wirklich um Epilepsie gehandelt haben sollte – bei dem sechsundfünfzigjährigen Caesar so gut wie ausgeschlossen war.

Die Krankheit überfiel Caesar in der Zeit, da er die größten Zukunftspläne vorbereitete. Er schickte sich an, Sümpfe trockenzulegen, ein Straßennetz anzulegen, die Enge von Korinth mit einem Kanal zu durchstechen, das Flußbett des Tiber zu säubern, Korinth und Karthago zu erneuern und zu besiedeln, Rom wesentlich zu vergrößern, die neue Rechtsordnung zu kodifizieren und vor allem die allgemeine Erwartung zu erfüllen, nämlich die Niederlage des Crassus durch die Vernichtung des Partherreiches wettzumachen. In Syrien war bereits ein Heer versammelt, es wartete nur auf den Heerführer. Caesar mußte an diesem Feldzug persönlich teilnehmen, und es scheint sogar, daß er sich außerordentlich darauf freute. Seine weiteren Langzeitpläne – falls einige zeitgenössische Quellen recht haben – waren noch großzügiger: Nach dem Beispiel Alexanders von Makedonien bereitete er angeblich die Verlegung des Zentrums des römischen Großreiches weiter nach Osten vor, was einem Eroberer die größten Möglichkeiten geboten hätte – vielleicht nach Alexandria, an dem er Gefallen gefunden hatte.

Die meisten dieser Unternehmungen erforderten Caesars physische Anwesenheit. Sie konnte nicht anders verwirklicht werden als um den Preis ungewöhnlich anspruchsvoller und erschöpfender Reisen, zu denen Caesar nicht mehr fähig war. Zweifellos wußte er das, und die Angstträume, die ihn heimsuchten, hatten außer anderem sicherlich diese Quelle.

Der Gedanke, daß sein Nachfolger das Werk fortsetzen sollte, konnte Caesar nicht beruhigen. Er war seinem Charakter fremd, wie ihn Plutarch prägnant beschrieben hat: »In den Kampf gegen die ganze Welt trieb ihn das Gleiche, was vorher auch Alexander und in alten Zeiten auch Kyros getrieben hatte, nämlich unstillbare Herrschsucht und die wahnsinnige Gier, der Erste und Mächtigste zu sein.« Caesars Zeitgenosse – und allerdings auch Gegner – Cicero ist derselben Ansicht: »... die Unbesonnenheit des Gaius Julius Caesar, der alle göttlichen und menschlichen Rechte wegen der irrigen Vorstellung der Erstlingsschaft umstieß, die er sich selber geschaffen hatte ...« Caesar achtete übrigens sorgsam darauf, daß neben ihm niemand heranwuchs, der fähig war, seine fast absolute Herrschaft zu übernehmen.

Zur persönlichen Charakteristik eines sexuell außerordentlich aktiven Mannes, der den physiologischen und altersentsprechenden Kräfteverfall als Tragödie empfand, mit der er sich nicht abfinden konnte, kommt der Zusammenbruch der jahrzehntelang vorbereiteten Pläne hinzu, bildlich gesagt, der Zusammenbruch in der Zielebene. Dem ungemein eitlen Diktator blieb nur einst: der Ruhm.

Und um den sollte er gebracht werden.

Seneca sagte: »Den göttlichen Julius ermordete eine größere Zahl seiner Freunde als Feinde, weil er ihnen ihre unerfüllbaren Wünsche nicht erfüllte.«
Die unmittelbare Verschwörung, deren Opfer Caesar wurde, war allerdings keine Massenbewegung, sondern die Aktion einer »Palastjunta« hervorragender römischer Persönlichkeiten – insgesamt etwa sechzig Personen, zumeist Senatoren. (Die Gesamtzahl der Senatoren wurde im Jahre 45 von Caesar auf neunhundert erweitert.) Diese kleine Gruppe hatte jedoch zumindest die indirekte Unterstützung eines weit größeren Kreises hinter sich. Caesar war über die Zustände in Rom sichtlich enttäuscht. Der Stern seiner Beliebtheit begann zu sinken, als er es nicht schaffte, die sozialen Probleme zu lösen, die mit der immensen Verschuldung zusammenhingen. Das Volk Roms liebte zwar Caesar noch wegen seiner außerordentlichen Freigebigkeit und der Veranstaltung pompöser Spiele – aber die zahlenmäßige Reduzierung der vom Staat ernährten Beschäftigungslosen um mehr als die Hälfte rief gegen ihn die größten Schreihälse auf den Plan. Da half auch Caesars Bemühen nicht, ihnen eine neue, allerdings mit der Existenz in den Provinzen bedingte Arbeit zu verschaffen. Sie dachten gar nicht daran, Rom zu verlassen.
Der Patrizierstand war über Caesars Reformen empört, durch die auch Provinzialen der Eintritt in den Senat ermöglicht wurde, so daß sie – zumindest formal – über die Schicksale des ganzen Reiches mitentscheiden konnten. Die Erbitterung war so heftig, daß sie selbst Caesars Tod überdauerte und Augustus bald gezwungen war, trotz der politischen Komplikationen und der Unruhe in den Provinzen diese Entscheidung Caesars aufzuheben. Ein weiterer Grund für die Unzufriedenheit der Senatoren war die Einschränkung des freien Reisens ihrer Söhne ins Ausland, soweit es sich nicht um Dienstreisen handelte, und vor allem die Anordnung über das Pflichtdrittel (mindestens) von Freien auf den Viehzuchtlatifundien. Damit wurden zwar Arbeitsplätze für das beschäftigungslose Proletariat geschaffen, die Produktion aber verteuerte sich wesentlich, und die Gewinne sanken.
Immer lauter und öffentlicher sprach man in Rom über Caesars Ausplünderung der Provinzen, die Beraubung der Tempel

und die erzwungenen Ehrungen, die die Rechte von Sterblichen überschritten: der goldene Sessel im Senat, Altäre, götterähnliche Statuen, eigene Opferpriester, eigenmächtige Eingriffe in den gottgewollten Kalender usw. Diese Proteststimmen nährte Caesar noch durch seine öffentlichen Aussprüche, mit denen er die Republik, die Religion, die Senatoren und den Senat als Ganzes schmähte.
Durch seinen persönlichen Geheimdienst von Spitzeln, Zuträgern und Provokateuren war Caesar natürlich über diese sich mit jedem Tag verstärkende Stimmung informiert. Er hatte bereits den Sturz der goldenen Statuen von Sulla und Pompeius erlebt (die er wieder aufstellen ließ), und die Vorstellung, ein gleiches Schicksal könne auch seine Standbilder und damit sein Angedenken und Lebenswerk ereilen, war offenbar der letzte Tropfen in den bitteren Becher. Im Hinblick auf seinen Gesundheitszustand konnte er den Lauf der Dinge nicht auf die einzig mögliche Art aufhalten, nämlich durch die persönliche Leitung eines siegreichen Partherkrieges, der die Aufmerksamkeit von den innenpolitischen Problemen abgelenkt, ihn mit neuem Ruhmeslorbeer bekränzt und durch reiche Beute ermöglicht hätte, allen Widersachern im Senat und in den römischen Schenken den Mund zu stopfen. Sich selbst konnte er nicht mehr retten. Er entschloß sich also, wenigstens sein Werk, sein Angedenken und seinen Nachruhm zu retten. Er schrieb also sein letztes Testament nieder, eines von mehreren, von denen die Geschichte weiß. Wie es scheint, ist das kurz vor dem Attentat geschehen. Als Erben nannte er die drei Enkel seiner Schwester, vor allem den Gaius Octavius, der in Antiochia bei dem zum Feldzug gegen die Parther bereitstehenden Heer weilte und den er in die Familie aufnahm und mit drei Vierteln des Vermögens beschenkte.
Die weiteren zwei Punkte des Testaments sind ein tödlicher Schlag gegen die Verschwörer, überlegt geführt und den Beweis liefernd, daß Caesar sich nicht nur des Schicksals bewußt war, das sie ihm zugedachten, sondern daß er auch ihre Namen kannte. Den Decimus Brutus nennt er unter seinen weiteren Erben, wobei er sich mit sehr innigen Worten über ihn äußert. Einen beträchtlichen Teil der Verschwörer bestimmt er ausdrücklich zu Vormündern seines Sohnes, falls

ihm einer geboren wird, weil er sie – laut Testament – für Männer hält, die einer solchen Ehre würdig und die fähig sind, diese Verantwortung zu übernehmen. Dem römischen Volk widmete er zur ewigen Nutznießung seine Gärten am Tiber, und jedem Mann sollten als persönliches Vermächtnis dreihundert Sesterzien ausgezahlt werden, was dem Preis eines gemästeten Schweines oder eines Hektoliters guten Weins entsprach ...

Alle Vorbehalte waren vergessen. Ganz Rom beweinte Caesar (ein Hektoliter Wein oder ein Schwein sind schließlich nicht zu verachtenl!) und schickte sich an, seine Mörder zu bestrafen. Im Triumphzug wurde der abgeschlagene Kopf des Cinna durch die Stadt getragen, infolge eines kleinen Versehens nicht der von Caesars Gegner und Schmähredner, dem Prätor Cornelius Cinna, sondern der des ganz unschuldigen und an Politik völlig uninteressierten Dichters Helvius Cinna. Auf den einmütigen Willen des Volkes hin wurde Caesar sogleich nach der Beisetzung zum Vater des Vaterlandes erklärt und unter die Götter eingereiht. Seine Reformen blieben – wenigstens für die nächsten Jahre – unantastbar. Das Werk hatte Bestand. Kurzum, sein letzter politischer Schachzug war Caesar glänzend gelungen. Seinem Wunsch gemäß, den er einst bei der Lektüre des Xenophon und zum zweiten Mal am Vorabend seines Todes bei Marcus Lepidus ausgesprochen hatte, war er plötzlich und schnell gestorben. Seine Gegner kamen binnen dreier Jahre durch Selbstmord oder in einem von vornherein aussichtslosen Kampf um. Wie Gaius Sallustius Crispus hellseherisch vorausgesagt hatte, führte Caesars Tod nur zur weiteren Steigerung seines Ruhms. Und Cicero, der unversöhnliche, obzwar in politischen Standpunkten bewegliche Gegner Caesars, stellte traurig fest, daß die römische Gemeinde Caesar selbst nach seinem Tode gehorsam war ...

Nach allem, was gesagt wurde, sollte kein Zweifel mehr über den wirklichen Hintergrund der blutigen März-Iden des Jahres 44 v. u. Z. bestehen. Caesar wählte den Tod, er sah ihm auf dem Weg in den Senat entschlossen entgegen und hatte schon vorher alle seine Angelegenheiten so geregelt, daß er aus seinem Selbstmord – so paradox das auch klingen mag – den größten Nutzen zog.

Und die Gräber taten sich auf

Und von der sechsten Stunde an ward eine Finsternis über das ganze Land bis zu der neunten Stunde. Und um die neunte Stunde schrie Jesus laut und sprach: Eli, Eli, lama asabthani, das ist: »Mein Gott, mein Gott, warum hast du mich verlassen? ... Aber Jesus schrie abermals laut und verschied. Und siehe da, der Vorhang im Tempel zerriß in zwei Stücke von obenan bis untenaus. Und die Erde erbebte, und die Felsen zerrissen, und die Gräber taten sich auf, und standen auf viele Leiber der Heiligen, die da schliefen. Und gingen aus den Gräbern nach seiner Auferstehung und kamen in die heilige Stadt und erschienen vielen. Aber der Hauptmann und die bei ihm waren und bewahrten Jesum, da sie sahen das Erdbeben und was da geschah, erschraken sie sehr ...

Evangelium des Matthäus, Kapitel 27, Vers 45, 46, 51–54

Und nach der sechsten Stunde ward eine Finsternis über das ganze und bis um die neunte Stunde. Und um die neunte Stunde rief Jesus laut und spracht: »Eli, Eli, lama asabthani?« das ist verdolmetscht Mein Gott, mein Gott, warum hast du mich verlassen? ... Und der Vorhang im Tempel zerriß in zwei Stücke von obenan bis untenaus.

Evangelium des Markus, Kapitel 33, Vers 33, 34, 38

Und es war um die sechste Stunde, und es ward eine Finsternis über dasganze Land bis an die neunte Stunde, und die Sonne verlor ihren Schein und der Vorhang des Tempels zerriß mitten entzwei. Und Jesus rief laut und sprach: Vater, ich befehle meinen Geist in deine Hände. Und als er das gesagt, verschied er.

Evangelium desm Lukas, Kapitel 23, Vers 44–46

Darnach, da Jesus wußte, daß schon alles vollbracht war, daß die Schrift erfüllt werde, spricht er: Mich dürstet! Da stand ein Gefäß voll Essig. Sie aber füllten einen Schwamm mit Essig und legten ihm um einen Isop und hielten es ihm dar zum Munde. Da nun Jesus den Essig genommen hatte, sprach er: Es ist vollbracht! und neigte das Haupt und verschied.

Evangelium des Johannes, Kapitel 19, Vers 28 – ro 30

Die Chronologie des Lebens von Jesus, nach der Darbietung durch die Evangelien eingeschlossen zwischen dem Datum, das bestimmt war durch den die Geburt des Erlösers anzeigenden Stern von Bethlehem und die spektakulären Ereignisse, die seinen Tod auf der Richtstätte begleiten, lockte mich schon einige Jahrzehnte, wie übrigens eine ganze Reihe von Chronologen. Die Gründe für dieses Interesse verändern sich mit der Zeit und unterscheiden sich bei den einzelnen Forschern. Die einen lassen sich von theologischen Motiven leiten und von dem Bemühen, sich an der unerfüllbaren Aufgabe zu versuchen, an der christliche Bekenner schon beinahe zweitausend Jahre arbeiten: das Leben Jesu der Evangelien mit weiteren Details und glaubwürdigen Episoden anzufüllen, die seine physische Existenz bestätigen. Andere werden vom Bestreben nach Präzisierung der ziemlich unklaren Chronologie der römischen Ostprovinzen um die Zeitenwende geleitet. Edel ist auch das Bemühen der Anhänger eines einheitlichen Weltkalenders. Seine Einführung stößt unter anderem auf den verbissenen Widerstand des Vatikans, der auf den beweglichen Osterfeiertagen als besserer Alternative besteht, denn auf der Fixierung des ungewissen Datums von Christi Tod. Interessant, obwohl rein akademisch, ist auch die Frage, wann eigentlich unsere Zeitrechnung beginnt bzw. beginnen soll.

Ist die Geburt Jesu Christi durch die seltene, sich in 2200 Jahren nur zweimal wiederholende dreifache Konjunktion von Jupiter und Saturn im Sternbild der Fische im Jahre 7 v. u. Z. relativ genau bestimmt, so gehen in der Frage des Datums von Christi Tod die Meinungen auseinander. Auf der Grundlage umfangreicher historisch-theologisch-chronologisch-astronomischer Überlegungen bestimmt zum Beispiel Gerhardt als Todestag Jesu den 7. April des Jahres 30, Eisler und mit ihm Wünschmann den 16. April des Jahres 21, und der tschechische Chronologe Dittrich führt den 16. April 29 an usw. Die älteren Quellen weichen noch wesentlicher voneinander ab. Tertullianus, Lactantius, Sulpicius, Severus, Augustinus Prosper, Victorius und Julius Africanus verlegen den Tod Jesu in das fünfzehnte Jahr der Herrschaftszeit des Tiberius. Andere Kirchenväter führen vereinzelt das sechzehnte, achtzehnte, neunzehnte und zwanzigste Jahr an. Eusebios, Hippolytos, Clemens und andere, die Christi Lebenszeit relativ nahe waren, stimmen nur in der Periode von Tiberius' Herrschaft überein, nicht jedoch in einem bestimmten Jahr.

Der taktvolle und besonnene Kritiker des Christentums Kelsos beklagte sich in der zweiten Hälfte des 2. Jahrhunderts, daß »die Christen die ersten Niederschriften der Evangelisten vielfach umarbeiten und umschreiben, um Vorwürfe zurückweisen zu können ...« Ein Bestandteil dieser Redaktion, deren Ziel vor allem die Einheitlichkeit der Präsentation von Christus war (was nicht gelang), war auch die Unterdrückung von mindestens fünfundzwanzig (nach anderen Autoren bis fünfzig) weiteren Evangelisten, die damals neben den vier von der Kirche zugelassenen kanonischen Evangelisten existierten. Wir kennen nur einige Namen – das Evangelium der Nazarener, der Ebioniten, aus Oxyrhynchos, aus Faizum, des Barnabas usw. – ihre Texte wurden jedoch gründlich und konsequent vernichtet.

Wie man sieht, ist die Lösung des aufgeworfenen chronologischen Rätsels nicht leicht. Wir stoßen auf Unklarheiten, weiße Stellen auf der Geschichtskarte des Nahen Ostens, auf die Verzerrung von Realitäten zugunsten vorgefaßter Ansichten und auf ausgesprochene Verdrehungen und Lügen. Auf dem Weg zur Datierung von Christi Tod müssen wir nolens volens zu seiner Geburt zurückkehren, nicht zu jener, die sich laut den Evangelien im Stall von Bethlehem, unter einem leuchtenden Stern abspielte, sondern weit tiefer in die Vergangenheit. Denn nicht nur der Mensch schafft Mythen. Auch die Mythen können unter gewissen Umständen Menschen miterschaffen.

In den der Zeitenwende vorangehenden Jahrhunderten bis zum Beginn unserer Zeitrechnung hatte sich im östlichen Mittelmeer und im Orient die religiöse Vorstellung von einem Gott und Erlöser festgesetzt,

– auf die Erde entsandt von der höchsten Gottheit, in der Regel seinem Vater,
– geboren von einer Jungfrau oder Gottesmutter und einem Gottvater, eventuell einem unbekannten Vater,
– verfolgt und auf gewaltsame Weise sterbend,
– wiederbelebt und auferstehend von den Toten,
– auf Erden die Funktion eines Erlösers übernehmend.

Grundlage dieser Mythen war einerseits das »Sterben« und das »Auferstehen« der Natur im Winter und Frühjahr oder bei Dürreperioden und danach (vegetative Motive), andererseits die Erforschung des Sternenhimmels und die Übertragung zyklischer Geschehnisse in die Sphäre der irdischen Welt (astrale Motive). Es ging vor allem um den alljährlichen Abstieg der Sonne in den unteren Teil der Ekliptik und ihre Wiedergeburt bei der Wintersonnenwende, aber auch um den Übergang in die obere Position der scheinbaren Jahresumlaufbahn bei der Tag- und Nachtgleiche im Frühjahr (»die Auferstehung«). Inspirierend war gewiß auch das »Sterben« und »Wiederaufstehen« der uralten und offenbar primären astralen Gottheit, des Mondes, der Luna.

Die vegetativen und astralen Motive mischen sich zumeist, wobei in rein landwirtschaftlichen Zivilisationen die solaren bzw. vegetativen Motive vorherrschen (Kult des Osiris, des Tammuz, des Attis), in gemischten Zivilisationen mit offensichtlichen astralen Zügen der Religion, das heißt mit Sterndeutern und Vorläufern der Astronomie, herrschen astrale Motive vor (Mithra, Marduk, Dionysos, Adonis, Jesus).

Hier ist nicht der Platz für eine eingehende Analyse der einzelnen Erlösermythen – nur knapp nennen wir die Charakteristiken der Gottheiten, die zuletzt in synkretischer Form eine wesentliche Quelle für die paulinische Vorstellung von Jesu Gestalt bildeten.

Der babylonische Marduk (»Herr des Lebens«, »Der Barmherzige«, »König der Könige«) wurde verhört, gefoltert und zum Tode verurteilt, zusammen mit einem Verbrecher, der freigelassen wurde. Er wurde von Lanzen durchbohrt, wobei eine Frau sein hervorspritzendes Blut abwischte. Die Hinrichtung erfolgte im Winter, er wurde in einem Felsengrab beigesetzt, aus dem er zu Beginn des Monats Nisan (unser März) in der Zeit der Frühlings-Tag- und Nachtgleiche triumphierend auferstand. Mit diesem Datum begann das babylonische Jahr.

Ebenfalls babylonisch (nach der Ethymologie zu urteilen), jedoch ursprünglich sumerisch ist der Gott Tammuz (du-mu-zi – »der wahre Sohn«), der Sohn des göttlichen Vaters Ey, auf wundersame Art geboren und jung gestorben. Sein Tod wurde in der Zeit der Sommersonnenwende beweint, also während der größten Trockenheit und Hitze – später wurde seine Rückkehr ins Leben und die Himmelfahrt gefeiert. Es handelt sich um eine markant vegetative, die Früchte der Erde symbolisierende Gottheit.

In die Unterwelt steigen ab und tauchen wieder auf weitere babylonische Götter: Nergal, Schamasch und Sin (die letzten beiden sind die Götter der Sonne und des Mondes).

Der ägyptische Gott dieser Art ist Osiris, dem die Herrschaft über die Erde anvertraut war. Er übte sie achtundzwanzig Jahre lang aus, bis er durch eine Verschwörung seines bösen Bruders Set getötet und schließlich als Herr und Herrscher der Unterwelt auferweckt wurde, die ihrer Bedeutung nach für die alten Ägypter die diesseitige Welt bei weitem übertraf. Zur Auferstehung kam es offenbar (der Osiris-Kult ist nicht detailliert bekannt) am dritten Tag nach dem Tode. Der Kult des auferstandenen Osiris hat sich auch nach Griechenland verbreitet (Serapis).

Die Phönizier ehrten außer Astarte und Baal, also weibliche und männliche Gottheiten, in einigen Gebieten (Gebal, Sidon, Karthago, vielleicht auch Tyros) einen jungen Gott, der alljährlich in Mysterien starb und wieder auferstand, somit das zyklische Geschehen in der Natur personifizierend. Er ist gewöhnlich der Sohn des Hauptgottes des jeweiligen Stammes. Wir wissen, daß er Adonis genannt wurde (vom 7. Jahrhundert an übernahmen diese Gottheit die Griechen) oder Eschmun. Er kommt durch einen gewaltsamen Tod um, wird beweint und wieder zum Leben erweckt.

Der phrygische Attis, geboren von der jungfräulichen Nana, kam im jugendlichen Alter durch Gewalt um. Sein Kult verbreitete sich in Rom seit dem Jahre 204 v. u. Z., da in die Stadt feierlich ein Meteorit gebracht wurde, mit dem Attis identifiziert wurde, als Rettung der Stadt und des Staates vor Hannibal. Seine römischen Feiern waren die pompösen sogenannten Megalesien, von allen Römern zwischen dem 15. und 27. März zelebriert. Am 22. März starb der Gott, am 25. März wurde seine Auferstehung gefeiert. Kultische und liturgische Handlungen veranschaulichten seine Beisetzung in einem Felsengrab, das danach leer vorgefunden wurde. Die Gläubigen nahmen bei dieser Gelegenheit heilige Speisen und Getränke zu sich: sie identifizierten sich so mit dem Gott, den sie in sich aufnahmen.

Der indoiranische (wedische und zuletzt parische) Gott Mithra, Sohn des höchsten Gottes Ahura Mazda mit chaldäischem Einfluß wurde zum Zentrum eines selbständigen Kults und einer sehr mächtigen Religion, des Mithraismus. Er ist der Erlöser der Welt, abgebildet als Sieger über das astrale Symbol, einen Stier, dessen Blut die Erde befruchtet und zum Leben erweckt hat. Er ist am 25. Dezember von einer unbefleckten Jungfrau namens Mihr in einer Felsgrotte geboren, in einer Krippe zwischen einem Eselchen und einem Öchslein. Von seiner Geburt erfuhren als erste Hirten. Aus dem Osten kamen Magier zu der Wiege, um dem jungen Gott Geschenke darzubringen. Er wird zum Beschützer des ersten Menschenpaares und damit aller Menschheit. Nach einem »letzten Abendmahl« steigt er, mit dem Sonnengott verbunden, zum Himmel auf, kehrt aber am Ende der Welt wieder, da er die Toten auferwecken und richten wird. Der geheiligte Tag des Kults war der Sonntag, die neuen Adepten wurden durch eine Taufe aufgenommen. Die beiden Götter, Ahura Mazda und Mithra, ergänzte zur Dreifaltigkeit der heilige Geist, der in den erhaltenen liturgischen Texten häufig angerufen wurde (Awesta).

Der Mithra-Kult war bereits im Jahre 558 v. u. Z. als Religion konstituiert, als die Perser Babylon eroberten. Er verbreitete sich – um den Preis einer synkretischen Durchdringung mit hellenistischen Elementen – über das ganze Reich Alexanders von Makedonien und seiner Diadochen, und um das Jahr 67–66 v. u. Z. begann er sich dank gefangener kleinasiatischer Piraten, die von Pompeius geschlagen und in Rom angesiedelt worden waren, über Italien zu verbreiten. Sein faktischer Monotheismus entsprach der geistigen Situation besser als das bunte und unübersichtliche Gemisch der partikularen Religionen, Kulte und Sekten, die in Rom schon alle Verbindlichkeit eingebüßt hatten.

Ein Erlöser, ein sterbender und auferstehender Gott ist auch der thrakische Dionysos, das Haupt eines mysteriösen Kults von Eingeweihten, der sich von Thrakien bis Athen und

Theben, auf die griechischen Inseln und nach Kleinasien ausbreitete. Dieser Gott wurde auf wundersame Weise aus dem brennenden Leib der Gottesmutter Semele geboren und in der Jugend auf grausame Art getötet. Bald jedoch erstand er von den Toten auf und fuhr hoch in den Himmel, wohin er auch die Mutter mitnahm.

In der indischen Glaubenswelt finden wir Krischna, den Gott und Erlöser, eine Inkarnation des Gottes Wischnu. Als Gottmensch kommt er auf die Erde, um die Menschheit zu erlösen. Geboren ist er von der Jungfrau Dewaki (Dewanaki), die vom »Geist Gottes beschattet« wurde und nach der Niederkunft mit dem Söhnchen in eine Hirtenhütte floh, wo sich die Hirten vor ihr verneigten. Der Raischa Kamsa erließ den Befehl, alle Säuglinge zu ermorden, denn ihm war geweissagt worden, daß der Sohn der Dewaki seine Herrschaft beenden werde. Krischna entging jedoch allen Nachstellungen, wirkte viele Wunder und erlag einem gewaltsamen Tode nach einer Verletzung der Fußsohle, wo allein er verwundbar war. Als seine Jünger ihn begraben wollten, fanden sie nur sein Kleid. Er war in den Himmel aufgestiegen.

(In den Legenden entgehen glücklich der vom jeweiligen Herrscher befohlenen Ermordung aller Säuglinge nicht nur Krischna und Jesus, sondern auch Kyros, der Gründer Roms, Romulus, Moses und viele andere.)

In Palästina waren in den der Lebenszeit des prophezeiten Jesus Christus vorhergehenden Jahrhunderten und vor allem in den gnostischen jüdischen Sekten alle diese Gottheiten wohlbekannt – es genügt, die entsprechenden Bücher des Alten Testaments zu lesen, um sich davon zu überzeugen.

Unstrittig und sehr zahlreich und bedeutungsvoll waren Übernahmen aus der babylonischen Religion in der Zeit der sogenannten »Gefangenschaft«, die übrigens sehr frei gewesen sein muß, wie man aus der raschen Akklimatisierung und der folgenden Babylonisierung der meisten Juden schließen darf, die sich selbst nach dem Edikt des Kyros (536 v. u. Z.) nicht nach der Heimkehr ins Vaterland und damit in ein zivilisatorisch und kulturell primitiveres Milieu sehnten.

Der vierzigjährige »Marsch« durch die Wüste, in Wirklichkeit ein Nomadenleben, in dessen Verlauf sich die polytheistischen und fremden Elemente von Glauben und Aberglauben aus dem Bewußtsein der Juden verlieren sollten, damit ihre geistige Zusammenschweißung und Exzeptionalität im Meer der größeren und kleineren Völkerschaften des Ostens erreicht würde, zeitigte nicht das erwünschte Ergebnis. Selbst das älteste erhaltene hebräische Gesetzbuch (2. Buch Mose, Kap. 21–23), das jedoch offenbar erst aus der Zeit nach der Niederlassung in Palästina stammt, trägt nach Meinung mancher Forscher Spuren eines indirekten Einflusses babylonischer Vorbilder, vor allem des Kodex von Chammurapi.

In der Religion nach dem Exil, die die zurückkehrenden *displaced persons* in das altneue Vaterland mitbrachten, finden wir eine markante Indoktrination durch orientalische Kulte, und zwar nicht nur babylonische, sondern auch parsische. Übrigens setzte sich die Infektion fließend auch nach der Heimkehr fort. Weder die politische noch die nationale Freiheit waren erlangt worden. Die Sehnsucht danach projizierte sich nebelhaft in die damals entstehenden apokalyptischen Visionen. In Wirklichkeit spielte sich das Leben unter dem direkten Einfluß der Perser ab, die in den Jahren 536–332 v. u. Z. die Babylonier abgelöst hatten. Trotz der religiösen Toleranz, die zum Beispiel den Wiederaufbau des Jerusalem-Tempels ermöglichte, ist der zweihundertjährige Einfluß des Parsismus unzweifelhaft.

Erst damals wurde das Wesen des erwarteten Erlösers und Messias klar formuliert. Früher war er nur flüchtig und in schweren Zeiten als Symbol des Kriegers erschienen, der fähig war, seinem Volk zu helfen. Jetzt wurde er religiös definiert. Der Messias sollte der König aller Menschheit sein, ihr Erlöser und Tröster. Seine Gestalt finden wir bei Jesaja, im 5. Buch Mose, in den Psalmen und den Büchern der Propheten. Es handelt sich um ein göttliches, metaphysisches Wesen, das alle Merkmale der orientalischen mythologischen Vorstellungen trägt. Schon damals wird es Christus genannt, das heißt der Gesalbte, und sein erwarteter Name ist Jesus, Jesaja, Jeshua. Er wird »aus dem Samen Davids« stammen, wird der »Menschensohn« sein (das sogenannte Buch Enoch), wird für die Sünden der Menschen einen schmachvollen und schmerzhaften Tod sterben, aber »am Ende der Tage« an der Seite

Gottes als Richter wiedererscheinen (Jesaja). Er wird in der Gesellschaft von Verbrechern hingerichtet, wird von Lanzen durchbohrt werden. Es ist sogar bekannt, daß ihm »Hände und Füße durchgraben werden« (Psalm 22). Sein Gewand wird verteilt, und Bösewichte werden darum losen.
Er mußte in Bethlehem geboren werden, weil der Prophet Micha vorhergesagt hatte: »Und du, Bethlehem Ephrata, die du klein bist unter den Städten in Juda, aus dir soll mir der kommen, der in Israel Herr sei.«
Er mußte, wie wir bereits wissen, aus dem Stamme des David kommen.
Die Jungfernschaft seiner Mutter hatte Jesaja vorhergesagt, ebenso die durch einen Engel vermittelte Verkündigung.
Er mußte nach Ägypten fliehen, denn der Prophet Hosea spricht: »Da Israel jung war, hatte ich ihn lieb, und rief ihn, meinen Sohn, aus Ägypten.«
Weitere Weissagungen schreiben vor, daß dem Wirken von Jesus Christus das Wirken von Johannes dem Täufer vorhergehen wird, daß er vierzig Fastentage in der Wüste verbringt, daß er Blinde und Taube auf wundersame Art heilt und triumphal in Jerusalem einzieht, und das auf einem Esel, daß er für dreißig Silberlinge verkauft wird, die zum Erwerb eines Töpferfelds verwendet werden, daß er genau nach den späteren neutestamentarischen Schilderungen der sogenannten synoptischen Evangelien angeklagt und zu Tode gefoltert, am dritten Tage von den Toten auferstehen wird ...
Dieses Vor-Bild Jesu Christi, seine detailliert gezeichnete Gestalt, entstand sowohl in Palästina selbst als auch unter den in der Diaspora lebenden Juden. Der Druck der hellenistischen Kultur war unwiderstehlich, und der Großteil der Juden siedelte gerade im Gebiet ihrer Blüte und Macht. Für die gnostischen jüdischen Sekten (oder die durch den Gnostizismus, die Gnosis beeinflußten) war allerdings dieser Jeshua Christos ein rein metaphysisches, geistiges Wesen. Gegenstand kultischer Verehrung ähnlich wie Mithra, Dionysos und weitere hier erwähnte Gottheiten. Vielleicht hätte diese Situation, die sich noch in dem rein apokalyptischen und gnostischen Christus in der Offenbarung des Johannes widerspiegelte, als ein Wesen »mit sieben Hörnern und sieben

Augen«, geboren »aus einem Weib, mit der Sonne bekleidet, und der Mond unter ihren Füßen und auf ihrem Haupt eine Krone von zwölf Sternen« weiterbestanden und sich schließlich aufgelöst wie viele andere apokalyptische Gestalten vor Christus und nach ihm. Es geschah jedoch etwas Außergewöhnliches: Es zeigte sich, daß die relative Ruhe für das kleine jüdische Volk in Palästina ein Ende nahm.

Ins Land drang das Heer Alexanders ein, dann gerieten die Juden unter die Herrschaft der Syrer, unter der Antiochos IV. Epiphanes die jüdische Religion und die jüdischen Gottesdienste aller Art verbot. Sein kurzzeitiges Wirken wurde durch den Aufstand der Makkabäer unterbrochen, an dessen Ende im Jahre 142 das progriechische Jüdische Königreich der Hasmenoiden geschaffen wurde. Dem folgte die römische Oberherrschaft, eröffnet durch die Hekatombe von zwölftausend Verteidigern Jerusalems, das im Jahre 63 v. u. Z. durch Pompeius erobert wurde, und fortgesetzt durch Konfiskationen, die z. B. von Cicero verteidigt wurden. Das Judentum war für ihn »ein barbarischer Aberglaube, unvergleichbar mit der Großartigkeit dieses Reiches, der Würde unseres Namens und den Bestimmungen unserer Vorfahren«.

In dieser Situation lebte das unterdrückte Volk, das die Herrschaft der Römer hart zu spüren bekam (die Juden wurden einige Male aus Rom und Italien vertrieben), in chiliastischen schwärmerischen Träumen und wartete schließlich von Tag zu Tag auf die Ankunft des Messias aus Fleisch und Blut, der sein Volk befreien und es nach dem Beispiel der Makkabäer zum Sieg führen wird. Die seltene, dreifach wiederholte und gemäß den zeitgenössischen Interpretationen außerordentlich bedeutungsvolle Konstellation der Planeten mußte die Hoffnung bestärken, daß der Erlöser endlich geboren war, und nicht nur einer, sondern gleich mehrere Männer namens Jeshua (ein damals sehr gängiger Name) wurden in Gestalt und Lebenslauf des Messias von der Geburt bis zum Kreuzestod stilisiert. Der biblische Christus der Evangelien ist eine Gestalt, die im vollen Umfang des Modells des religiösen Synkretismus geboren ist, wie er in den jüdischen gnostischen Sekten gipfelte. Er war lange vor der Konstellation des Sterns von Bethlehem fertig, geboren, gekreuzigt und auferstanden und wurde als solcher Mittelpunkt und Verkörperung der neuen Religion, des Christentums. Sie wurde geschaffen vom Paulinismus, also der Aktivität ihrer ersten Träger (oder des ersten Trägers) der christlichen Religionskultur, der Autoren (oder des Autors) der sogenannten Briefe des heiligen Paulus, die traditionelle metaphysische und eschatologische religiöse Vorstellungen ausnutzten, um aus ihnen und in ihrem Rahmen die Verkörperung erfüllter Hoffnungen und der gestillten Sehnsucht aller zu schaffen, an die sie sich mit ihrer Botschaft wandte. Auf den Grundlagen der paulinischen Christologie bauten dann weitere Autoren auf, z. B. die Schöpfer der synoptischen Evangelien (Markus, Matthäus, Lukas), die das »irdische Leben« ihres Gottes als unerläßliche Bedingung und Voraussetzung für die Verwirklichung des Erlösungsaktes durch den physischen Tod beschrieben. So wurde aus dem Wesen eines astral-vegetativen und eschatologischen Gottes im Paulinismus ein mystischer Gott und in den Evangelien ein historischer Gottmensch ...

In Zweifel wurde gezogen, ob die Evangelisten von einem wirklichen, identifizierbaren Jerusalem sprechen, besonders nach der Zerstörung der Stadt im Jahre 70 u. Z. durch die römischen Angreifer, die hier Feldlager für ihre Legionen errichteten. In der Darstellung der Evangelien handelt es sich um das »himmlische Jerusalem«, das sich geographischen Begriffen entzieht, wo nach dem Ende der Welt das Reich Gottes errichtet wird. Die Römer unterstützten diese Legende und gründeten hier im Jahre 135 nach der Niederschlagung des Aufstands von Bar Kochba (an dem die Rom gegenüber bereits loyalen Christen nicht teilnahmen) die Provinzstadt Aelia Capitolina. Der Name Jerusalem tauchte erst wieder im 4. Jahrhundert auf, als das Christentum bereits Rom und das Reich als Staatsreligion beherrschte.

Erst weit später begann die Gnosis, anfangs beschränkt auf das in der hellenistischen Diaspora lebende Judentum, nach Expansion, ja nach religiöser Weltherrschaft zu streben. Sie bemühte sich um einen Kompromiß mit dem Frühchristentum und um die Ausnutzung der günstigen Bedingungen zu Beginn des römischen Kaisertums, da das östliche Mittelmeer kommunikativ und administrativ mit ihm verbunden war und der Verlust der politischen Macht und des Interesses für sie die städtische Bevölkerung als einen der Erbfeinde der Gnosis sozusagen ausschaltete. Das war keine glückliche Spekulation – der gnostische Mythus wurde nach christologischen Korrekturen durch das Christentum teilweise übernommen und ihm angepaßt, zum Teil in langen Kämpfen mit den orthodoxen Häresielogen unterdrückt, um verborgen in verschiedenen mittelalterlichen und neuzeitlichen mystischen Strömen zu überleben, ganz abgesehen von dem bis heute existierenden Häuflein der Mandäer im Stromgebiet des Euphrat, die Johannes den Täufer als Propheten ehren und Jesus für einen Lügner und Betrüger halten.

Für unsere Ableitungen ist es wichtig, daß die gnostischen Grundgedanken über den Gottmensch auf außer- und vorchristlichem Boden entstanden sind.

Das Judentum in Palästina wurde damals von den Religionsschulen der Pharisäer und der Saduzäer beherrscht (wir können aber auch im Hinblick auf die damalige israelische Theokratie von politischen Flügeln sprechen). Die Pharisäer und Saduzäer konstituierten sich als Bewegungen nach dem Jahre 166 v. u. Z., also vom Beginn des Aufstands der Makkabäer an, da das Judentum zur Konfrontation mit dem eindringenden Hellenismus gezwungen wurde. Sie kristallisierten sich nach komplizierten und für unsere Betrachtung unwichtigen Peripatien unter der Herrschaft der Hasmoneiden heraus und nannten sich einerseits *perushim* (aramäisch perishajja, d.h. »Abgeteilte«), andererseits, wahrscheinlich nach Sadok, dem Begründer eines berühmten Priestergeschlechts. Sie unterschieden sich vor allem in der Frage der höchsten und unumstößlichen Ordnung, nach der sich das auserwählte Volk richten sollte. Die Saduzäer antworteten, dieses Gesetz sei ausschließlich die Thora, d. h. »Gesetz«, und zwar das von Moses dem Volke Israel gegebene geschriebene Gesetz. Die Pharisäer hingegen erklärten, die Thora sei nur ein Teil, und zwar ein wenig bedeutsamer, der nationalen und religiösen Verfassung. Es gelte auch, und zwar im grösseren Umfang, das mündliche Gesetz, weitergereicht durch Tradition *(paradosis)* und verschiedene Erzählungen *(hagaddah)* und praktische Gebote *(halekah)* enthaltend, die bis in

überraschende Details gehen. Diesen Stoff haben systematisch die Gesetzeslehrer bearbeitet, zum Beispiel im Talmud. Damit befanden sich die Pharisäer allerdings im Vorteil des freien Schaffens von Wortlauten der Gesetze, wobei sie sich als Neuerer ausgaben und die Saduzäer als konservative Reaktionäre brandmarkten.
Hier stoßen wir auf eines der Paradoxe des Christus aus den Evangelien, das eine Erklärung verlangt – im Neuen Testament hat es Jesus fast ausschließlich mit Pharisäern zu tun, als Vertreter des Fortschritts, sein Widerstand gegen sie ist sogar ins Sprichwort eingegangen. Den Saduzäern opponierte er nur in der Frage des apokalyptischen Jüngsten Gerichts, des Messias und dessen wundersamer Auferstehung, für die die Lehre der Saduzäer keinen Sinn hatte – ansonsten ist er ihrem Konservativismus offensichtlich nahe.
Die Erklärung für diese Haltung liegt in der politischen Praxis beider Richtungen. Die Saduzäer ermöglichten durch ihren Konservativismus geschickt den schweren von den Pharisäern auferlegten Lasten zu entgehen, sie öffneten sich damit den Weg zum Hellenismus und zur griechisch-römischen Bildung. So waren sie gezwungen, sich faktisch auf den Adel und die Marionettenregierung zu stützen. Die Pharisäer hingegen stützten sich aufs Volk, das traditionell allem Fremden und Ungewohnten gegenüber feindlich war und an den vererbten Bräuchen festhielt, aus denen sie ihr mündliches Gesetz schöpften. Jesus hätte also die Wahl gehabt zwischen den juristisch und theologisch konservativen, in der Politik jedoch liberalen Saduzäern, die in der politischen Praxis zur Bundesgenossenschaft mit den Römern gedrängt wurden, und den Pharisäern, scheinbaren Neuerern, die aber in Wirklichkeit um den Schutz der alten Lehre bemüht waren. In diesem religiösen Establishment, das von Zeit zu Zeit von heftigen Schwankungen erschüttert wurde (der sechsjährige Krieg 94–89 v. u. Z. zwischen dem König Alexander Iannai und den Pharisäern forderte fünfzigtausend Opfer) war für seine Lehre kein Platz. Es gab jedoch noch eine dritte Alternative.
Das war die religiöse Bewegung der Essäer, die ähnlich wie die Pharisäer ihre Herkunft aus niederen Schichten ableiteten, die gegen Neuerungen voreingenommen waren, die

Makkabäer unterstützten und sich Assiden nannten (hebräisch *hassidim*, d. h. die »Frommen«, von dort das Wort Chassidim). Die Essäer bildeten schon in der Mitte des 2. Jahrhunderts v. u. Z. religiöse Gruppen an verschiedenen Orten Palästinas. Ihr Hauptsitz war die Oase En-gaddi am Westufer des Toten Meeres, wo sich etwa viertausend Angehörige dieser in den Büchern der Bibel völlig verschwiegenen, obwohl an Zahl den Pharisäern gleichkommenden und die der Saduzäer weit übertreffenden Gruppe aufhielten. Josephus Flavius, der drei Lebensjahre im Schoße dieser Sekte verbracht hatte und in seinem griechisch geschriebenen »Jüdischen Krieg« eingehend die Lehre und Lebensweise der Essäer beschrieb, »untereinander mehr durch Liebe verbunden als die anderen«, wurde für einen Phantasten gehalten – bis zum Frühjahr 1947, da der Hirtenjunge Muhammad ad Dib vom Stamme der Taamir die ersten sogenannten Qumran-Rollen vom Toten Meer mit dem Archiv und den heiligen Schriften der Essäer entdeckte. Eine Reihe bibilistischer Probleme erschien nun im Licht neuer Zusammenhänge, so auch der in die entscheidende Phase eintretende Lebenslauf von Jesus – also nach der Taufe durch den hl. Johannes, die an der Schwelle von Christi öffentlichem missionarischem Wirken steht. Zwischen seiner Geburt und diesem Akt, der ihm erst den Namen Christos, d. h. der Getaufte, der Gesalbte verleiht, herrscht in den Evangelien Dunkel. Laut der offiziellen theologischen Version lebte Jesus bis zu seinem zweiunddreißigsten Lebensjahr ruhig und unauffällig in Nazareth, lediglich der Familie, den Verwandten und Freunden bekannt, ohne daß er für eine außergewöhnliche Persönlichkeit gehalten wurde; die Frömmigkeit war bei den Juden selbstverständlich und allgemein, nur die Propheten unterschieden sich ausdrücklich. Und ein Prophet war der junge Jesus nicht.

Johannes der Täufer, ein Vetter von Jesus, führte den wichtigen Akt der Taufe und der ersten Begrüßung Jesu als Christus, Messias, Gottes Sohn und des Auserwählten in der Judäischen Wüste, in den Wassern des Jordans durch (Matthäus, Markus). Dank Johannes kennen wir den Taufort ganz genau – Bethanien, das heutige Bejt-haaravah, zwei Wegstunden von Jericho. Die dritte bewohnte Oase dieses Gebiets war

Qumran mit dem Kloster der Essäer. Jesus, der sich in diesem Gebiet in der Zeit seines öffentlichen Wirkens sehr oft bewegte, hätte Qumran absichtlich ausweichen müssen, um nicht in Kontakt mit den Mitgliedern der halbklösterlichen Essäersozietät zu geraten.

Hat er das wirklich getan?

Moderne Forscher, die das Bild Christi der synoptischen Evangelien, zugleich aber auch die Argumente der sogenannten mythologischen Schule ablehnen, die Jesus für eine bloße synkretische Phantasiegeburt schwärmerischer Prediger des 2. Jahrhunderts, der Verfasser der ersten Version der Evangelien halten, sind in steigendem Maße vom genauen Gegenteil überzeugt.

Es scheint sogar, daß der Kontakt Jesu mit den Essäern intimer war, auf keinen Fall zufällig, und daß das Schweigen des Alten und Neuen Testaments über diese Gemeinschaft sein bedeutsames, wenn auch unterschiedliches Motiv hat. Es ist nicht ausgeschlossen, daß es sogleich nach der Taufe durch Johannes zum engen Kontakt kam: Jesus verbrachte, wie die Prophezeiung und übrigens auch die Tradition vorschrieb, die folgenden vierzig Tage in der Einsamkeit, nach der allerdings erst im 7. Jahrhundert bezeugten Darstellung, auf dem Berge Dshebel/ Quarantal, dessen Gipfel Aussicht (duq) hieß und in der Zeit der Makkabäer von einer kleiner Festung gekrönt war, in der Simon ermordet wurde. Der Ort liegt nur wenige Kilometer von Bethanien entfernt. Markus teilt uns ein interessantes Detail mit – laut seinem Evangelium war Jesus »bei den Tieren, und die Engel dienten ihm«. Dieses Detail ist für uns interessanter als die Konferenz Jesu mit dem Satan und die Konfrontation mit diesem Versucher. Der Ausdruck »Engel« ist nämlich phonetisch und inhaltsmäßig dem Wort »Bote« nahe, in einigen Sprachen des Nahen Ostens verschmelzen beide Begriffe miteinander. Die Essäer hatten gleichfalls ihre »Engel«, die in den zugänglichen Schriften dieser Sekte erscheinen. In dem wichtigeren, esoterischen (geheimen) Teil der Lehre sind die Engel jedoch durch »Boten« ersetzt, offenbar ausgesuchte Angehörige der Bewegung, denen es erlaubt war, nicht nur die strenge Klosterklausur zu verlassen, sondern sogar in tiefer Illegalität unter dem Volk ganz Palästinas als Agitatoren und Organisatoren des Widerstands gegen die römischen Machthaber zu wirken. Die Illegalität war nötig: Die Essäer waren, nachdem die Zeloten, die sogenannten Eiferer oder Sikarier (Träger von Siks, kurzen Dolchen, wie sie nach diesen verborgenen Waffen die Römer nannten) nach der Niederschlagung ihres im Jahre 6 u. Z. unternommenen Aufstands sich einige Jahrzehnte lang bis zur Besetzung und dann dem Verlust der Festung Masada überwiegend dem individuellen Terror widmeten, die einzige organisierte Gemeinschaft, die gegen Rom auftrat. Es ist nicht ausgeschlossen, ja nicht einmal unwahrscheinlich, daß die »Engel«, die Jesus in der Wüste mit Proviant versorgten, eben jene Agenten Qumrans waren, die Jesus von der Unerläßlichkeit des aktiven missionarischen Wirkens überzeugten und über die geeignete Form belehrten.

Die Wichtigkeit der Essäer erhellt auch aus den Proportionen der Thematik in den Schriften des Josefs – während er den Essäern beträchtliche Aufmerksamkeit widmet, finden wir nur zwei Äußerungen über Jesus, und obendrein ist die erste davon offenbar ein nachträgliches Falsifikat. Sie ist vom Standpunkt eines gläubigen Christen geschrieben (Jesus ist »ein weiser Mensch, wenn es überhaupt möglich ist, ihn einen Menschen zu nennen«, er ist »der Wundertäter, Lehrer der Menschen, die mit Freuden die Wahrheit empfangen«, er ist »Christus, den zehntausend wundersame Dinge betreffen«). Im 3. Jahrhundert kennt Origines diesen Absatz nicht – ein Jahrhundert später beruft sich Eusebios auf ihn. Damit ist die Zeit der wahrscheinlichen Entstehung der Interpolation bestimmt. Die zweite Äußerung ist die Bemerkung, daß im Jahre 62 u. Z. der jüdische Hohepriester Ananus den »Jakob, Bruder des Jesus, der Christus genannt wurde, und einige weitere« hinrichten ließ. Origines zitiert diese Stelle mehrmals – sie ist also wahrscheinlich authentisch. Auch im »Jüdischen Krieg« und in den »Altertümern« wird das Christentum – zum Unterschied vom Essäertum – nicht erwähnt.

Die Beantwortung der Frage, wie lange das öffentliche Wirken von Jesus währte, wäre natürlich für die Chronologie der Kreuzigung von wichtiger, ja Schlüsselbedeutung. Leider gibt auch die dogmatische Chronologie keine triftige Antwort. Sie geht in dieser Frage vor allem vom Evangelium des Johannes aus, der die Zeitdauer von Christi Wirken auffällig durch die Anführung von drei jüdischen Osterfesten (Passah) betont, das erste gleich nach dem Wunder auf der Hochzeit in Kana (2, 13), das zweite in der Mitte von Jesu Tätigkeit (6, 4) und das dritte in Kapitel 11, 55. Daraus ginge eine Zeit von zwei Jahren und einigen Monaten hervor. Die Synoptiker sprechen über die Dauer von Jesu Tätigkeit nur in unklaren Andeutungen; Lukas führt das Gleichnis vom unfruchtbaren Feigenbaum an: »Siehe, ich bin nur drei Jahre lang alle Jahre gekommen und habe Frucht gesucht auf diesem Feigenbaum, und finde sie nicht.« (13, 7) Das könnte zugleich eine annähernde Bestimmung sein. Im Vergleich zur Herrschaft des Tiberius scheint jedoch das üblicherweise angenommene dreijährige Wirken zu lang, so daß auch konservative katholische Christologen eine viel kürzere Zeit in Betracht ziehen, ja sogar nur einige Monate. Von hier winkt uns also keine Hilfe.

Wir wissen, daß Jesus erst nach der Begegnung mit Johannes dem Täufer zu predigen und vor dem Volk aufzutreten begann – wie es vorhergesagt war. Johannes ist eine durchaus historische Gestalt (authentisch ist allerdings nicht die Anekdote über die beleidigte Salome, die seinen Kopf forderte), sein Wirken begann laut Lukas (3, 1 und 2): »... in dem fünfzehnten Jahr des Kaisertums von Tiberius, da Pontius Pilatus Landpfleger in Judäa war und Herodes ein Vierfürst in Galilea und sein Bruder Philippus ein Vierfürst in Ituräa ... da Hannas und Kaiphas Hohepriester waren ...«

Das ist ein wahrer chronologischer Guß, eine Flut von Informationen; sie bietet uns die Möglichkeit, die sonst eher knappen Zeitangaben gegenseitig zu überprüfen.

Aber leider ist auch eine so opulente Angabe nicht ohne chronologische Probleme. Die Zentralfigur Tiberius ist zwar klar, aber chronologisch nicht widerspruchslos. Augustus, der Vorgänger des Tiberius, starb am 19. August des Jahres 14. u. Z., das erste Regierungsjahr des Tiberius reicht also von diesem Datum bis zum 18. August des Jahres 15, das fünfzehnte Jahr umgrenzt die Zeit zwischen dem 19. August des Jahres 28 und dem 18. August des Jahres 29. Und die Sache ist klar.

Das ist sie eben nicht.

In der Zeit von Tiberius war es nämlich üblich, den Rest des Kalenderjahres vom Tode eines Herrschers bis zu Neujahr als ein ganzes Jahr zu rechnen; mit dem Neujahrstag trat also ein Herrscher ins zweite Jahr seiner Regierung ein. Nur – welches Neujahr? Für die Römer begann das neue Jahr am 1. Januar, bei den Juden aber mit Beginn des Monats Tishri (Oktober), das religiöse Jahr mit Beginn des Nisan (März). Der Chronologe hat die Wahl – Lukas deutet nicht im geringsten an, welchem Datum er zuneigt –, sich mit der Zeitspanne zwischen dem 1. Oktober 27 bis 18. August 29 zu beschäftigen. Doch lesen wir (zum Beispiel in den Annalen des Tacitus), daß Augustus bereits zwei Jahre vor seinem Tode, also im Jahre 12, Tiberius zum Mitregenten ernannte, um gemeinsam die Provinzen zu verwalten und zugleich eine Volkszählung durchzuführen – was dem Provinzbewohner Lukas als klare Regierungsübernahrne erscheinen mußte. Dann würde das fünfzehnte Jahr auf das Jahr 26 u. Z. fallen.
Fassen wir das bisher Gesagte zusammen: Nach der ältesten möglichen Datierung von Christi Taufe und im Hinblick auf Dauer seines öffentlichen Wirkens von einigen Monaten bis zu drei Jahren können wir das Datum der Kreuzigung durch die Jahre 26 und 32 u. Z. eingrenzen. Eine Hilfsangabe ist wiederum Lukas' Bericht (3, 23), demzufolge Jesus zu Beginn seiner Tätigkeit »ungefähr dreißig Jahre alt« war. Die Juden waren, nach ihrem alten Schrifttum zu schließen, großzügig bei der Abrundung des Alters, so daß wir mit einem Alter zwischen 27 und 34 Jahren rechnen können. Wir wissen, daß wir die Geburt Jesu mit Sicherheit in das Jahr 7 v. u. Z. legen können, wo sich die dreifache bedeutungsvolle Planetenkonjunktion wiederholte (der »Stern von Bethlehem«), die das explosive Gerücht über die Geburt des sehnlich erwarteten Messias hervorrief. Der Jesus der Evangelien war also laut Lukas' biographischen Angaben zwischen den Jahren 20 (beim kürzesten öffentlichen Wirken) und 30 (bei einem dreijährigen Wirken) am Kreuz gestorben, bzw. 27 und 37, wenn man das traditionelle kirchliche Datum seiner Geburt akzeptiert. In dieser Zeitspanne bewegen sich die meisten chronologischen Festlegungen der Kreuzigung: als frühestes Datum wird das Jahr 21 angegeben, eine Minderheit von Forschern nennt

die Jahre 28, 31, 32, 34, die übrigen, und das ist die Mehrzahl, die Jahre 29, 30 und 33.

In einer Behauptung stimmen jedoch alle Evangelienquellen überein: Jesus starb an einem Freitag, wodurch sechs Siebentel aller Tage wegfallen. Bekanntlich war der nullte Tag der sogenannten Julianischen Periode Montag, der 1. Januar des Jahres 4712 v. u. Z. Beziffern wir alle folgenden Tage mit Ordnungszahlen, dann wird der erste Freitag die Zahl 4 haben und alle weiteren fallen auf den der Formel entsprechenden Tag 4 plus 7 n, wobei n eine beliebige positive ganze Zahl ist. Die Schwierigkeit liegt darin, daß es in den Jahren 20 bis 37 u. Z., die wir als Grenzen des gesuchten Datums bestimmt haben, an die neunhundert Freitage gibt.

Uns bleibt nichts übrig, als für eine Weile die Historie und Chronologie zu verlassen und uns der altjüdischen Liturgie, der Astronomie und der Komputistik (der Lehre vom Kalender und seiner Zusammenstellung) zu widmen.

Die Evangelien führen an, daß Jesus kurz vor dem Frühlingsfest der jüdischen Ostern (Passah) starb, das immer mit dem Vollmond übereinstimmte. Die Synoptiker verlegen das Letzte Abendmahl, das dem Hinrichtungstag vorausging, auf den Tag, da das Osterlamm geschlachtet und geopfert wurde, liturgisch vorgeschrieben für den Nachmittag des 14. Nisan (März). Johannes hingegen erzählt (19, 14), daß Jesus am Tag vor Ostern starb, noch bevor die Juden das Osteropfer dargebracht hatten: »Und sie gingen nicht in das Richthaus, auf daß sie nicht unrein wurden, sondern Ostern essen möchten.« (18, 28). Das bedeutet, daß es ihnen gelang, den Prozeß und das Urteil so zu beschleunigen, daß Jesus schon am 14. Nisan gestorben und das letzte Abendmahl dann allerdings nicht das liturgische Osteressen des Opferlamms gewesen wäre. Weil über die Kreuzigung an einem Freitag kein Streit besteht, sieht es in der Übersicht der Situation so aus:

	Synoptiker	Johannes
13. Nisan		Donnerstag, letztes Abendmahl
14. Nisan	Donnerstag, letztesAbendmahl	Freitag, Kreuzigung
15. Nisan	Freitag, Kreuzigung	

Es wird immer klarer? Es genügt, das Jahr zu bestimmen, in dem der Vorabend des Passahfestes, ein 14. oder 15. Nisan, auf einen Freitag fiel, und alle Probleme sind gelöst. Wirklich?

Wirklich.

Nur ist das Passahfest selber für den Chronologen eine harte, wenn nicht unknackbare Nuß. Das christliche Osterfest, da man an den Tod Christi erinnert und seine Auferstehung feiert, ist offenbar von den heidnischen, hellenistischen Feiertagen der sterbenden und wiederauferstandenen Götter übernommen. Das Datum des Passahfestes war lange an den jüdischen Kalender gebunden. Erst als das Christentum seine Unterschiedlichkeit zum Judentum zu betonen begann und bald darauf auch die ausgesprochene Feindschaft ihm gegenüber, kam es zur Aufhebung dieser Abhängigkeit. Ostern wurden dann (und sie werden es noch) grob (in Wirklichkeit sehr kompliziert) nach der Frühlings-Tag- und Nachtgleiche bestimmt. Auch im ältesten Christentum ging es bei der genauen Festlegung des Datums für das Passahfest nicht ohne Zank und Streit ab, und zwar gerade dank des erwähnten Widerspruchs zwischen der Datierung durch die Synoptiker und die des Johannesevangeliums. Einige Christen hielten sich an letzteres und wollten Ostern am 14. Tage des Monats Nisan feiern. Man nannte sie die Quartodecimani – die Vierzehner. Die meisten waren für den 15. Nisan (die Quintodecimani, die Fünfzehner), und ein kleiner, aber hartnäckiger Rest bestand darauf, Ostern ohne Rücksicht auf einen datierten Tag im Monat stets an einem Sonntag zu feiern, am Tag der Sonne. Im Jahre 167 gipfelte der Streit in einer Spaltung. Die Sterndeuter und Komputisten waren nicht fähig zu helfen – der Kalender wich damals schon so weit von dem astronomischen Jahr ab, daß an eine gegenseitige Übereinstimmung ohne einen Eingriff von Grund auf nicht zu denken war. Das Konzil von Nikäa im Jahre 325 löste den Konflikt auch ohne Komputisten: die Quartodecimani und die Sonntagsanhänger wurden kurzerhand zu Ketzern erklärt und fanatisch verfolgt.

Und wie bestimmten die Juden die Daten ihres Kalenders? Die Prinzipien für ihre Komputistik sind in dem sogenann-

ten Rosh hashanah (Neujahr) und anderswo niedergelegt. Danach wurde der Kalender festgesetzt, wurden die Jahres- und Monatsanfänge bestimmt und ihr Lauf durch die Einschiebung von Tagen in bestimmten Monaten und eines ganzen Monats nach jedem dritten Jahr korrigiert, damit das kalendarische Sonnenjahr wenigstens einigermaßen mit dem Mondjahr übereinstimmte. Die hauptsächliche Beobachtungserscheinung war das sogenannte »neue Licht«, nämlich der Augenblick, da zum erstenmal am Westhimmel die schmale Mondsichel erblickt wurde. Mit diesem Tage begann der Monat. Nach dem neuen Licht wurde vor allem in Jerusalem selber Ausschau gehalten, und diese Wahrnehmung wurde durch Rauch- und Feuerzeichen vom Ölberg ins ganze Land signalisiert. Wenn ungünstiges Wetter die Beobachtung in der Metropole unmöglich machte, hielt man ungeduldig Ausschau nach Boten vom flachen Lande mit Nachrichten über die Beobachtungen – sie durften, ja sie mußten selbst an Tagen der Sabbathruhe reisen (und das war eine große und seltene Ausnahme!) Falls sie nicht eintrafen, wurde der Tag als überzählig dem Vormonat zugerechnet.
Das neue Licht rückwirkend zu berechnen und mit seiner Hilfe zu bestimmen, in welchem Jahr um das Jahr 29 ein Freitag auf den 14. oder 15. Nisan fiel, ist für einen Astronomen eine so schwere und komplizierte Aufgabe, daß sie selbst ein so bedeutsamer Mathematiker wie Kepler für eine Unmöglichkeit erklärte – die Lösung hängt nämlich von der empirischen Beziehung zwischen dem Azimutunterschied des Mondes und der gerade untergegangenen Sonne und der Höhe des Mondes über dem Horizont ab. Kepler streckte die Waffen zu früh – das neue Licht konnten bereits die Babylonier in die Vergangenheit und die Zukunft hinein berechnen, und zwar mit Hilfe komplizierter arithmetischer Reihen. Ende der zwanziger Jahre unseres Jahrhunderts erneuerte der Versicherungsbeamte K. Schoch ihre Kunst wieder und legte sie für den praktischen Gebrauch in Tabellen nieder. Damit ermöglichte er die Rekonstruktion des alten jüdischen Kalenders, exakt nach dem neuen Licht.
Nach dieser Rekonstruktion sieht die Situation folgendermaßen aus (angeführt sind die Alternativen):

Jahr 28	14. Nisan	Dienstag 30. März, Mittwoch 28. April, Donnerstag 29. April
	15. Nisan	Mittwoch 31. März, Donnerstag 29. April, Freitag 30. April
Jahr 29	14. Nisan	Samstag 19. März, Montag 18. April
	15. Nisan	Sonntag 20. März, Dienstag 19. April
Jahr 30	14. Nisan	Freitag 7. April, Sonntag 6. Mai
	15. Nisan	Samstag 8. April, Sonntag 7. Mai
Jahr 31	14. Nisan	Dienstag 27. März, Mittwoch 25. April
	15. Nisan	Mittwoch 28. März, Donnerstag 26. April
Jahr 32	14. Nisan	Montag 14. April, Dienstag 13. Mai
	15. Nisan	Dienstag 15. April, Mittwoch 14. Mai
Jahr 33	14. Nisan	Freitag 3. April, Sonntag 3. Mai
	15. Nisan	Samstag 4. April, Montag 4. Mai
Jahr 34	14. Nisan	Mittwoch 24. März, Donnerstag 22. April
	15. Nisan	Donnerstag 25. März, Freitag 23. April

Die von diesen Berechnungen ausgehenden katholischen Christologen streichen die Jahre 29, 31 und 32, weil in ihnen weder der 14. noch der 15. Nisan auf einen Freitag fallen. Das Jahr 28 lehnen sie als zu früh ab, im Hinblick auf den Beginn der Tätigkeit Johannes des Täufers, die Jahre 33 und 34 als zu spät – Jesus hätte da 36 oder 37 Jahre alt sein müssen und sein öffentliches Wirken wäre wesentlich länger, als man allgemein annimmt.

Aus diesen Gründen spricht sich die Mehrheit für das Jahr 30 aus, das chronologisch dem benötigten Freitag entspricht, auch der Angabe über den etwa dreißigjährigen Christus am Beginn seines öffentlichen Auftretens. Wenn er etwa zwei Jahre vor dem Tode des Herodes geboren ist, wäre er damals 32–33 Jahre alt gewesen, nach zweieinhalbjähriger Tätigkeit dann zur Zeit der Kreuzigung etwa 34 $^{1}/_{2}$ bis 35 $^{1}/_{2}$ Jahre alt. Das alles wäre chronologisch annehmbar, wenn der alte jüdische Kalender exakt und konsequent gewesen wäre. Aber er war weder das eine noch das andere. Das betraf gerade den Monat Nisan, dessen Beginn zugleich der Beginn des religiösen Jahres war. In jedem dritten Jahr wurde vor ihm ein »Ausgleichsmonat« eingeschoben, und diese Einschiebung richtete sich nach der Beobachtung des Wachstums der Acker-

früchte, die einen bestimmten Grad von Vegetationsreife erreichen mußten; zu Passah am 14. Nisan mußten nämlich die ersten neuen Ähren reifen, damit sie bei den Feiern am 16. Nisan im Tempel als Opfergaben dargebracht werden konnten. Die agrotechnische Beobachtung hatte Priorität vor der astronomischen und entscheidenden Einfluß auf die Überlegungen der Rabbiner über die aktuelle Korrektur des Beginns des jeweiligen Nisans.
Nicht genug damit. Der Talmud selber bezeugt, daß die Boten, die die Nachricht über das neue Licht brachten, nicht selten zugunsten eigener Interessen und Ansichten logen – der Kalender wurde nämlich zum Gegenstand politischer Streitereien zwischen Pharisäern und Saduzäern. Die Saduzäer, an deren Spitze Anhänger der einflußreichsten Priesterfamilie der Boethusäer standen, beharrten auf der rituellen Opferung einer Garbe von Feldfrüchten immer am Sonntag und verschoben mit verschiedenen Tricks den Kalender besonders dann, wenn Ostern (der 15. Nisan) auf einen Freitag oder Sonntag fielen. Im ersten Fall rückten sie den Kalender um einen Tag vor, im zweiten einen Tag zurück, damit die Opferung der Ähren ein Sonntagsakt sein konnte. Die Pharisäer opponierten, man könne das Fest an jedem Wochentag vor dem 16. Nisan feiern. Dieser Passahstreit spielte sich jedes Jahr ab, wenn es zu so einer Koinzidenz kam – also auch im Jahre von Christi Kreuzigung, als laut den Synoptikern der 14. Nisan auf einen Freitag und der heikle 15. Nisan auf einen Samstag fielen.
Kurz und gut: Der jüdische Kalender aus der Zeit Christi liefert den Chronologen keine triftigen Argumente für die Bestimmung des genauen Datums von Christi Sterben, wie es in den Evangelien beschrieben wird. Dafür jedoch eine Überraschung: Der Verlauf der Verhaftung, der Folter und der Hinrichtung Christi konnte nicht der Schilderung der Synoptiker entsprechen, die darin übereinstimmen, daß es zur Verhaftung in der Nacht vom 14. auf den 15. Nisan kam, daß die Prozeßprozeduren in den frühen Morgenstunden des 15. Nisan eröffnet wurden und daß sich am selben Tage das Schicksal Christi vollendete.
Ist das möglich und denkbar? Schließlich war doch der

15. Nisan der höchste jüdische Feiertag, der Ostertag, da jedwede Arbeit streng verboten war und die verschärften Sabbathvorschriften ohne Rücksicht auf den jeweiligen Wochentag galten. Von allen Seiten strömten Scharen von Gläubigen nach Jerusalem, um in der Nacht vom 14. auf den 15. Nisan das Opferlamm zu verspeisen. Es ist unvorstellbar, daß sich in einer religiös so hochgespannten Zeit Juden gefunden hätten, die bereit waren, die Todsünde der Vorbereitung und Organisation eines Gerichtsverfahrens zu begehen, der Verhaftung Jesu, des Tragens von Waffen und anderen Gegenständen, des Entzündens von Feuer im Hofe des Hohepriesters (Lukas 22, 55), daß Leinwand feilgeboten und gekauft werden konnte, wie es Joseph von Arimathia tat (Markus 15, 46), daß fromme Frauen Spezerei und Salben bereitet hätten (Lukas 23, 56) usw. Das Gericht tagte selten länger als einen Tag und arbeitete so, daß es Privatstreitigkeiten im Laufe des Tages verhandelte und am Abend das Urteil fällte. Auch Strafverfahren wurden im Laufe eines Tages durchgeführt, aber wenn der Angeklagte nicht freigesprochen wurde, dann wurden seine Inhaftierung und die Urteilsverkündung auf den nächsten Tag verschoben, auch in Fällen, da der Angeklagte der Tat überführt war. Man nahm an, daß das Gericht dann unvoreingenommener und mit kühlerem Sinn urteilen werde. Deshalb war es geradezu gesetzeswidrig, ein Strafverfahren an einem Abend vor dem Sabbath oder einem anderen Feiertag zu eröffnen, weil an solchen Tagen niemand gerichtet und verurteilt werden durfte. Die Vorstellung also, das Gericht über Jesus sollte am Feiertag des Passah getagt und das Urteil gefällt haben, ist absurd, zumal dieses Gericht laut Gesetz nur der jüdische Hohe Rat sein konnte (Sanhedrin, aus dem griechischen Synedrion – Versammlung, Rat) oder auch »Rat der Einundsiebzig«, der allein kompetent war, über »falsche Propheten« und »falsche Hohepriester« zu richten.

Der Rat der Einundsiebzig setzte sich aus der Elite des Landes zusammen, den reichen konservativen Saduzäern aus Priester- und Hohepriesterfamilien, aus der Gruppe der sogenannten »Ältesten des Volkes«, erfolgreicher Unternehmer und Geschäftsleute und schließlich aus der dynamischen

Komponente jüngerer Gesetzeskenner, die sich in der Mehrzahl zu den Pharisäern bekannten. Für alle diese Persönlichkeiten war die sakrilegische Gesetzesübertretung, die Verletzung der Sabbathruhe, einfach undenkbar – schließlich verurteilten jüdische Gerichte nicht selten wegen dieses Delikts einfache Bürger.
Diesen alten und ziemlich peinlichen Widerspruch bemüht sich die dogmatische Christologie mit Erklärungen zu lösen, die je nach dem Grad der Orthodoxie, des Einfallsreichtums und der historischen Kenntnisse des jeweiligen Forschers konzipiert sind. Ganz ohne historische Grundlage ist z. B. die Behauptung des Eusebios von Cäsarea, daß Christus zwar das Osterlamm am vorgeschriebenen Tage aß, daß aber die gehässigen Juden Ostern um einen Tag auf den 16. Nisan verschoben, damit das Urteil gefällt und sobald wie möglich vollstreckt werden konnte. Glücklicher sind auch nicht jene Erklärungen, die eine Neuinterpretation bekannter Texte anstreben, z. B. des Terminus' »Osteropfer«, den sie vom Lamm auf andere Opfergaben übertragen.
Die neuzeitlichen katholischen Christologen räumen ein, daß das nichtsynoptische Johannesevangelium, auch was die Passionswoche betrifft, keine Schilderung der Wirklichkeit darstellt, sondern eine Allegorie, daß darin Jesus am 14. Nisan als symbolisches Opferlamm stirbt, welches ein für allemal im Sinne der Glaubenslehre das alte rituelle Opfer ersetzt.
Eine relativ annehmbare Erklärung stützt sich auf die »Elastizität« des jüdischen Kalenders. Die Mehrheit des von den Pharisäern beherrschten Volkes behielt deren Anordnung der Feiertage bei. Die herrschenden Schichten und die Priester richteten sich jedoch nach dem Kalender der Saduzäer und der Familie des Böethus.
Offensichtlich ist die Übereinstimmung zwischen Johannes und dem Kalender der Saduzäer, die Übereinstimmung der Synoptiker mit dem Kalender der Pharisäer. Das letzte Abendmahl Jesu fällt bei Johannes und den Synoptikern auf einen Donnerstag, es war also zweifellos ein rituelles Abendmahl, gemeinsam mit den Pharisäern und der Mehrheit des Volkes vollzogen. Die Mehrheit des Hohen Rates, der Jesum zum Tode verurteilte (wozu die Anwesenheit von dreiund-

zwanzig Mitgliedern genügte), setzte sich jedoch aus Saduzäern zusammen, die diesen Tag für den 13. Nisan hielten – sie aßen das Lamm also erst am folgenden Tag, am Freitag, und feierten Ostern am Samstag. Am Freitag hielten die Feiertagsruhe nämlich nur die Pharisäer ein; wer sich aus diesem oder jenem Grunde nicht an den Kalender der Saduzäer hielt, war durch die Ruhevorschrift nicht gebunden.

Auch diese Erklärung ist freilich nicht ohne Widersprüche, nur: ist sie nicht auch überflüssig? Selbst die genaue Rekonstruktion der altjüdischen Kalender jener Jahre würde uns nicht allzu sehr helfen, die Kluft zwischen Christi evangelischer und seiner eventuellen historischen Vorlage zu überbrücken. Aus dem Gerichtsverfahren gegen Christus, das entweder dicht vor den höchsten jüdischen Feiertagen und laut einigen Evangelien sogar in der Nacht durchgeführt wurde – was ganz gegen die Gewohnheit war, denn in der Regel tagte das Gericht von der Zeit des Morgenopfers bis zum Abendopfer, also von 9 bis 16 Uhr –, aus diesem Verfahren also geht hervor, was für die weiteren Überlegungen merkenswert ist: das Sanhedrin hatte es eilig. Es hatte einen Grund, rasch zu handeln, selbst um den Preis eines Bruchs der Bräuche.

Das ist um so sonderbarer, als die Verhandlungsregeln des Gerichts mehr dazu neigten, einen Prozeß zu verlängern, falls es sich um ein Kapitalverbrechen handelte, damit die Mitglieder des Hohen Rates Zeit genug zur sorgfältigen Abwägung des Falles hätten. Wenn ein schweres Verbrechen verhandelt wurde, wurden die Anwesenden stets an die traditionelle Regel erinnert: »Ein Hoher Rat, der ein Todesurteil öfter als einmal in sieben Jahren fällt, handelt übereilt.« Und doch genügten einige Stunden seit der Anklage, und Jesus starb am Kreuz.

Er starb, ohne daß er eigentlich – nach Meinung der modernen Biblisten und Kenner der Rechtsgeschichte – einen schweren, mit dem Tode zu büßenden Frevel begangen hatte. Einige Seiten seiner Lehre konnten zwar den jüdischen Führern unangenehm sein, sie gingen jedoch nicht bis zur Tempelschändung. Jesus behauptete nicht über sich, er sei Gott, sondern nur Gottes Sohn, was in der damaligen jüdischen Terminologie der Beiname aller Heiligen war, der seinem

Träger auf keinen Fall göttlichen Ursprung zuschrieb. Sein Verhältnis zu Rom war nach der Darstellung der Evangelien maßvoll und versöhnlich. Soweit Jesus ein neues Königreich verkündet, handelt es sich offensichtlich nicht um ein Reich von dieser Welt, und zu seiner Errichtung soll es nicht durch einen revolutionären Umsturz kommen, schon gar nicht durch einen antirömischen Aufstand. Er konnte also auch vor Pilatus alle Anschuldigungen zurückweisen.

Männer, die sich als Messias ausgaben, wanderten damals in größerer Zahl durch Palästina. Einige waren von ihrer Mission fest überzeugt, andere nutzten die tiefe Frömmigkeit der Bewohner zum Zwecke persönlicher Vorteile aus, und die dritten schließlich waren Psychopathen, die ihre Wahnvorstellungen äußerten. Hätte jeder »Erlöser« unmittelbar vor das Sanhedrin kommen sollen, dann wäre dessen Kapazität überzogen worden. Im Falle Jesu kam es aber doch dazu, ja noch mehr. Dem nächtlichen Verhör ging eine Voruntersuchung beim ehemaligen Hohepriester Hannas (der anscheinend durch die Abberufung aus dem Amt seinen Einfluß nicht verloren hatte) und dem amtierenden Hohepriester Kaiphas voraus (Johannes 18, 13–24). Die Mitglieder des Hohen Rates wurden aus dem Schlaf gerissen und zu einer ungewohnten Stunde (und einem ungewohnten Tag) in den »Hof des behauenen Steins« (liskath haggazith – im südwestlichen Teil des Tempels, nur Juden zugänglich) geholt, oder, wie es nach dem Jahre 30 üblich war, in die »Schenke« (hanuth), von der wir nichts Näheres wissen – nach den Evangelien zu schließen, wahrscheinlich in die Wohnung des Hohepriesters, was nur in den dringendsten Fällen geschah. Der Fall Jesu wurde offenbar für einen solchen gehalten, obwohl sicher ist, daß die meisten Mitglieder des Hohen Rates ihn gar nicht kannten, was auch für die zu den Osterfeiern nach Jerusalem strömenden Massen galt. Warum also?

Das Sanhedrin beging, wenn wir die Schilderung durch die Evangelisten akzeptieren, eine ganze Reihe von Justizübergriffen: Jesus wurde gezwungen, gegen sich selber zu zeugen (Lukas 22, 70), was den Vorschriften des Sanhedrin widerspricht, er wurde für Aussprüche bei der Verhandlung verurteilt, nicht jedoch für seine vorhergehende Tätigkeit.

Zuguterletzt wurde die höchste, die Todesstrafe verhängt. Auch das war ganz unerwartet, obwohl die jüdischen Gerichte hart urteilten und die Strafmöglichkeiten begrenzt waren – es existierte keine Gefängnishaft. Eine leichte Strafe war das Auspeitschen (bis neununddreißig Schläge), Geldbuße, gewichtiger die Verbannung – und nur diese Strafen, am ehesten die erste, wären nach jüdischem Recht für Christus in Betracht gekommen. Aber mit dem Todesurteil war das befremdliche Verhalten des auf die Schnelle einberufenen Rates nicht beendet. Seine müden und verdrossenen Mitglieder gesellten sich den Wächtern hinzu und machten sich längere Zeit, mindestens zwei Stunden, über Christus lustig, verhöhnten ihn, wobei sie ihn schlugen und fragten, ob er mit verbundenen Augen erkannt habe, wer ihn geschlagen hatte. Entspricht dieses Verhalten nach dem Urteil über einen so gut wie unbekannten Schwärmer der Würde von Mitgliedern dieses scharf beobachteten Rates?

Bemerkenswert ist auch die Tatsache, daß sich das Sanhedrin wider allen Brauch nicht über die Hinrichtungsart äußerte, obwohl dieses Verdikt ein wichtiger Bestandteil der Verhandlung war und die Höhe und den Grad der abschreckenden Wirkung der Strafe bestimmte. In Frage kam Steinigung (als das üblichste), der Tod auf dem Scheiterhaufen, Enthaupten oder Erdrosseln.

Jedes von jüdischen Gerichten gefällte Todesurteil mußte vom römischen Vertreter für Gerichtsangelegenheiten bestätigt werden, und der war vom Jahre 26 bis zum 16.3.37 u. Z. Pilatus.

Für die Chronologie ist auch die Frage von einer gewissen Wichtigkeit, wer Pilatus eigentlich war. Die bescheidenen, fast ausschließlich aus späterer Zeit stammenden Quellen antworten diametral unterschiedlich. Die jüdische Darstellung ist eindeutig: Pontius Pilatus war ein Peiniger des jüdischen Volkes, ein Feind seiner Religion, ein Mörder und Verbrecher, Provokateur und Gewalttäter. Vom Kaiser war ihm das *jus gladii*, das Recht des Schwertes erteilt worden, er bestätigte also die Todesurteile des Sanhedrin, ohne diese Bestätigung konnte niemand in Judäa hingerichtet werden. Hob er das Urteil auf, wurde der Angeklagte auf freien Fuß gesetzt, und der Hohe Rat war machtlos. Wenn er das Urteil bestätigte, wurde der Delinquent in der Regel gezwungen, die gräßlichste römische Hinrichtungsart zu erleiden – die Kreuzigung. Die Kreuzigung war eine grausame Hinrichtungsart, die ursprünglich bei den Phöniziern vorkam und in der phönizischen Kolonie Karthago üblich war, später von den Römern mit dem Vorbehalt übernommen wurde, daß auf diese Weise nur Sklaven und Barbaren, d. h. Nichtrömer, zu Tode gebracht werden sollten.

Die Schuld am Tode Christi trifft also nach jüdischer Darstellung einzig und allein den Pilatus. Das Sanhedrin mußte Jesum im Hinblick auf seine sakrilegische Erklärung verurteilen, hoffte aber insgeheim auf die Begnadigung durch Pilatus. Dieser offensichtlich vom Bemühen der Rabbiner inspirierten Behauptung (die den Verdacht widerlegen wollten, daß die Juden »Christus getötet« hätten, was die Losung der Pogrome aus den ältesten bis in die neuesten Zeiten war) stehen die gegensätzlichen christlichen Charakteristiken des Pilatus entgegen. Die ersten finden wir in den durch das Christentum geschaffenen Evangelien, in der Zeit der völligen Trennung vom Judentum, in einer Zeit also, da die kurzsichtigen provinziellen Drohungen an die Adresse des »Volkes Kittim« und die Verfluchung der römischen »babylonischen Hure« bei den über die politische und Machtsituation im Mittelmeer besser orientierten Christen der Diaspora durch den zunächst stillen und dann offenen Wunsch nach Koexistenz mit der römischen Macht abgelöst wurden. In den Evangelien wird Pilatus deshalb für die Römer ganz annehmbar geschildert, als ein gerechter und ehrenhafter Mann, der von der Unschuld Christi bzw. von seinem messianischen Wahn überzeugt ist (seine erste Frage: »Bist du der Juden König« gleicht in der gegebenen Situation der Frage eines heutigen Psychiaters), der bereit ist, ihn freizulassen, trotz des Bemühens des Sanhedrin um eine politische Motivierung des Urteils. Erst nach der Begegnung Christi mit Herodes (wovon nur Lukas erzählt) gab er vor den Anklägern so weit nach, daß er bereit war, Christus zu bestrafen, am ehesten mit Auspeitschung, nicht aber die Hinrichtung zu billigen. Er ließ sogar aus taktischen Gründen Christus peitschen, damit die

Strafe rasch vollzogen und die Rachsucht der Juden gestillt war, er verließ sich auf ihr Mitleid, versuchte wiederholt, die unversöhnlichen Richter und den zusammengelaufenen Pöbel zu überreden, und lieferte Jesum erst der Strafe aus, nachdem man mit einer Denunziation in Rom gedroht hatte: »Läßt du diesen los, so bist du des Kaisers Freund nicht; denn wer sich zum König macht, der ist wider den Kaiser« (Joh., 19, 12). Das war ein gefährliches und wirksames Argument.

Der Argwohn des senilen Tiberius, der das siebzigste Lebensjahr überschritten hatte und vor den Mauern Roms ein riesiges Militärlager zu seinem persönlichen Schutz unterhielt, war allgemein bekannt. Pilatus hatte sich bereits durch zwei unglückliche Inzidente kompromittiert, seine Stellung war nicht die sicherste, zumal seine Beziehung zu Herodes ausgesprochen feindlich war. Über Christi Schicksal war entschieden. »Da aber Pilatus sah, daß er nichts schaffte, sondern daß ein viel größer Getümmel ward, nahm er Wasser und wusch die Hände vor dem Volk und sprach: Ich bin unschuldig an dem Blut dieses Gerechten; sehet ihr zu! Da antwortete das Volk und sprach: Sein Blut komme über uns und über unsere Kinder!« (Matthäus, 27, 24–25). Wie man sieht, beschuldigt die Darstellung der Evangelien eindeutig die Juden.

Das Sanhedrin hat übrigens wirklich einen Justizmord begangen – im Jahre 1933 wurde in Jerusalem ein offizielles Rabbinergericht eingerichtet, zusammengesetzt aus fünf hervorragenden Kennern der jüdischen Gesetze und Bräuche, das in einer Art Berufungsverfahren das Urteil des Hochverrats über Jesus überprüfen sollte. Der mit 4 gegen 1 Stimme gefällte Spruch lautete, daß das Urteil des Hochverrats widerrufen werden müsse und daß die Unschuld des Angeklagten durch die evangelischen Verhöre bewiesen sei.

Die äthiopische Kirche erkannte den Pilatus sogar als einen ihrer Heiligen an (er hat am 25. Juni Namenstag), damit gewährte sie ihm völlige Absolution. Spätere christliche Legenden sprechen nicht mehr so günstig über ihn, weil sie in einer Zeit entstanden, da man auf die Gefühle römischer Patrioten keine Rücksicht mehr nehmen mußte. Ihnen zufolge ist Pilatus die Verkörperung des Bösen, er wurde wegen der

Kreuzigung Christi von Tiberius eingekerkert, weil der Kaiser diesen Christus mit eigenen Augen sehen wollte. Pilatus beging im Gefängnis Selbstmord, seine Leiche wurde in den Tiber geworfen, andernorts in die Rhône, schließlich auch in den Luzerner See in der Schweiz, wo ein zerklüfteter Berg über dem See Pilatus heißt. Überall wühlten böse Geister das Wasser auf, und im Luzerner See machen sie das bis heute. Immer am Karfreitag fischen sie den Leib des Pilatus heraus und martern ihn ...

Was ist Wahrheit? können wir mit denWorten des Pilatus fragen.

Wenn wir bei Pilatus anfangen, dann ist es vor allem die Tatsache, daß er eine belegte historische Persönlichkeit war und sein Amt eines Verwalters (Landpflegers), der dem Legaten und dem Kaiser unmittelbar verantwortlich war, in den Jahren 26 bis 36 u. Z. in Caesarea ausübte.

Die zweite unstrittige Tatsache dürfte sein, daß ein von den Toten auferstandener Pilatus über den Umstand überrascht wäre, seine historische Unsterblichkeit einem in seinen Augen bedeutungslosen Prozeß zu verdanken, der sich nicht von Hunderten weiterer Lappalien in der nicht leicht zu verwaltenden Provinz unterschied.

Nach den spärlichen Forschungsergebnissen war Pilatus, der in Palästina als Nachfolger des Valerius Gratus wirkte, ein tüchtiger Offizier, der wahrscheinlich aus Mittelitalien stammte und sich in Rom naturalisiert hatte.

In Judäa trat er mit dem Auftrag an, diese Provinz um jeden Preis zu pazifizieren, und zwar mit friedlichen Mitteln. Auf dem kleinen und strategisch bedeutungslosen Gebiet von Judäa lag nämlich Jerusalem, das religiöse Zentrum des Judentums, das nach einigen (offenbar übertriebenen) Schätzungen etwa zehn Prozent aller Bewohner des Imperiums ausmachte, die vereinheitlichende, sehr tolerante und allen Göttern offene römisch-griechische Religion ablehnte und unablässig Schwierigkeiten bereitete. Pilatus' Vorgänger Valerius Gratus wurde wegen seiner ständigen Zwiste mit den Hohepriestern Hannas, Ismael, Eleasar und Simon abberufen. Pilatus bestätigte nach seinem Amtsantritt den Hohepriester Joseph, von den Juden Kajafa, von den Römern Kaiphas genannt, in seiner

Funktion, obwohl er wußte, daß in Wirklichkeit sein Schwiegervater Hannas herrschte, der Rom und die Römer zwar haßte, sich jedoch der Sinnlosigkeit eines bewaffneten Widerstands gegen Rom bewußt war.
Pilatus übernahm eine Reihe von Regierungsreformen, die für die Juden günstig waren und zu ihrer Beschwichtigung beitrugen, andere setzte er in die Praxis um oder führte sie selbst ein. Alle Juden wurden vom Dienst in der römischen Armee befreit, was im gesamten Imperium eine Ausnahme war. Die Juden durften samstags nicht vor römische Behörden geladen werden. Der Sabbath sollte ausnahmslos respektiert werden, die römischen Truppen in Palästina trugen auf ihren Fahnen nicht das Bild des Kaisers, und für Palästina wurden besondere Münzen ohne das Bildnis der Caesaren geprägt, mit bloßen Symbolen, damit das jüdische Verbot gotteslästerlicher Abbildung nicht verletzt wurde. Pilatus ging zu seinem Nachteil noch weiter: streng untersagte er seinen Legionären den Verzehr von Schweinefleisch, verbot ihnen, die Beleidigungen zu vergelten, mit denen die Soldaten von Passanten freigebig bedacht wurden. Vor allem bestätigte Pilatus nicht nur die Vollmacht des Sanhedrin, sondern erweiterte sie sogar zum Teil als Benevolenz den Juden gegenüber, zum Teil als schlauen taktischen Zug gegen Herodes, den Verwalter in Galiläa (wohin die Macht des Pilatus nicht reichte), der sich bald als der Hauptfeind des Pilatus erwies und der den Hohen Rat nicht nur einschränkte, sondern einige seiner Mitglieder sogar hinrichten ließ.
Und wieder kommen wir zu Paradoxa und den sich daraus ergebenden Fragezeichen: vor allem – warum mußte Pilatus bei diesem Stand der Dinge das Urteil über Christus bestätigen, obwohl es doch um eine rein innerjüdische und religiöse Angelegenheit ging? Weit wahrscheinlicher ist, daß er jede Einmischung in das jüdische Gezänk gescheut hat, das ihm unbegreiflich, lächerlich und töricht erscheinen mußte. Im äußersten Fall war für ihn die Bestätigung eines Urteils des Sanhedrin eine Formalität, abgetan durch einen Federstrich, zumal er sich nur kurze Zeit in Jerusalem aufhielt. Er hatte seine Residenz in Caesarea, wo die Juden die Minderheit der Bevölkerung bildeten, nur deshalb verlassen, um in

den kritischen Tagen des Zustroms von Pilgern in dieses Zentrum dort anwesend zu sein, falls es zu unverhofften Inzidenten käme. Der Prozeß gegen Christus war außerhalb des Plans. Übrigens wurde kurz nach Jesu Tod durch das Sanhedrin der Märtyrer Simon zur Steinigung verurteilt; die Strafe (der als amtlicher Zeuge der junge Pharisäer Saulus, der spätere Paulus und eigentliche Schöpfer des Christentums assistierte) an diesem ersten Märtyrer der neuen Sekte wurde ohne Konsultation mit den römischen Behörden vollzogen. Es scheint sogar, daß das Sanhedrin das Recht hatte, auch römische Bürger zum Tode zu verurteilen, wenn sie eine Schändung des Jerusalemer Tempels begangen hatten – was die jüdischen Quellen verschweigen.

Kurzum, Fragezeichen gibt es auch für den Chronologen allzu viele, auch Ungereimtheiten und sonderbare Ereignisse. Wie konnte Christus an den großen Feiertagen verhaftet, verurteilt und hingerichtet werden? Warum nahm er das letzte Abendmahl nur mit seinen Jüngern ein, wo doch das Mahl des Osterlamms in Palästina ein Fest der ganzen Familie war, auch der Frauen, also auch der ganzen Familie des Vaters oder eines anderen Verwandten von Markus, der offenbar der Besitzer des Hauses war? Warum diese Eile, dieser Druck auf den Prozeß, warum ein solcher Haß, ein solcher Blutdurst? Warum das Kreuz und nicht eine andere, eine jüdische Strafe? Und die zentrale Frage des Chronologen: wann?

Mehrere gute Argumente stützen die Ansicht, daß Jesus nicht nur ein zeitweiliger freiwilliger Angehöriger der strengen Sekte der Nasoräer war, sondern auch des ihnen weltanschaulich nahestehenden und nach allen Zeugnissen noch strengeren Ordens der Essäer, vielleicht sogar Mönch des Qumraner Klosters – womit jene »leeren« Jahre bis zu seinem ersten öffentlichen Auftreten nach der Begegnung mit Johannes dem Täufer erklärt wären.

Die Zeit war günstig – die dreißig, seit der die Geburt des Messias verkündenden bedeutungsvollen Konstellation verstrichenen Jahre erlaubten es, einen Mann in voller Kraft zu erwarten, der sich an die Spitze des antirömischen Aufstands stellen würde. Diesen Feldzug sollten die reinsten und rechtgläubigsten aller Juden organisieren – die Essäer. Davon zeugt die Rolle »Kriegsordnung«, gefunden zusammen mit der Rolle »Ordnung der Einheit« als einer der ersten Funde in der ersten Qumraner Höhle. Sie stammt aus der Zeit des Herodes, aller Wahrscheinlichkeit aus den ersten Jahrzehnten u. Z. Sie ist ausdrücklich für die »Erklärer« bestimmt, also mit einem modernen Terminus für die Instrukteure der »Söhne des Lichts«, auf die ein Krieg mit verschiedenen heidnischen Nachbarn und danach der völlige Sieg warten. Insgesamt kann man die Rolle als Novellisierung der Vorschriften über das Heer der israelischen Stämme charakterisieren, wie sie an verschiedenen Stellen des Buches Mose enthalten sind, entsprechend den durch essäische Agenten und Vertrauensleute bei den römischen Legionen und Hilfsabteilungen sowie bei den syrischen, nach griechischem Muster organisierten Truppen ausgespähten Erfahrungen.

Jesus war einer von denen, die diese Aktionen agitatorisch vorbereiten und das Volk zum Krieg der »Söhne des Lichts« mobilisieren sollten. Die Essäer waren – wenn wir die fanatischen Zeloten außer acht lassen – die einzige jüdische Gruppe, die sich sachlich auf den Kampf mit den römischen Unterdrückern vorbereitete, während sich alle übrigen religiösen Gruppierungen mit der chiliastischen Erwartung von Wundern begnügten.

Die angenommene Zugehörigkeit Jesu zu der Essäergemeinschaft beseitigt viele Fragezeichen, die wir erwähnt haben. Essäisch ist der Brauch des rituellen Brechens des Brotes und Trinkens des Weins zum Gedenken an das letzte, auf die Schnelle genossene Abendessen vor dem Exodus aus Ägypten. Essäisch ist auch die streng eingehaltene Regel, daß an den rituellen Mählern nur die Angehörigen der Gemeinde teilnehmen, also die Männer – das erklärt die Abwesenheit des Hausherrn und seiner Familie beim letzten Abendmahl. Schließlich erhellt sie die verwickeltste Frage – den chronologischen Vergleich von Jesu Verhaftung, dem Prozeß und der Hinrichtung an den höchsten jüdischen Feiertagen, dem Passah.

Der qumranische Kalender ist ein klares Zeugnis für die Trennung der Essäer von der Jerusalemer Priesterschaft. Er geht vor allem von dem Buch der Jubiläen und dem Buche

Henochs aus (Fragmente wurden in Qumran gefunden). Das Jahr hatte 364 Tage, d. h. zwölf Monate zu dreißig Tagen plus vier Tage, die einzeln dem letzten Monat im Quartal zugeschlagen wurden. Das neue Jahr begann stets an einem Mittwoch, jeder Feiertag fiel immer auf das gleiche Datum und den gleichen Tag in der Woche. Die Differenz zwischen dem qumranischen und dem Sonnenjahr, etwa 1 und $^1/_4$ Tag, wurde jeweils nach 49 Jahren durch eingelegte Schalttage korrigiert.

Korrelation des qumranischen mit dem Jerusalemer Kalender

Jahr 28	14. Nisan	Montag, Dienstag, eventuell Mittwoch
	15. Nisan	Dienstag, Mittwoch, eventuell Donnerstag
Jahr 29	14. Nisan	Donnerstag oder Samstag
	15. Nisan	Freitag oder Sonntag
Jahr 30	14. Nisan	Dienstag oder Mittwoch
	15. Nisan	Mittwoch oder Donnerstag
Jahr 31	14. Nisan	Freitag oder Samstag
	15. Nisan	Samstag oder Sonntag
Jahr 32	14. Nisan	Dienstag oder Mittwoch
	15. Nisan	Mittwoch oder Donnerstag
Jahr 33	14. Nisan	Freitag oder Sonntag
	15. Nisan	Samstag oder Montag
(in diesem Jahr stimmen beide Kalender überein)		
Jahr 34	14.Nisan	Dienstag oder Mittwoch
	15. Nisan	Mittwoch oder Donnerstag

Rekapitulieren wir das grundlegende evangelische chronologische Material: laut allen vier Evangelien starb Jesus an einem Freitag (Matthäus 27, 62; Markus 15, 42; Lukas 23, 54; Johannes 19, 31), laut den Synoptikern am 15. Nisan, laut Johannes am 14. Nisan. Wir haben die mögliche Erklärung angeführt: den Widerspruch im Kalenderwesen der Saduzäer und der Pharisäer, so daß man (wahrscheinlich) im Jahre 30 den Freitag vor Passah wahlweise als 14. oder 15. Nisan rechnen kann.

Für sicherer halte ich es, wenn wir uns an den qumranischen Kalender und die Arbeitshypothese halten, daß Jesus und seine Jünger die Vorschriften ihres Ordens einhielten, die ähnlich wie die Jerusalemer Vorschriften das Abendmahl eines Lamms für den 14. Nisan bestimmten – am nächsten Tag, einem Freitag, wurde Jesus gekreuzigt. Der Datierung der Synoptiker und des Johannes entspricht von diesem Gesichtspunkt nur das Jahr 29. Das von der dogmatischen Christologie zumeist vertretene Jahr 30 paßt nicht – Jesu Tod wäre da nicht auf einen Freitag gefallen. Im Jahre 29 war, wie wir wissen, der qumranische 14. Nisan (das Essen des Lamms) am Donnerstag oder Samstag – wir nehmen an, Donnerstag der 19. März; der qumranische 15. Nisan (Jesu Tod) dann am Freitag, dem 20. März. Nach dem Jerusalemer Kalender fiel der 14. Nisan auf einen Samstag, einen strengen Feiertag (nicht für die Essäer), wo auch Jesus mit seinen Jüngern in Ruhe gelassen wurde, der schicksalhafte 15. Nisan auf einen gewöhnlichen Tag – den Sonntag (für die Saduzäer eventuell Montag), wo nichts einem Einschreiten im Wege stand.

Es scheint, daß wir gerade auf die beschriebene Weise zu der äußersten Möglichkeit gelangt sind, zu dem denkbar genauesten und wahrscheinlichsten Datum des Todes von Jesus an dem essäischen Freitag, dem 20. März – an diesem und nur an diesem Tage kann der evangelische Jesus gestorben sein, ohne daß wir in einen Widerspruch mit den jüdischen rituellen Vorschriften, den Angaben der Evangelien oder der römischen Rechtspraxis geraten. Dieses Datum steht zudem in voller Übereinstimmung mit dem kurzen, nur halbjährigen Konsulat der beiden Gemini, entspricht dem fünfzehnten Jahr der Herrschaft des Tiberius sowie dem annähernden Alter von Jesus und der geschätzten Dauer seines öffentlichen Wirkens.

Kann man es wirklich nicht weiter präzisieren?

Mit Absicht haben wir uns für den Schluß die wertvollste Angabe aufgeboben, nämlich die den Tod von Jesus begleitende Sonnenfinsternis, die in den synoptischen Evangelien lediglich bei Johannes geschildert wird.

Eine totale Sonnenfinsternis ist eine ungemein wichtige chronologische Angabe, und ihr Datum kann man – zwar mühsam und mit Schwierigkeiten, aber doch zuverlässig – für jedes Gebiet der Erdoberfläche selbst Jahrhunderte und Jahrtausende in die Vergangenheit zurück berechnen. Der Chrono-

loge atmet aus tiefster Seele auf – endlich spürt er den festen Boden der Astronomie unter den Füßen.
Nehmen wir uns also die Sonnenfinsternis vor, die in Judäa (was der Sinn des Ausspruchs von Markus ist: »... über das ganze Land«) von zwölf bis fünfzehn Uhr stattfand. Der Chronologe zieht die Stirn kraus – eine dreistündige totale Sonnenfinsternis ist vom astronomischen Gesichtspunkt ausgeschlossen (maximal 7,6 Minuten), aber sei's drum, die Finsternis haben wir. Und dann faßt er sich an den Kopf: zur Zeit des Passahfestes kann doch keine Sonnenfinsternis stattfinden, weil nach dem jüdischen Kalender Passah mit dem Vollmond zusammenfällt, während es zu einer Sonnenfinsternis nur bei Neumond kommen kann ... Und er schämt sich, weil er bei weiterem Literaturstudium feststellt, daß sich der unmöglichen Zeitkoinzidenz des Passah und einer Sonnenfinsternis bereits im Altertum Origines, Hieronymus und andere bewußt waren. Nur Pseudodionysios Aeropagita erklärte stolz, er habe jene die ganze Welt betreffende Sonnenfinsternis persönlich in Heliopolis erlebt, und er erklärte sie mit einer wundersamen Rückwärtsbewegung des Mondes vor der Sonnenscheibe. Pech nur, daß dieser Pseudodionysios frühestens im 5. Jahrhundert u. Z. lebte.
Und so versenkt sich der Chronologe wieder in die Evangelien, diesmal nicht in deren Übersetzung, sondern in den griechischen Text, um festzustellen, daß nur Lukas das Wort *ekleipsis*, d. h. astronomische Finsternis, verwendet (und Lukas hat eine beneidenswerte Phantasie) – während die anderen beiden Ausdrücke wählen, die auch das Bedecken der Sonne durch Wolken bedeuten können. Allerdings – und das ist ein bißchen überraschend – entsprechen die beschriebenen Erscheinungen der Schilderung von Augenzeugen einer totalen Sonnenfinsternis.
Gut – aber Markus informiert uns über den Wunsch der Juden, Jesus solle ihnen zum Beweis seiner Macht und Berufung ein »himmlisches Zeichen« zeigen – und der Wundertäter Jesus zeigte keines! Hätte sich zu seinen Lebzeiten eine auffällige Finsternis abgespielt, dann hätten das zweifellos anfangs das Gerücht und später die biblischen Legenden ausgenutzt und zumindest so breit entwickelt wie die astrale

Konstellation des »Sterns von Bethlehem«. Matthäus führt übrigens direkt an, daß es zur Finsternis erst nach Jesu Tod kam, nach der Kreuzigung, nicht gleichzeitig mit ihr, und zwar zu einer Stunde, die in der jüdischen Religion keine besondere Bedeutung hat, was die Glaubwürdigkeit der Angaben erhöht.

Und was ist mit dem zerrissenen Vorhang? Vorhänge zerreissen bei einer Sonnenfinsternis gewöhnlich nicht, zumal uns Iosefos Flavios belehrt, daß der Tempelvorhang in Wirklichkeit ein 55 Ellen hoher und 16 Ellen breiter babylonischer Teppich war, in den die Sternbilder eingestickt waren. Eine andere Quelle, deren Autor Simeon ist, der Sohn des letzten Hohepriesters am Jerusalemer Tempel, ergänzt und korrigiert diese Angaben: der Teppich war angeblich 40 Ellen lang, 20 Ellen breit und dick wie eine Hand. Jedes Jahr wurden für den Jerusalemer Tempel zwei neue Teppiche zurechtgeschnitten. Von Verschlissenheit kann also keine Rede sein, zumal es sich um rituell hochbedeutsame Gegenstände handelte – beide Vorhänge – der äußere *(masak)*, der den Vorraum des Heiligtums von diesem selbst trennte, und der innere *(paroketh)*, der das Heiligtum von dem geheimnisvollen Allerheiligsten trennte, dem leeren Raum, den der Hohepriester nur einmal im Jahr betrat, um den Weihrauchkessel auf den Stein zu stellen, wo die Bundeslade stand und wo der Gott Israels thronte – wurden für höchst heilig gehalten.

Handelt es sich da nicht eher um die Begleiterscheinung eines Erdbebens? Denn auch »die Erde erbebte, und die Felsen zerrissen, und die Gräber taten sich auf« (Matthäus, 27, 52). Schon im vierten Jahrhundert zeigte man in Jerusalem (Lukianos Märtyrer, Kyrillos) einen Erdspalt, der angeblich bei diesem Beben entstanden war und noch heute längs des felsigen Teils des Kalvarienbergs sichtbar ist.

Erdbeben waren und sind in Judäa nichts Außergewöhnliches. Doch so häufig die Erdbeben auch gewesen sein mögen – die zeitliche Übereinstimmung mit einer totalen Sonnenfinsternis wäre doch ein unwahrscheinliches Kuriosum. Die wahrscheinliche Möglichkeit ist eine nur annähernde zeitliche Übereinstimmung, die das ungenaue Gedächtnis, verbunden mit Phantasie und vor allem dem Bemühen der Evangelisten,

das Leben Christi mit bemerkenswertesten Ereignissen und glaubwürdigen historischen Details auszuschmücken, zu einer absoluten und exakten Kongruenz umformten.
Kurz: Die Sonnenfinsternis um die Zeit von Jesu Tod ist für den Chronologen ein wichtiges, aber doch nur ein Hilfsdatum, welches das Jahr präzisiert, da sich das Erdbeben abspielte, zugleich oder fast zugleich mit der Vollstreckung des Urteils. Suchen wir also in dem Jahrhundert eine totale oder ringförmige Sonnenfinsternis in Jerusalem, finden wir insgesamt fünf: am 24. November 29, am 20. Mai 49, am 30. April 59, am 10. März 80, am 27. Dezember 83. Das ist eine große Menge, doch ist offensichtlich, daß nur die erstgenannte in Betracht kommt, was auch der Bericht des Eusebios bestätigt, wonach der Schatten der völligen Verfinsterung über Bethanien wanderte, was von allen angeführten Finsternissen nur in dem einzigen Fall zutraf, ebenso die frühen Nachmittagsstunden, in denen für Jerusalem die Totalität eintrat.
Wichtig ist, daß uns die Finsternis des Jahres 29 ein weiteres schlüssiges Argument gegen das Jahr 30 als das Todesdatum von Jesus, wie es von den meisten Kirchenchronologen akzeptiert wird, bietet: hätte sich die totale Sonnenfinsternis in der Zeit vor Christi öffentlicher Aktivität abgespielt, dann hätte sie gewiß in den Evangelien Eingang gefunden, ähnlich wie der »Stern von Bethlehem«. Ziehen wir die relativ kurze Zeit in Betracht, die vergehen mußte, damit beide Naturereignisse in der Erinnerung und Überlieferung verbunden wurden (Johannes, zeitlich der Nächste, war am besten informiert und schreibt deshalb nichts von einer Finsternis), dann können wir mit Sicherheit auf das Jahr 29 verweisen, zumal alle Quellen in der dem Kreuzestod Jesu folgenden Sonnenfinsternis übereinstimmen.
Unser chronologisches Forschen nach dem Todesdatum des evangelischen Christus endet. Nach allen zusammengetragenen Argumenten halte ich das Jahr 29 für sicher, den Tag des 20. März (bei den Essäern Freitag der 15. Nisan) für den wahrscheinlichsten.
Bleibt noch übrig, wenige Worte darüber anzufügen, was nach Jesu Tod geschah: Das Häuflein seiner schwärmerischen Anhänger war deprimiert. Ihr Führer, der Herrscher eines

neuen Königreichs werden sollte, war tot, und obendrein war er auf die schmählichste Art gestorben. Die Hoffnung war zunichte, sie würden in diesem neuen Königreich belohnt werden, würden dort, wie ihnen verheißen, unendlich glücklich werden, und zwar nicht erst nach dem Tode, sondern in diesem Leben und sehr greifbar, auf die einzige Weise, die diese schlichten, armen Menschen verstanden: durch den Erwerb von Besitz, der den mit den Römern kollaborierenden Reichen abgenommen würde. Markus (10, 29–31) verspricht das durch Jesu Mund: »... Es ist niemand, so er verläßt Haus oder Brüder oder Schwestern oder Vater oder Mutter oder Weib oder Kinder oder Äcker um meinetwillen und um des Evangeliums willen, der nicht hundertfältig empfange: jetzt in dieser Zeit Häuser und Brüder und Schwestern und Mütter und Kinder und Äcker mitten unter Verfolgungen, und in der zukünftigen Welt das ewige Leben. Viele aber werden die Letzten sein, die die Ersten sind, und die Ersten sein, die die Letzten sind.« Auch Lukas (18, 30) verspricht allen, die Haus und Familie um des Königreiches Gottes willen verlassen, »alles vielfältig wieder zu empfangen in dieser Zeit.« Bei Matthäus bleibt nur die Verheißung des ewigen Lebens, und Johannes (18, 39) erklärt bereits wörtlich und für alle Mächtigen des Gebiets, wo sich das Christentum verbreitete, in taktischer Zurückhaltung: »Mein Reich ist nicht von dieser Welt.«

Kurzum, alles war gescheitert, und die Gemeinde von Jesu Nachfolgern wäre binnen kurzem auseinandergefallen, hätte es nicht den jungen, ehrgeizigen, gebildeten und, wie es scheint, bei der Verwirklichung seiner Absichten rücksichtslosen Pharisäer Saulus gegeben. Er war Spezialist für die Verfolgung von Ketzern und Sektierern, Kenner des Gesetzes – deshalb wohl wurde er im Jahre 36 nach Damaskus geschickt, wo eine kleine Schar von Christusanhängern Zuflucht gefunden hatte, um sie zu Verstande zu bringen. Unterwegs überfiel ihn, wahrscheinlich in der Aura eines epileptischen Anfalls, die Erleuchtung – aus dem Saulus wurde Paulus, der eifrige Verkünder und Begründer des Christentums.

Allerdings – und darin liegt der Haken – hatte das Christen-

tum, das er verkündete, mit der Lehre des Essäers Jesus nichts gemein und unterschied sich von ihr so weit, daß selbst die kleine Jerusalemer Gemeinde der gutinformierten Gefolgsleute Jesu ihm nicht vertrauten. Aus dem ganzen Leben Jesu Christi wählte er als Schlüsselmoment den schmachvollen Tod am Kreuz, also gerade das, was seine Schüler für den unbegreiflichen und tragischen Zusammenbruch des Traumes von einem neuen Königreich hielten.
Das durch Paulus verkündete Christentum, der Paulinismus, war vom Standpunkt der jüdischen Religion überhaupt und der essäischen Sekte besonders reine Lästerung – häretisch ist der Gedanke von Gottes Sohn, der Auferstehung von den Toten und neuen Menschwerdung, reine Ketzerei ist die Vorstellung, der allmächtige und autokratische Jahwe könne sich einen Mitherrscher an die Seite gesetzt haben. Diese Häresien und Neuerungen bot Paulus zusammen mit dem Erlösungsgedanken an, der die Hoffnung spendete: Jesus ist als der »Diener Gottes« gestorben, den Jesaja erwähnt, »um unsere Schuld auf sich zu nehmen«. Die verlorene Hoffnung, die sich an den wundertätigen Rabbi heftete, der Glaube an die Befreiungskommission des essäischen Eingeweihten wurde durch den Glauben an Christus als den Gesalbten, den Messias abgelöst. Das gescheiterte Leben wurde von Paulus zugunsten der göttlichen Erlösungsabsicht verwandelt.
Zu diesem Zeitpunkt schieden sich notwendigerweise die Geister. Für die orthodoxen, von der Religion der Väter durchdrungenen Juden war der Paulinismus unannehmbar, von den Essäern ganz zu schweigen. Nur ein kleiner Teil der Anhänger Jesu versöhnte sich mit den Neuerungen des Paulus – und dabei akzeptierten sie resigniert auch einen weiteren Gedanken, daß nämlich die Erlösung nicht von der Einhaltung der komplizierten rituellen Gesetze des Moses abhing, daß die Beschneidung durch die Taufe ersetzt werden konnte ... Und was die Hauptsache war (o du scharfsinniger Paulus!) – daß der neue Glaube damit nicht auf das Judentum und auserwählte Volk begrenzt war, sondern allen ohne Unterschied offenstand, soweit sie die Unerläßlichkeit eines Vermittlers zwischen sich und Gott anerkannten, nämlich Jesus Christus, Gottes Sohn.

Hie facht sich an gar ein graussemliche erschrockenliche hystorien von dem wilden wütrich. Dracole wayde. Wie er die leüt gespist hat. vnd gepraten. vnd mit den haübtern yn einem kessel gesoten. vñ wie er die leüt geschunden hat vñ zerhacken lassen als ein kraut. Jtez er hat auch den mütern ire kind gepratẽ vnd sy habẽs müssen selber essen. Vnd vil andere erschrockenliche ding die in dissem Tractat geschriben stend. Vnd in welchem land er geregiret hat.

Draculas Rehabilitierung wird abgelehnt

Ich erblickte den Grafen, liegend in einer Kiste auf der Erde, die ihn beim Fall der Kiste auf den Boden zum Teil verschüttet hatte. Er war totenbleich wie eine Wachsfigur, und die roten Augen flammten in einem schauerlichen triumphierenden Blick, den ich nur allzu gut kannte.
Wie ich bemerkte, hefteten sich seine Augen auf die untergehende Sonne, und der früher so haßvolle Blick verwandelte sich in einen triumphierenden. In diesem Moment blitzte Jonathans großes Messer auf. Ich beobachtete entsetzt, wie er rasch dem Grafen die Kehle durchschnitt. Da bohrte sich auch schon das Jagdmesser des Herrn Morris dem Grafen ins Herz.
Da geschah ein Wunder: Bevor wir noch Luft holen konnten, zerfiel vor unseren Augen der ganze Körper zu Staub und entschwand unseren Blicken.
Bis zu meiner letzten Stunde werde ich mich mit Freuden daran erinnern, wie über sein Gesicht im letzten Augenblick ein Lächeln des Glücks und Friedens huschte, das man auf diesem Gesicht nie erwartet hätte.
Die Burg Draculas stand jetzt vor dem roten Himmel, und jeder Stein ihres zerfallenden Baus spiegelte die untergehende Sonne wider.

Bram Stoker, Dracula

Der Tod des berühmten Romanvampirs Dracula war also entschieden leichter und versöhnlicher, als er es bei seinem finsteren Charakter und den gesellschaftswidrigen Gewohnheiten, wie sie Bram (Abraham) Stoker (1847–1912) in seinem Roman schildert, verdient hätte. Stokers Verdienst bestand darin, daß er mit außerordentlichem Fleiß alle Berichte über Vampirismus in seinem Roman »Dracula« sammelte.
Allerdings konnte er nicht ahnen, welch eine Großproduktion literarischen und filmischen Gruselns anlaufen würde. »Dracula« wurde bislang mehr als sechzigmal verfilmt, abgesehen von Dutzenden Bühnen- und Fernsehadaptionen, von fähigen Profis inszeniert. Der totenbleiche und eiskalte Graf könnte heute in seiner ursprünglichen Gestalt jedoch höchstens noch als Figur beim abendlichen Sandmännchen auf-

treten. Auch seine Konfrontation oder die seines Kollegen Frankenstein, beziehungsweise mit Frankensteins Homunculus, ist lange nicht so gruslig wie eine Einstellung Hitchcocks, der seine Kamera auf eine gewöhnliche halboffene Tür richtet, hinter der sich (ganz bestimmt!) etwas weit Grauenvolleres verbirgt ...

Auch hier natürlich Ehre, wem Ehre gebührt – wenigstens einige Filme über Dracula werden zu Recht unter die klassischen Werke der Weltkinematographie gezählt. Da ist vor allem der Film des deutschen Regisseurs Friedrich Wilhelm Murnau aus dem Jahre 1921 zu nennen (mit dem großartigen Max Schreck in der Titelrolle), der nach Schwierigkeiten beim Erwerb der Autorenrechte in »Nosferatus« umbenannt werden mußte.

Die erste autorisierte Version des Dracula war der nicht weniger berühmte amerikanische Film von Tod Browning aus dem Jahre 1931, nach einer Bühnenadaption mit den Schauspielern Bela Lugosi und Helena Chandler. Eine Art konzessionierter Film-Dracula wurde der englische Schauspieler Christopher Lee, der den Filmen »Blut für Dracula« sowie »Draculas Rückkehr« zum Erfolg verholfen hat. Neben den Filmen »Comtesse des Grauens«, »Wie schmeckt das Blut von Dracula« wurden Sexfilme über das Dracula-Thema, das den Produzenten immer noch Gewinn bringt, gedreht.

Dracula, zum erstenmal 1897 herausgegeben, ist ein Produkt der Renaissance des sogenannten englischen gotischen Romans (Gothic Novel), entstanden in der zweiten Hälfte des 18. Jahrhunderts, so wie ihn z. B. Horace Walpole, Clara Reeve, Anne Radcliff und andere Autoren geschaffen haben. Das ausgehende 19. Jahrhundert war einerseits geprägt vom sogenannten Okkultismus, der Hexerei und Zauberei, begleitet von einer Flut spiritistischer Literatur, andererseits von der Sehnsucht nach einer leichten Unterhaltung, die den Jahren der Konjunktur des Fin de siècle eigen war. Dracula hatte also trotz der Ahistorizität und des erbärmlichen literarischen Niveaus Erfolg. Sicherlich trug dazu auch das geheimnisvolle Milieu von Transsylvanien bei, das für die englischen Leser ebenso unwirklich, fern und bizarr war wie der Mars. Ich zweifle übrigens nicht daran, daß sie Transsylvanien für eine

Erfindung des Autors hielten, ähnlich wie Shakespeares Böhmen am Meer in dessen Wintermärchen, von Dracula selber ganz zu schweigen. Soweit jemand an die Realität des Handlungsortes glaubte, dann nur dank eines anderen Schriftstellers, der in die gleiche Gegend einen seiner utopischen Romane verlegte – Jules Verne. Das berühmte »Karpathenschloß« (»Le Château des Carpathes«), entstanden aus einer tiefen Depression des Schriftstellers, wurde im Jahre 1892 geschrieben und veröffentlicht, also fünf Jahre vor Stokers »Dracula«.

Hier erhebt sich die erste Frage: Ist Stokers »Dracula« nur das Ergebnis einer Inspiration durch das Werk von Verne? Denn bei Stoker haben sich der transsylvanische Magnat Rudolf Gorc und der egoistische Wissenschaftler Orfanik in eine einzige Figur verwandelt, in die des attraktiveren Grafen und Vampirs, die von Jules Verne vorhergesehenen technischen Wunder unseres Jahrhunderts (Fernsehen, Rundfunk usw.) in schauerliche Requisiten, die dem gesunkenen Lesergeschmack näherstanden, und der junge tapfere Franz von Teck in Draculas nicht weniger jungen, obschon nicht allzu heldischen Rivalen Jonathan Harker. Verne selber bekennt sich zur Inspiration durch schauervolle Legenden, die als Parzen an der Wiege der Gothic Novel stehen, wenn er in der Einleitung zum »Karpathenschloß« schreibt: »Dies ist keine phantastische, sondern nur eine romantische Geschichte ... Wir leben in einer Zeit, in der viele Dinge geschehen ... Niemand wagt es, sie ins Reich der Legenden zu verbannen. Übrigens entstehen an der Neige unseres praktischen und nüchternen neunzehnten Jahrhunderts weder in der Bretagne, dem Lande der wilden Korrigans, noch in Schottland, dem Lande der Brownies (Hausgeister) und Gnomen, noch in Norwegen, der Heimat der Asen, Elfen, Sylphen (Luftgeister) und Walküren, auch nicht in Siebenbürgen, wo sich der Rahmen der Karpaten zur Beschwörung von Geistern geradezu anbietet, Legenden.«

Wir wissen, daß sich Verne für die geographische, botanische und zoologische Dekoration seiner Romane durch Fachbücher oder Konsultationen mit entsprechenden Kapazitäten kundig machte. Beim »Karpathenschloß« berieten ihn die

Geographen und Autoren populärer geographischer Handbücher de Gérando und Elisée Réclus. Die Konfrontation des Romans mit der Wirklichkeit beweist, daß der Autor genügend zuverlässige Realien auswählte. Hinsichtlich der sachlichen Seite hat er sich entschieden besser vorbereitet als z. B. auf den Roman »Zwanzigtausend Meilen unter dem Meer«, in dem er – zwanzig Jahre jünger – in der Übernahme unzuverlässiger Quellen eine Reihe ozeanologischer Irrtümer beging, die schon zur Entstehungszeit des Buches offenkundig waren, was ihm vorzuwerfen die Fachleute nicht versäumten (z. B. Heuvelmans). Verne, der selten anders reiste als in der Phantasie, hat Transsylvanien nie besucht. Aus der Beschreibung des Landes wird ersichtlich, daß er sich auf Handbücher und Spezialkarten verlassen hat.

Bram Stoker riskierte bestimmt gleichfalls keine Begegnung mit den Siebenbürger Vampiren, Werwölfen, Wölfen und wilden Räuberbanden, die er mit solchem Genuß beschrieben hat. Das ist sonderbar, da die Reise von Jonathan Harker aus München (Abreise am 1. Mai um 20.35 Uhr) bis in die Nacht vom 5. auf den 6. Mai, da er aus der Schenke Corioana de Aur (Goldene Krone) auf Draculas Burg im Borgopaß eintraf, sozusagen Schritt für Schritt und exakt beschrieben ist, was auch die Journalisten bezeugten, die unter dem Einfluß der Horrorkonjunktur den Spuren des blutrünstigen Grafen folgten. Es ist ausgeschlossen, daß die Reisebeschreibung Stokers Phantasie entsprungen ist oder daß er aus Vernes Materialien geschöpft hat. Die Atmosphäre der Lokalität ist zu getreu.

Draculas Burg befindet sich jedoch nicht im Borgopaß und dessen weiterer Umgebung, und sie hat sich dort nie befunden. Die Spur verliert sich. Doch lassen wir den Grafen Dracula selber sprechen, der Harker über die Geschichte seiner Familie belehrt. Lassen wir die reichlich exzentrische Ableitung der Bewohner von Transsylvanien (Siebenbürgen, rumänisch: Ardeal) von den Isländern außer acht, die ein kleiner Irrtum Stokers ist, ebenso wie die Besiedlung Siebenbürgens durch die romantischen, malerischen Slowaken, und kommen wir zum Kern des Monologs: »Als die ungarische Flut gen Osten strömte, wurden durch die siegreichen Magyaren die verwandten Szekler berufen und uns für Jahrhunderte auferlegt, die Grenzen gegen die Türken zu verteidigen, ja noch mehr. Unsere Wachpflicht war nicht leicht, denn, wie der Türke sagt: ›Das Wasser schläft, aber der Feind wacht.‹ Wer ergriff freudiger als wir das uns von vier Nationen gereichte blutige Schwert, wer eilte schneller unter das Banner des Königs? Als dann die furchtbare Knechtung meines Volkes anhub, die Niederlage auf dem Amselfeld, da die Banner der Walachen und Magyaren unter dem Halbmond in den Staub sanken, wer sonst als mein Ahne, der Herzog, überschritt die Donau und schlug die Türken auf ihrem eigenen Boden? Das war also Dracula! Doch wehe! Als er fiel, verkaufte sein unwürdiger Bruder sein Volk an die Türken und stürzte es in schmähliche Knechtschaft. Aber war es nicht wieder der Geist der Draculas, der einen anderen Mann meines Geschlechts beseelte, der nach Jahren die Türken immer wieder über den Donaustrom zurücktrieb? Der, obzwar geschlagen, immer wieder vom blutigen Schlachtfeld, oft als Einziger zurückkehrte, wo seine Heerscharen besiegt waren. Er wußte, daß nur er allein am Ende als Sieger hervorgehen werde! Man sagt, er habe nur an sich gedacht ...« usw.

Nehmen wir diesen Text vom Gesichtspunkt der historischen Kritik unter die Lupe, dann kann er uns manches sagen. Die Frage ist allerdings, ob ein solches Beginnen nicht ebenso töricht ist wie die »Forschungstätigkeit« von Angehörigen zahlreicher Sherlock-Holmes-Klubs, die sich bemühen, in den Romanen und Erzählungen von Sir Arthur Conan Doyle den Lebenslauf, das Aussehen und die Erlebnisse des berühmten Detektivs zu finden. Vieles deutet darauf hin, daß Bram Stoker außer den Baedekern, die er nachweislich in Bibliotheken studierte, gute, ja ausgezeichnete Informationen hatte. Dr. Seward, Experte im Kampf mit Vampiren aller Art, erwähnt in dem Roman einige Male seinen »Freund Arminius aus Budapest«, der z. B. feststellte, daß Dracula unsterblich ist, obwohl er physisch schon längst gestorben ist, daß er aber »bei Lebzeiten ein bemerkenswerter Mann war: Soldat, Staatsmann und Alchimist ...«, und er beschreibt die Verwandlung des Menschen Dracula in den Vampir Dracula. Freund Arminius wird im Roman recht unlogisch und unorganisch eingeführt, als wollte der Autor jemandem einen Dank für die gebotenen Quellen abstatten. An einer Stelle erfahren wir sogar seinen Familiennamen: Vambery. Mit Hilfe des Brockhaus ist es dann ein Kinderspiel, herauszufinden, daß im Gegensatz zu Dr. Seward, Jonathan Harker und der zarten, entsprechend dem Zeitgeschmack etwas neurasthenischen und blassen Mina ein Arminius Vambery, Budapester Orientalist und Historiker, wirklich existiert hat. Ja noch mehr – daß er in den achtziger Jahren des 19. Jahrhunderts einige Male London besucht hat, wo er offenbar Bram Stoker kennenlernte. Mit einer Textanalyse werden wir uns also nichts vergeben – wir analysieren offenbar ursprüngliche Informationen des »Freundes Arminius«, die auf wirklichen Ereignissen beruhen könnten. Bei aufmerksamer Lektüre stellen wir einige Tatsachen fest:

1. Die Beschreibung der Reise von München bis zum Borgopaß schöpfte Bram Stoker offenbar aus einer Reisebeschreibung oder einem Zeitungsartikel. Mit der Geschichte der Familie Dracula hat sie nichts zu tun, höchstens daß das Ziel in Transsylvanien liegt, im Raum etwa zwischen Cluj, Bistriţa, Brasov und Sibiu, am ehesten im nördlichen Zipfel.

2. Aus der Schilderung der kriegerischen Verdienste der Ahnen Draculas kann man schließen, daß es sich um eines der transsylvanischen Fürstengeschlechter handelte, die zwar bereits im Jahre 1391 die türkische Oberhoheit formal anerkannten, sie aber immer dann ablehnten, sobald sich ungarische Truppen näherten.

3. Wenn es wirklich so ist, dann hätte der Stammsitz der Draculas bestimmt südlicher gelegen, dort, wo es gewöhnlich zu Zusammenstößen mit türkischen Expeditionstruppen kam, die ausgeschickt waren, um die Rebellion der Siebenbürger Herzöge niederzuschlagen.

4. Einer von Draculas Vorfahren, ja sogar, wie aus dem Kontext des Romans hervorgeht, der unsterbliche tote Graf Dracula selber, der berühmteste Sproß der Familie, schaffte es, sich auch nach der Niederlage auf dem Amselfeld eine gewisse Zeitlang der Türken zu erwehren, selbst nachdem fast der ganze Balkan durch Mehmed, den Eroberer Konstantinopels, beherrscht wurde. Das war nichts Alltägliches.

Mit einem ähnlichen Erfolg konnten sich nur wenige Balkanfürsten brüsten. Eine solche Ausnahme war z. B. der moldauische Stephan der Große.
5. Der genannte Dracula war offenbar ein rücksichtsloser und origineller Herr, wenn er in der Person des Vampirs Dracula gesteht, daß »er nur an sich gedacht hat«. Regierenden Fürsten ist zwar ein solcher Standpunkt nicht fremd, gewöhnlich aber posaunen sie ihn nicht in die Welt hinaus, wegen der möglichen Schwierigkeiten mit den geliebten und liebenden Untertanen.
So viel also haben wir aus der knappen Autobiographie des Vampirs herausgelesen. Und was bedeutet eigentlich das Wort »Dracula«? Im Tschechischen und Deutschen assoziiert das Wort zwar die Vorstellung »Drache«, aber in der Originalversion weckt das Wort beim englischen Leser keinerlei Emotionen. Im Roman wird wörtlich gesagt – gleich im ersten Kapitel –, daß Jonathan Harker aus London bis nach Transsylvanien ein vielsprachiges Wörterbuch mitnahm, mit offenbar spezialisiertem Inhalt, denn er fand darin auch wenig gängige Wörter wie Teufel, Hölle, Hexe, ja sogar Vampir. Aus dem Wörterbuch erfuhr Harker, daß Teufel auf ungarisch »ördög« heißt. Hätte er die rumänische Entsprechung herausgesucht, wäre er gewarnt, denn Teufel heißt auf rumänisch – dracul.
Und schon sind wir bei dem rätselhaften Namen der Familie und dem des Vampirs. Der Name bestätigt unsere Vermutung, daß der Hauptvertreter des Stammbaums ein moralisch insanes, das heißt geisteskrankes Individuum gewesen sein muß, bevor es sich auf Blutdiät spezialisierte.
Mit diesen Informationen können wir bereits einen Besuch bei einem beliebigen Historiker wagen, der sich mit der Geschichte der Balkanländer beschäftigt. Er braucht nicht lange zu suchen. Diese originelle Figur der transsylvanischen Geschichte aus der Familie der Draculas kennt er selbstverständlich genau, auch wenn seine Burg nicht im Borgopaß stand (auf rumänisch Bîrgăului-Paß, wohin sie der Schriftsteller offenbar unter dem Einfluß eines vom Himmel gefallenen Materials plaziert hat), sondern zweihundert Kilometer südlicher auf einem steilen Felsen unweit der Stadt

Curtea de Arges, wo der Fluß Argeşul einen Kamm der Transsylvanischen Alpen, Fogarascher Gebirge genannt, durchschneidet. Die Burg heißt Poenari, und sein Besitzer und Herr war der berühmte Fürst Vlad IV., Vlad der Teufel, Vlad Dracul, oder auch – nach seiner beliebten Kurzweil, Gegner, Verurteilte oder einen x-beliebigen auf den Pfahl zu spießen – Vlad der Pfähler. Darüber war sich auch der sechste Onamatologenkongreß im Jahre 1958 in München einig. Der Name Dracula ist übrigens eine Verballhornung des Titels »dracon«, »draconarius«, Träger der Fahne mit dem Drachen, was eine durch den römischen Kaiser an Draculas Vater Vlad III. erteilte Ehrung war, gemäß einem bereits durch Kaiser Konstantin eingeführten Brauch. Die walachischen Hirten veränderten den Titel »dracon« in »dracul«, was dem Naturell des Pfählers Vlad IV. besser entsprach. Die grammatikalisch ungewohnte Endung »a« drückte in der mittelalterlichen Walachei den Adel aus, wie das französische »de« oder das deutsche »von«.

Die Geschichte Vlads des Pfählers, so wie sie Bram Stoker beschrieben hat, ist nicht nur eine harmlose Romanze gegenüber dem modernen Horror, sondern auch, was bemerkenswerter ist, gegenüber der Wirklichkeit selbst. Das geben auch die alten und neuen Quellen zu: ein in Leipzig 1493 erschienenes Traktat, das Kompendium zweier Bostoner Hochschulprofessoren »Forschung über Dracula«, und die sowjetische »Dracula-Sage« von J. S. Lurejew aus dem Jahre 1964. Einige rumänische Geschichtsschreiber übergehen taktvoll diese Seite von Vlads Charakter, indem sie ihn als tapferen und erfolgreichen Krieger bezeichnen, der die Selbständigkeit des Landes gegen die türkische Überflutung verteidigte. Diese Wahrheit ist allerdings bruchstückhaft – ebenso wie die Lobpreisung der »braven« Přemysliden und die Verurteilung der »bösen« Slavniker durch die romantische tschechische Historiographie.

Es steht außer Zweifel, daß Vlad Dracula, geboren in einer düsteren Burg voller Kerker und Folterkammern in der Stadt Sighişoara, in einer komplizierten und harten Zeit auf einem Territorium lebte, das damals alles andere als ein Erholungsgebiet war. Die Türken waren in die zweite Phase des

islamischen Großangriffs gegen die westlichen Nachbarländer eingetreten, der bereits zwei Jahre nach dem Tode des Propheten Mohammed (im Jahre 632) eröffnet worden war.
Die Macht von Byzanz hatte damals ihren Höhepunkt erreicht, Kaiser Heraklios hatte sich durch den Sieg über die Perser bei Ninive im Jahre 627 seines – wie er glaubte – einzigen Feindes entledigt. Die nomadisierenden Beduinen wurden von den byzanthinischen Heerführern nicht ernst genommen. Und diese Beduinen, geeint durch einen jungen und unversöhnlichen Monotheismus und im Kampf den Tod verachtend, was selbst die tapfersten christlichen Ritter entsetzte, überschritten im Jahre 634 den Jordan, besetzten Syrien, im Jahre 637 Jerusalem (die christliche Welt erzitterte) und im Jahre 641 Ägypten. Nach dieser Dezimierung des Byzanthinischen Reiches kam Nordafrika an die Reihe, dessen Unterwerfung mit dem Überschreiten der Meerenge von Gibraltar im Jahre 711 gekrönt wurde. Es folgte die Invasion auf die Pyrenäische Halbinsel und ein Jahr später in Frankreich. Arabisch wurden auch Sizilien und Süditalien. Erst Karl Martell warf zwanzig Jahre später in der siegreichen Schlacht bei Poitiers die Araber über die Pyrenäen zurück und stabilisierte für Jahrhunderte die Front der westlichen Zangenbacke, der riesigen strategischen Umklammerung, die Europa zermalmen sollte. Die östliche Backe, wesentlich schwächer und vom Kalifat offensichtlich als Nebenrichtung angesehen, wurde in langen Kämpfen vom Chasarischen Reich, einem Bundesgenossen von Byzanz, aufgehalten. Für die Chasaren waren das kräftezehrende Kriege, in denen sich aber nur ein kleiner Teil der arabischen Heerscharen engagierte. Es scheint jedoch, daß sie wesentlich zum heutigen Bild Europas beitrugen, das – und da fehlte nicht viel – von der Wolga bis Gibraltar hätte arabisch werden können.
In einem gewissen Maße ist es ein historisches Paradoxon, daß der zweite Akt der riesigen islamischen Expansion von den Säbeln türkischer Stämme getragen wurde (zu denen auch die Chasaren gehörten), die den Islam erst später angenommen hatten und Erben der Macht der arabischen Kalifen geworden waren. Der zentralisierende Impuls des in eine Reihe

mehr oder weniger selbständiger Emirate geteilten Reiches ging vom Herrschergeschlecht eines kleinen Staates in Bithynien aus, das sich nach dem Herrscher Osman, Sohn des Ertoghrul, der die Herrschaft im Jahre 1281 angetreten hatte, Osmanli oder Osmanen nannte. Osman setzte die Umklammerung der byzanthinischen Provinzen fort, und seine Nachfolger trieben diesen allmählichen und für das oströmische Reich tragischen Prozeß so weit, daß am Ende des 14. Jahrhunderts das einst so stolze Reich fast allein auf das verödende und sich entvölkernde Konstantinopel beschränkt war, dessen asiatische Vorstädte auch schon in den Händen der Türken waren. Die osmanischen Heere strömten auf den Balkan, wo das im Jahre 1330 von den Serben bei Velbushda geschlagene Bulgarien nicht fähig war, wirksamen Widerstand zu leisten, Serbien selber wurde im Jahre 1355 in ein nördliches und südliches Reich geteilt.
Alle drei Herrscher erkannten bald darauf die Oberhoheit des Sultans Murad an, mit dem Zwischenspiel eines serbischen Sieges im Jahre 1387 am Fluß Topliţa. Schon zwei Jahre danach wurde jedoch König Lazar auf dem Amselfeld geschlagen. Sein Sohn Stephan wurde türkischer Vasall. Sultan Bajesid I. vernichtete im Jahre 1393 das bulgarische Königreich in Tirnowo und besetzte ein Jahr später den Peloponnes. Weitere Eroberungen wurden zeitweise durch den Angriff des rechtgläubigen Moslems Timur Lenk, genannt Tamerlan, aufgehalten – dank seiner Attacken setzte sich jedoch um so intensiver die große Bewegung der Türken aus Anatolien auf den europäischen Kontinent fort. Die Schwächung des Osmanischen Reiches versuchten die europäischen Mächte, vor allem der ungarische und polnische König, mit einem Angriff auf türkische Besitzungen auszunutzen (1428). Umgehend schloß sich ihnen der albanische Herzog Georg Kastriota, genannt Skanderbeg an. Hauptfeind des Sultans Murad war aber vor allem Hunyadi – ihm allein gelang es auch, mit seinem Heer aus dem Gemetzel bei Varna am 11. November 1444 zu entkommen, wo Sultan Murad die verbündeten christlichen Truppen (mit tschechischer hussitischer Artillerie) vernichtend schlug. Die militärische Macht Ungarns war gelähmt, der Balkan bis zur Donau (mit Aus-

nahme der albanischen Berge) in der Gewalt der Türken. Murads Nachfolger Mehmed erbte ein riesiges Reich.
Mehmed war ein unruhiger Jüngling, voller Sehnsucht, auf dem Schlachtfeld Ruhm zu gewinnen, was ihm auch glänzend gelang: Im Jahre 1453 eroberten seine Truppen Konstantinopel und erstickten so die letzte Bastion des einst so ruhmreichen Byzanthinischen Reiches. Romania ging zugrunde wie die Balladensänger traurig verkündeten. Der Fall Konstantinopels war vielleicht unabwendbar, aber Mehmed der Eroberer war dennoch gezwungen, außerordentliche Anstrengungen als Heerführer und Staatsmann bei der Bezwingung der Stadt und der Unterdrückung der Opposition im eigenen Lager aufzuwenden. Mit der Einnahme Konstantinopels machte er sich die Hände für weitere Feldzüge frei, zumal im Jahre 1456 sein fähigster und militärisch stärkster Gegner, János Hunyadi, starb. Mit Ausnahme von Belgrad eroberte er ganz Serbien, Bosnien, Griechenland und eine Reihe ägäischer Inseln. Der türkischen Flut widerstand nur ein Gebiet, das heute teilweise zu Rumänien gehört, beherrscht von zwei energischen Potentaten. Im 15. Jahrhundert finden wir dieses Gebiet in zwei politische Gebilde geteilt: die Walachei, auch genannt Tara munteneasca, Muntenia, Ugrovlachia oder Transalpinia zwischen der unteren Donau, den Karpaten und dem Schwarzen Meer, und dem nördlicher liegenden Moldawien, dem moldawischen Fürstentum. Die Walachei entstand als politische Einheit bereits in der zweiten Hälfte des 13. Jahrhunderts, Moldawien ein halbes Jahrhundert später. Bis zu dieser Zeit hatten die beiden Fürstentümer eine Art ungarische Grenzmark gebildet, und dafür wurden sie auch lange gehalten, bis es gelang, die ungarischen Vasallen zu vertreiben und das Fürstentum so weit zu stärken, daß es fähig war, den ungarischen Königen den Gehorsam aufzukündigen.
Damit waren freilich noch nicht alle Schwierigkeiten behoben. Unter den Anwärtern auf die beiden verlockenden Äpfel, die dem Geduldigen in den Schoß fallen und ihm reiche Provinzen bieten würden, mit volkreichen Städten, gegründet von deutschen Kolonisten, mit hervorragenden Handwerkern, mit der Möglichkeit, Zoll auf dem Wege zwischen

Krakau, Lemberg und den genuesischen Kolonien an der Küste des Schwarzen Meeres einzunehmen, drängten und stritten sich auch Polen und die Türkei. Das Polen der Pans, das sich im 15. Jahrhundert von der Ostsee bis zum oberen Pruth und zum Schwarzen Meer erstreckte, hielt Moldawien und die Walachei für eine Fortsetzung seiner Besitzungen, nicht anders als die moslemische, seldschukische und die expansive Türkei auf der anderen Seite.

Über Moldawien herrschte in der Zeit, die uns interessiert, Stephan der Große, ein moldawischer Fürst, dem es selbst unter diesen Bedingungen vergönnt war, eine fast unglaublich lange Zeit zu regieren (1457 bis 1504), bis er im Kreise zahlreicher Kinder, von vielen Gattinnen beweint, starb. Er richtete sich stets nach dem weisen Grundsatz, niemals gegen zwei Feinde zugleich zu kämpfen und soweit wie möglich die Zwiste und unablässigen Rangeleien der Mächtigen zu seinen Gunsten auszunutzen. Zu Beginn seiner Herrschaft verbündete er sich mit Polen gegen Ungarn, einige Jahre danach kämpfte er zur Abwechslung an der Seite der ungarischen Truppen gegen Polen. Treuer Bundesgenosse von Polen und Ungarn zugleich war er in den Jahren 1469, 1475, 1476 und 1484, als er Krieg mit den Türken und Tataren führte – desungeachtet verpflichtete er sich, dem Sultan Tribut zu zahlen, als er türkische Hilfskontingente anforderte, für einen Präventivangriff auf Polen oder andererseits gegen einen Angriff des polnischen Königs Johann Albrecht (1497), den starke Abteilungen gemieteter Hussitenveteranen unter der Führung des tschechischen Hauptmanns Jan Trnka unterstützten. Übrigens scheute sich Stephan der Große nicht, bereitwillig die Hilfe tschechischer Abteilungen anzunehmen, die ihm der ungarische König Matthias für den Krieg gegen die Türken in den Jahren 1475 bis 1476 lieh. Sie gefielen ihm so, daß er tschechische Waffenschmiede und Büchsenmacher in Sibiu und Brasov zurückhielt, damit sie ihm auf ihre Art Feldstücke und Büchsen herstellten, und bald darauf überraschte er die Polen durch geschickten Einsatz von Wagenburgen, ganz nach Žižkas Feldordnung und Kampfesweise ...

Es war eine stürmische Zeit, die nicht nur Geschicklichkeit, Tapferkeit und militärische Begabung erforderte, sondern auch Skrupellosigkeit sowie die Fähigkeit, das gegebene Wort oder die geschriebene Verpflichtung dem Erhalt der relativen Selbständigkeit des Landes zu opfern. Ein gewichtiges Argument für diese Politik Stephans des Großen und auch eine gewisse Entschuldigung war die Tatsache, daß Moldawien der Zufluchtsort vieler Flüchtlinge aus den umliegenden Ländern war, nicht zuletzt von Hussiten und später Böhmischen Brüdern.

Der Fürst der Walachei, Vlad der Pfähler (der Graf Dracula der Literatur), war in eine noch kompliziertere und belastendere Würde geboren als Stephan. Die objektive Situation ermöglichte ihm kein solches Maß an feinem politischem Lavieren wie seinem moldawischen Pendant. Seine Mittel waren einfacher, grausamer und direkter. Um die Walachei wurde damals ein harter Kampf geführt, der keinerlei taktische Varianten und Paradestücke erlaubte. Und das hatte Vlad begriffen. Grausamkeit beantwortete er mit Grausamkeit, Schrecken mit Schrecken.

Obwohl Mehmed der Eroberer gewöhnlich mit einer Blume abgebildet wird, zu der er zärtlich die Nase neigt, verhielt er sich gegenüber geschlagenen Feinden keineswegs milde oder sogar sentimental wie einst einige arabische Magnaten in der Zeit der Kreuzzüge. Die überlebenden Verteidiger von Festungen, die sich ihm ergeben hatten, ließ er öffentlich martern und pfählen. Die Bewohner der Städte wurden skrupellos ausgerottet, die Herrscher enthauptet und die Königinnen in die Harems verschleppt. Die Erde ertrank in Blut, Grausamkeit war ein Mittel des psychologischen Krieges, sie zersetzte die feindliche Widerstandskraft. In dieser komplizierten Situation war kein Platz für Erbarmen, das von beiden Seiten als Schwäche aufgefaßt worden wäre. Dem Islam ging es schon zum zweitenmal in der Geschichte um die Erringung der Weltherrschaft, und Mehmed war entschlossen, Vollstrecker dieser Mission zu werden.

Vlad Dracula wurde im Jahre 1431 geboren und übernahm die Herrschaft über einen beträchtlichen Teil des heutigen Rumänien mit der Hauptstadt der Walachei Tîrgovişte, in deren Hauptwehrturm Chindia er umgehend einen Kerker von imponierender Größe einrichten ließ. Er bemühte sich um den

Erhalt der Selbständigkeit, was er entweder durch Manövrieren zwischen dem ungarischen König und Mehmed oder durch militärische Stärke erreichen konnte, eventuell durch die Kombination von beidem. Das scheint ihm einige Jahre (1456–1462) gelungen zu sein, bis Mehmed seine gesteckten Ziele vor allem im Bereich des Erbes von Byzanz, also in Griechenland erreichte. Lange konnte das Balancieren auf des Messers Schneide nicht dauern: Mehmed hatte nicht viel Sinn für diplomatische Feinheiten, besonders wenn es sich um heidnische Hunde handelte, und der ungarische König Matthias Corvinus war nicht gesonnen, am Nordufer der Donau einen souveränen Herrscher länger walten zu lassen, als es nach Hunyadis Tod aus taktischen Gründen unbedingt nötig war, um einen Puffer zwischen dem Herzen Ungarns und den Türken beizubehalten. Vlad war sich all dessen offenbar bewußt und bereitete sich auf den Kampf vor. An einem strategisch wichtigen Platz ließ er (durch eine Urkunde vom 20. September 1459) einen Ort namens Bukarest befestigen – das ist die erste Erwähnung der heutigen rumänischen Hauptstadt. Bald darauf lehnte er weitere Tributzahlungen an den Sultan ab, was er dadurch andeutete, daß er befahl, den türkischen Abgesandten »die Hüte auf den Köpfen festzunageln«, nämlich die Fesze, die vor ihm abzunehmen sie sich weigerten. Folge einer so dramatischen Audienz konnte begreiflicherweise nur Krieg sein. Mit der alten Regel vertraut, daß Angriff die beste Verteidigung ist, attackierte Vlad Dracul mit seinem kleinen Heer in den Jahren 1461 bis 1462 die riesige türkische Übermacht, wobei er anfangs vortäuschte, er wolle dem Sultan, als treuer Vasall zu Hilfe eilen. Mehmed sah sich gezwungen, gegen Vlad 250000 Mann zu sammeln, weit mehr, als er zur Eroberung Konstantinopels mobilisiert hatte, da auf türkischer Seite nur 80000 Mann regulären Militärs eingesetzt waren.
Vlad Dracul konnte solch ein verzweifeltes Unternehmen nur wagen, weil die Kampfkraft der türkischen Truppen mit Ausnahme der wohldisziplinierten und gut ausgebildeten Janitscharen gering war. Die unregelmäßig formierten Einheiten glichen eher wilden Horden. Der mächtige moralische Impuls des ersten arabischen Ansturms, nämlich die Sehnsucht nach

heiligem Märtyrertum im Kampf gegen die Ungläubigen, hatte seine Wirkung schon lange verloren. Ein weiterer günstiger Faktor für Vlad war das zergliederte Terrain des Schlachtfeldes, das erfolgreiche Operationen kleiner Reiterabteilungen ermöglichte, die Versorgung eines großen Heeres jedoch erschwerte. Der letzte, aber nicht weniger bedeutsame Punkt war das Entsetzen, das Vlads Name verbreitete.

Dracula machte keine Gefangenen. Ein penibler Chronist zählte 23809 abgeschlagene Türkenköpfe (und die entsprechende Zahl von abgeschnittenen Nasen und Ohren), die von Vlads Kriegern gesammelt wurden. Bei der Gegenoffensive auf Tirgovişte marschierten die türkischen Soldaten durch ein Spalier von zwanzigtausend auf Pfähle gespießten Landsleuten ...

Auch diese unvorstellbare Grausamkeit war damals nichts Außergewöhnliches, ja sie verschloß Dracul IV. nicht einmal den Weg zur Gunst des Sultans. Er wurde von ihm für einige Jahre in seiner Funktion bestätigt. Sogar sein Sohn (Dracul V. Mihnea cel Rau) regierte das geerbte Land, bis ihn 1529 in Sibiu unzufriedene Bojaren beseitigten. Sein Nachfolger Mojses sicherte sich präventiv gegen eine solche Maßnahme, indem er bei einem freundschaftlichen Gastmahl die meisten Bojaren erschlagen ließ.

Dracula wurde schließlich durch die türkische Übermacht doch besiegt, und seine Burg wurde geschleift. Er selber entkam fast als Einziger (wie Bram Stoker durch den Mund seines Vampirhelden richtig anführt) durch das Fogarascher Gebirge und suchte voller Hoffnung Zuflucht beim ungarischen König Matthias Corvinus, der ihm jedoch statt des gewünschten Asyls den festen und sicheren Kerker bot.

Vlad hatte ziemlich naiv kalkuliert. Matthias, von drei Seiten bedroht – von dem moldawischen Herrscher Stephan dem Großen, von dem türkischen Sultan und dem polnischen König – empfand nicht die geringste Sehnsucht nach der unruhigen Nachbarschaft Vlads und schon gar nicht nach der Politik des Hauses Dracula, das sich um die weitestgehende Unabhängigkeit der Walachei bemühte. Er wagte jedoch nicht, seinen Gefangenen, dessen Name für den ganzen Balkan ein Begriff war, einfach zu liquidieren. Er entschloß sich also, ihn so weit zu kompromittieren und unmöglich zu machen, daß eine weitere politische und staatsmännische Laufbahn des abenteuerlichen Herzogs nicht mehr in Frage kam. Er veranlaßte seine Hofliteraten, schaurige Traktate zu verfassen, die sich auf Draculas Ruf als den eines grausamen Rohlings stützten.

Dank dieser propagandistischen Offensive gelangte Dracula in die Legenden und Volkssagen von sechs Ländern – in die Rumäniens, Bulgariens, Ungarns, Rußlands, Deutschlands und Böhmens. Zum erstenmal tauchen historische sowie weniger historische Elemente aus dem Leben des Herzogs Vlad IV. in einer russischen Sage auf, die bereits im Jahre 1476 auf Initiative der Siebenbürger Sachsen geschrieben wurde, denen Dracula das traditionelle Handelsmonopol abgenommen hatte. In Moldawien wurde das düstere Pamphlet »Über den großen Unhold namens Dracula Vajda« im 15. und 16. Jahrhundert zum Bestseller; rumänische Literaturhistoriker haben bis heute zehn Ausgaben gefunden. In unsere Länder drang die Legende von Dracula erst Mitte des 16. Jahrhunderts, dank Jan und Zikmund von Puchov, die 1554 die »Böhmische Kosmographie« übersetzten und in Prag herausgaben, eine Niederschrift über die geographische Lage der Länder und die Bräuche der Völker der ganzen Welt, in die sie die Sage gemäß der russischen Fassung einfügten. Es ist nicht ausgeschlossen, daß sie als Quelle auch für die 1485 in Lübeck und später in Nürnberg und Augsburg gedruckte Version diente.

Inhaltlich stimmen die Legenden überein und ihre Nachkömmlinge (z. B. von J. S. Lurjejew bis zu den neuesten filmischen und literarischen Bearbeitungen registriert) ebenfalls. Sie unterscheiden sich lediglich in der Wertung Draculas. Einige Autoren sehen in dem Herzog nur das verkörperte Prinzip des Bösen, andere räumen ein, daß es sich zwar um einen Rohling und Gewalttäter großen Stils handelte, sie billigen ihm jedoch eine gewisse Klugheit zu, obwohl sie mit recht üblen Mitteln durchgesetzt wurde. Die ersten Traktate gingen anscheinend von der Wirklichkeit aus. Es ist z. B. eine historisch belegbare Tatsache, daß Vlad die Frage der Bettelei und des Schmarotzertums auf drastische Weise löste: er lud die Bettler aus dem ganzen Land zu einem Gastmahl in ein Haus, das er nach dem Dessert mitsamt den Gästen niederbrennen ließ. Sein Handeln begründete er mit der dreifachen Wohltat, die erreicht worden sei: er hätte das Volk von der Belästigung durch die Bettler, das Land von der Armut und die Armen von den Mühsalen ihres schweren Lebens befreit ... Wahr dürfte wohl auch sein, daß er sich mit Vorliebe ein Mahl inmitten seiner gepfählten Opfer ausrichten ließ, denen er dann lustvoll zuprostete. Zu diesen Mählern lud er Gäste, die nicht nur nicht ablehnen, sondern nicht einmal andeuten durften, daß ihnen das Milieu nicht behagte, da sie sonst das Schicksal der die »Dekoration« bildenden Opfer erwartete.

Ebenso eigenwillig festigte er die Ehrlichkeit: An einen einsamen Platz ließ er einen goldenen Pokal stellen und heimlich bewachen. Wer versuchte, sich den Schatz anzueignen, wurde gepfählt. Ebenso bestrafte er Kritiker seiner Herrschafts- und Verwaltungsmethoden (auch Angehörige der Kirche) sowie liederliche Ehefrauen, deren Männer er in unsauberen oder zerrissenen Kleidern antraf.

Es war eine grausame, erbarmungslose Zeit. Die mongolischen Adeligen speisten mit Vorliebe und Appetit auf Bänken, unter denen zerquetschte Gefangene wimmerten, das Pfählen war die gängige Hinrichtungsart von Gefangenen, und das Massenverbrennen von Gegnern in Kriegen war eine zwar scheußliche, aber übliche Beendigung der Kampfhandlungen beider Seiten.

Vlad Dracula jedoch ging noch weiter. Wenn wir den Aussagen seiner Gefängniswärter glauben können, forderte er in der Zelle als einzige Gnade eine ständige Lieferung von Ratten, die er, Vlad der Pfähler, sorgfältig auf zugespitzte Hölzchen spießte. Andere Chronisten versichern hoch und heilig, er habe eine wandernde Zigeunergruppe gezwungen, sich vor seinen Augen gegenseitig aufzufressen. In den Bereich historischer Verleumdungen dürfte jedoch die Legende gehören, er habe seine Gattin mit dem Schwert halbiert, um sich von ihrer Schwangerschaft zu überzeugen.

Kurzum, Dracula erscheint uns trotz allen Verständnisses des Autors für die ihn prägende Zeit und Situation als sadistischer

Psychopath, der seine Zeitgenossen an Grausamkeit weit übertraf. Trotz des allgemeinen Glaubens an eine höhere Gerechtigkeit erlangte Dracula Vergebung. Den Anstoß gab offenbar ein Einschreiten des Sultans. Corvinus blieb nichts anderes übrig, als Vlad freizulassen, damit er wieder sein Herzogtum übernahm. Die schmähenden Traktate verschwanden schlagartig vom Markt, und die Chronisten änderten gefügig die Tonart: »... Daraufhin machte der König wiederum Dracula zum Herzog, und seit dieser Zeit wirkte er fortdauernd viel Gutes ...«

Schade, daß er nicht mehr Zeit hatte – vielleicht wäre er zum Heiligen avanciert wie eine Reihe weiterer Halsabschneider, z. B. der heilige Olaf. Bald darauf aber, im November 1476, fünfundvierzigjährig, kam Dracula bei Bukarest in einem der zahlreichen Scharmützel um ... Es heißt, er sei von einer Lanze durchbohrt worden. Begraben wurde er auf einer Insel des Snagov-Sees, etwa 40 km von Bukarest entfernt an der Kirchenschwelle, denn die Gläubigen sollen bei jedem Kirchenbesuch einen Teil seiner Sünden übernehmen. Das behaupten wenigstens die meisten Archäologen, die die Romanversion von einer Gruft in den Trümmern der Burg verwerfen.

1931 wurde das Grab von einer Kommission geöffnet – zur allgemeinen Überraschung und Freude der Vampiromanen fand man darin nur Tierknochen und Scherben alter Keramik. Vielleicht hatten die Archäologen, so sagte man, nicht tief genug gegraben und waren auf einen Trick hereingefallen, das wirkliche unter einem fingierten Grab zu verstecken. Vielleicht lagen Draculas Überreste in einem unbezeichneten Grab nahe der Kapelle, wo man Menschenknochen, Reste eines roten Seidengewandes und zur Krönung des Ganzen einige Schmuckstücke mit Draculas Wappen fand. Diese Gegenstände wurden zwar pietätvoll ins Bukarester Museum gebracht, doch ihre Untersuchung ist heute unmöglich – sie sind auf rätselhafte Weise verschwunden.

Umfangreiche Ausgrabungen auf der Insel förderten einen grauenvollen Fund zutage – Skelette, die in einer völlig unüblichen senkrechten Lage begraben worden waren.

Unwillkürlich drängt sich der Gedanke an Draculas Vorliebe fürs Pfählen auf. Eine Volkssage erzählt, daß Draculas Schätze

zur Ergötzung des Sultans nach Konstantinopel gebracht worden seien. Eine weitere erzählt, daß Draculas sterbliche Überreste von seinen Feinden umgehend exhumiert und geschändet worden seien. Daß außer der heute auf der Insel Snagov stehenden Kapelle eine weit ältere bei einem Hoch des Sees versunken sei und eines schönen Tages mitsamt dem unsterblichen Dracula wieder auftauchen werde.
Eine weitere Volkssage erzählt, daß usw.
Doch welcher Weg führt von der historischen Wirklichkeit zu den Vampiren? Selbst die Autoren der Schmähtraktate haben Dracula nie beschuldigt, das Blut seiner Opfer zu trinken. Woher rührt diese ungeheuerliche Behauptung?
Zweifellos entspringt eine uralte Furcht des Menschen aus dem Glauben an die Wiederkehr der Toten, die unzulässige Rechte fordern, sich rächen oder der ganzen Gemeinschaft schaden könnten. Archäologen treffen bei jedem Schritt auf ihre Spuren. Sie stellen fest, daß den Toten sogleich nach dem Ableben oder auch später Kopf und Glieder abgetrennt wurden, daß sie gefesselt, mit Steinen beschwert oder zumindest mit dem Gesicht nach unten gedreht wurden, den Mund voller Erde. Ich bin überzeugt, daß diese Angst viel stärker wirkte, als wir uns heute bewußt sind, und daß man viele Begräbnisrituale alter Kulturen weit mehr auf diese Art erklären kann als durch die anachronistische Annahme von Pietät im heutigen Sinne. Das trifft meiner Meinung nach sowohl auf den Ursprung der Feuerbestattung als auch auf die Grabgeschenke oder die festen Gräber, eventuell aufgehäufte Grabhügel (und Pyramiden!) zu.
Der Glaube an Vampire ist in dieser Zeit und in dieser Angst um so mehr verwurzelt, da es sich offenbar nicht um feinsinnige Spekulationen über die Rückkehr eines »Astralleibes« oder »Geistes« handelte, sondern um die sehr reale Wiederkehr eines wiedergeborenen Körpers, die lediglich durch die angeführten Mittel verhindert werden konnte. Wie den Vampirologen bekannt ist, sind auch die Vampire keine Geister oder Astralwesen, sondern, was freilich ein Widerspruch ist, unsterbliche Körper, die nachts ihre Gräber verlassen und nach Vertreibung durch eines der probaten Mittel (eine geweihte Kugel, ein Pflock aus einer bestimmten Holzart, die

Füllung der Mundhöhle mit Knoblauch) in den Zustand zurückkehren, welcher der Zeit entspricht, die seit dem Tode des Menschen und der Geburt des Vampirs vergangen ist.

Ein erster Hinweis auf den Glauben an Vampire ist ein assyrisches Relief. Auch bei den Indern, im alten Mexiko, in China, bei den Arabern, Kelten usw. ist er anzutreffen. In allen genannten Fällen handelt es sich jedoch mehr um den Glauben an Werwölfe. Das Trinken von Menschenblut wurde den Vampiren erst später zugeschrieben. Völlig absurd ist es, einen Zusammenhang zwischen Vampirismus und Fledermäusen (Desmodontidae) herzustellen, von denen nur drei Arten aus den Familien der Diphylla, Diaemus young und Desmodus rotundus fürs »Vampirhandwerk« ausgerüstet sind. Die ersten zwei Arten saugen zwar das Blut von kleinen Wirbeltieren, aber es scheint, daß sie Obst und Insekten vorziehen. Nur die Art Desmodus rotundus greift auch größere Säuger an und konsumiert pro Tag etwa 20 ml Blut, das sie nicht heraussaugt, sondern nach dem Durchbeißen des angefallenen Tieres mit den scharfen Zacken der Zunge aufleckt. Die Schäden, die sie anrichtet (jährlich etwa 250 Millionen Dollar) werden allerdings vor allem durch die Übertragung von Infektionskrankheiten, nicht aber durch die Blutverluste bewirkt.

Die ersten Berichte über diese Tiere gelangten erst im 17. Jahrhundert in einer recht verzerrten Version nach Europa, die den kleinen, höchstens 9 cm langen Geschöpfen die Fähigkeit zuschrieb, einem Menschen das Blut restlos auszusaugen. Dieses Verhaltens wurde die Gattung der Phyllostomidae beschuldigt, obwohl ihre Angehörigen, große und raubgierige Flieger, niemals nach Blutsaugen gierten. Genauere Berichte lieferten erst der Spanier Azara und nach ihm Charles Darwin. Wenn den Fledermäusen dieser Gattung in den meisten Sprachen der Name Vampir gegeben wurde, dann waren ihre Taufpaten legendäre Wesen, nicht umgekehrt. Übrigens spielten die Fledermäuse, obwohl sie im Volksglauben wegen ihrer bizarren Gestalt mit negativen Eigenschaften in Verbindung gebracht wurden, früher im Vampirglauben keine Rolle: die Vampire in Ägypten verwandelten sich in Wölfe und Füchse, im Nahen Osten in Hyänen, in den Tropen in Löwen und Leoparden.

Bei einem massenhaften Auftreten des hämorrhagischen Purpurs, einer schweren Blutungskrankheit, die selbständig oder in Verbindung mit einigen Infektionskrankheiten vorkommen kann, gerinnt das Blut nach dem Tode nicht, und zufällig exhumierte oder später gefundene Leichen bieten mit dem blutgefüllten Mund, mit Blutungen aus weiteren Körperöffnungen sicherlich keinen verlockenden, aber äußerst suggestiven Anblick. Kam noch eine natürliche Mumifizierung durch eine besondere Zusammensetzung des Erdreichs hinzu, die die Leichen über längere Zeit in einem auffallend guten Zustand bewahrte, dann wurde die Entstehung des Aberglaubens noch wahrscheinlicher. Damit könnte man auch die protokollarisch belegten »Fälle« von Vampirismus erklären, z. B. in dem amtlichen Bericht des kaiserlichen Provisors aus dem slowenischen Gradiska aus dem Jahre 1725 oder der »Massenvampirismus«, entdeckt und liquidiert von drei Ärzten und den Offizieren mehrerer Regimenter in dem serbischen Medvedja im Jahre 1723.
Professor Vondráček erblickt die Quelle für die Sagen über Vampire in geisteskranken Individuen mit sexuellen Abweichungen im Sinne des Sadismus oder Masochismus, die sich durch Selbstverletzung oder die ihrer Partner erregen, was eventuell mit dem Saugen von Blut verbunden ist. Die »Vampire«, die zu unpassender Zeit über Friedhöfe wandern, sind seiner Ansicht nach nekrophile Psychopathen.
Solche Fälle existieren selbstverständlich, sie sind jedoch zu selten und außergewöhnlich, als daß sie eine durch Jahrtausende geisternde Massenpsychose auslösen könnten. Ich glaube eine wahrscheinlichere Erklärung zu kennen, die meines Wissens in Verbindung mit dem Vampirismus erstmalig angeführt wird.
Wenden wir uns wieder einer Autorität zu, dem Kenner aller Zauberei und Hexerei, Karel Weinfurter. Er schreibt wörtlich: »... Der Glaube an Vampire ist am meisten im südlichen Rußland, auf dem Balkan und in einigen Teilen Westasiens verbreitet ferner in Galizien, Ungarn und teilweise auch bei uns ...« Zeichnet man die genannten Länder auf der Karte an, erkennt man, daß sie die Zone des urewigen Weges der Nomadenstämme bilden, die von Zeit zu Zeit aus den verdorren-

den mittelasiatischen Steppen gegen Europa getrieben wurden. Hier zogen die Awaren durch, die Hunnen, Magyaren, Polowezer, Mongolen und weitere. Gemeinsam war ihnen die nomadenhafte Lebensweise und das Pferd als hauptsächliches, ja einziges Beförderungsmittel. Trotz ethnischer Unterschiede stimmen viele Bräuche und Gewohnheiten überein. Eine davon, um die es uns hier geht, war das Trinken von Pferdeblut aus einer angestochenen oder angeschnittenen Ader des Tieres, einerseits aus rituellen Gründen, andererseits aus dem banalen Grund, eine warme und kalorienreiche Nahrung zu erhalten. Die berittenen Nomaden waren hervorragende Pferdekenner und -liebhaber – sie gebrauchten zum Beispiel keine Sporen, die lernten sie erst in Europa kennen –, und sie fügten damit den Tieren keinen Schaden zu. Die Blutung verstanden sie geschickt und sicher zu stillen.

Die Angst vor den Invasoren war grenzenlos, ihre wirkliche und unbezweifelbare Grausamkeit wurde durch die vor den Hufen ihrer Pferde einherfliegende Fama vervielfacht, und das ging so weit, daß sie nicht für menschliche, sondern für höllische Wesen aus dem Geschlecht eines Gog und Magog gehalten wurden, für Teufel und Gespenster. Ein einziger Mongole schleppte Dutzende, nein Hunderte, angstgelähmte Gefangene in die Sklaverei. Man kann sich vorstellen, wie der Blick auf die blutverschmierten Münder der Angreifer, die vor dem Kampf vom Blut ihrer Pferde getrunken hatten, auf ihre Opfer wirken mußte. Es ist begreiflich, daß sie an das Schlimmste dachten: die Nomaden saugen ihren Gefangenen das Blut aus. Die weiteren Jahrhunderte deformierten diese Erlebnisse und schufen das legendäre Gespenst des Vampirs. Übrigens machte sich auch der Adel darum verdient, daß dieser Aberglaube im Volk gefördert und verankert wurde: die Gräfin Elisabeth Báthory, eine Schönheit der erlauchten Hofgesellschaft und Besitzerin einer ganzen Reihe von Gütern – die größten lagen gerade in der Walachei – ließ mit Hilfe »zweier alter Frauen und eines Dieners namens Fiszko«, wie uns am Ende des 18. Jahrhunderts Michael Wagener informiert, im ersten Jahrzehnt des 17. Jahrhunderts einige hundert (!) Mädchen schlachten, in deren Blut sie badete, damit das Alter sie »nicht ihrer Schönheit beraubte«. So wenigstens berichtet der Jesuitenpater Lászlá Turoczy im 18. Jahrhundert. Obwohl sie lange im Verdacht stand, wurde sie erst im Jahre 1610 auf frischer Tat auf einer ihrer Burgen, Čachtice, ergriffen und dem ungarischen Ständetag zur Bestrafung übergeben. Dieser verurteilte ohne Zögern alle Beteiligten zum Tode durch Verbrennen (die Hinrichtung fand am 7. Januar 1611 statt) – nur die gnädige Frau Gräfin kam im Hinblick auf ihren Adel mit einem kavaliershaften »Hausarrest« davon. Auf Weisung des Palatins wurde nicht einmal ein Prozeß gegen sie geführt.

Auch Elisabeth Báthory wurde nicht des Vampirismus bezichtigt. Laut Meinung der Kirche hatten nämlich das Blut der armen Opfer ausschließlich Geister und Gespenster ausgesaugt – und das war die Wiener Salonlöwin bestimmt nicht. Und die Opfer waren letzten Endes nur leibeigene Mädchen, warum also die Affäre allzu sehr breittreten?

Wie wir sehen, hat an Stokers Titelfigur die Geschichte gearbeitet. Die uralte Angst vor der Rückkehr der Toten, die Gewohnheiten der Nomaden, ungenügend erkannte Krankheiten, übertriebene Berichte von blutsaugenden Fledermäusen, die wirkliche Geschichte und die tendenziösen Traktate über Vlad IV., genannt der Pfähler, der traditionelle Titel draconaria, die Gräfin Báthory mit eigenwilligen kosmetischen Liebhabereien, der ganz unschuldige Jules Verne und der gruselige, wenn auch nicht vampirhafte englische »gotische Roman« (Gothic Novel). Viele Hände machen rasch ein Ende. Damit jedoch Dracula in die Galerie der zwar unsympathischen und nicht rehabilitierten, dafür aber ewigen Gestalten eintreten konnte, bedurfte es der Entstehung von Romanen über Vampire und ihr morbides Steckenpferd. Darüber seien noch einige Absätze erlaubt.

Es ist sicher etwas Seltenes und Außerordentliches, wenn wir das genaue Entstehungsdatum einer literarischen Gattung anführen können. Die »Vampirliteratur« hat ein solches Datum auf ihrem Taufschein – den 18. Juni 1816. Damals besuchte Lord Byron seinen ihm durch Leben und Schaffen nahen Freund Shelley auf dessen zeitweiligem Wohnsitz Maison Chapuis am Ufer des Genfer Sees. Auf dem Pro-

gramm sollte die Lektüre deutscher, soeben ins Französische übersetzter Gespensterromane stehen, aber das Wort ergriff Shelley und erzählte gespenstische Erlebnisse, zu denen ihn ein Porträt von Coleridge inspiriert hatte. Byron trug ebenfalls so schauerlich zur allgemeinen Unterhaltung bei, daß Shelley aus dem Zimmer stürzte, direkt unter die kalte Dusche. Als er sich einigermaßen beruhigt hatte, zwang er Byron das Versprechen ab, daß sie beide eine Gespenstergeschichte schreiben würden – das Wort »Horror« stand noch nicht im literarischen Wörterbuch. Ihr Versprechen erfüllten sie nicht – die Gespenstermusen waren aber dennoch anwesend und erwiesen zwei weiteren Teilnehmern der Abendgesellschaft ihre Gunst, nämlich Mary W. Shelley, der Gattin des Dichters, einem zarten und literarisch bislang nicht interessierten Wesen, und Byrons Arzt Polidori, der zwar aus einer Künstlerfamilie stammte, sich aber nie an Schriftstellerei versucht hatte. Im Jahre 1818 entstand so der berühmte »Frankenstein«, angeblich nach einem Ehestreit, als Frau Shelley ihrem Mann beweisen wollte, daß Schriftstellerei kein Wunder ist und daß einige Gedichtbändchen auf keinen Fall Shelleys Extravaganzen entschuldigten. Ein Jahr später gab Polidori, der sich so stark nach literarischem Ruhm sehnte, daß er nach dem Scheitern seiner weitreichenden Ambitionen einige Jahre später Selbstmord beging, seinen ungewöhnlich schlechten, aber sensationellen und von den Lesern gierig verschlungenen Roman »Der Vampir« mit dem Vampirhelden Lord Ruthven heraus. Ruthven trägt viele charakteristische Züge Byrons und bildete den klassischen Vampirtyp, in dessen Gestalt dann fast achtzig Jahre später Stokers Dracula stilisiert wurde. Der Horror war geboren, der Vampirroman.
Er bedeutete eine gewisse Renaissance der Romantik, die längst den Höhepunkt überschritten hatte. Er schuf literarische Typen, denen wir noch bis ins 20. Jahrhundert begegnen, z. B. den Archetyp der femme fatale, des Vamp.
Den erwähnten zwei Gründerromanen der Vampirliteratur folgten die Romane von Gautier »La Morte Amoureuse« (1836) und Sheridan Le Fanus »Carmilla« (1871).
Stokers »Dracula« ist eine Fortsetzung dieses kommerziell erfolgreichen Zweiges. Die Ähnlichkeit »Draculas« mit »Car-

milla« ist so augenfällig, daß Bram Stoker aus diesem Grunde in der Endfassung das erste Kapitel herausließ. Es wurde nach seinem Tode gefunden und von seiner Witwe als selbständige Novelle unter dem Titel »Draculas Gast« herausgegeben.

Die erwähnten Romane regten das Interesse für die Vampirthematik in einem solchen Maße an, daß z. B. ein Dr. Summer eine ernst gemeinte medizinische Abhandlung »The Vampire in Europe« verfaßte, in der er über biologische Vorgänge und den Stoffwechsel von Vampiren theoretisierte. Einige Geschichtsschreiber der Medizin halten dieses Werk für eine Satire – so erscheint es allerdings nur dem heutigen Leser. In seiner Zeit war es ebenso ernst gemeint wie die Studie eines Oxforder Professors der Philosophie und Platonkenners, eines gewissen Dr. More, der sich entschloß, den Fall des schlesischen Vampirs Johann Cuntius eingehend abzuhandeln. In seinem Buch trug er viel Material zusammen, das offenbar auch Stoker nutzte, und faßte hier sogar eine gewisse Theorie des Vampirismus zusammen. Laut More befinden sich in den Gräbern von Vampiren immer Öffnungen, ähnlich Mäuselöchern oder wie mit einem Finger oder Bleistift hineingebohrt, drei bis fünf an der Zahl. Durch diese Öffnungen entweicht der körperlose Vampir in Form eines Ektoplasmas, das außerhalb des Grabes wieder eine menschliche bzw. Gespenstergestalt annimmt. Dank dieser Fähigkeit sind für Vampire weder verschlossene Türen noch befestigte Sargdeckel ein Hindernis. Die Erscheinung eines Vampirs signalisieren gewöhnlich ein auf die unmittelbare Umgebung des Grabes beschränkter Nebel, das Auftreten von Fledermäusen oder Wölfen oder zumindest Wolfsgeheul. Der zuverlässigste Schutz gegen Vampire ist ein Kranz aus Knoblauchknollen – ist so etwas nicht greifbar, dann tun es im Notfall auch Hagebutten. Ist das auserwählte Opfer nicht durch eines der genannten Mittel geschützt – Rosenkränze und geweihte Kruzifixe sind leider völlig wirkungslos –, dann wird es vom Vampir angefallen und um einen Teil seines Blutes beraubt, was bei wiederholter Blutabnahme zum Tode führt. Außerdem kommt es zur Ansteckung durch einen sehr virulenten und verderblichen Vampirvirus: Aus dem Opfer wird, falls es am Blutverlust stirbt, ebenfalls ein Vampir.

Doktor More beschreibt sehr suggestiv das Öffnen von Cuntius' Grab: »... Seine Haut war fein und blühend, die Glieder weich und beweglich, die Augen öffneten und schlossen sich von selbst. Als eine Ader am Fuß angeschnitten wurde, spritzte das Blut heraus wie aus einem lebenden Körper ...«

Ein weiterer Vampirologe, der englische Reverend Montague Summers, fügt in seinem den Vampiren gewidmeten Buch noch ein weiteres Detail hinzu: »Manchmal sind die Augen der Vampire geschlossen, häufiger jedoch offen, mit einem wilden Licht. Die vollen Lippen sind zurückgezogen und entblößen die Zähne, die lang und scharf sind wie Messer und weiß wie Elfenbein. Der halboffene Mund ist häufig mit Blut bespritzt, das als Überrest des nächtlichen Mahles von den Lippen tropft und das Hemd befleckt. In Fällen von Vampirismusepidemien wurden blutgetränkte Gräber gefunden, deren Bewohner zuviel Blut getrunken und es wieder ausgespien hatten wie ein vollgesogener Blutegel, den man in Salzwasser wirft ...«

Wie man sieht, hatte der würdige Reverend eine üppige, wenn auch ungebührliche Phantasie. Einen Vampir kann man ein für allemal liquidieren und zugleich erlösen, wenn man ihm einen zugespitzten Pfahl – aufgepaßt! nur aus Hagedorn oder Schlehdorn! – ins Herz stößt. Das Abhauen des Kopfes ist nur eine nachträgliche Maßnahme, zur Sicherheit gewissermaßen ... Stoker verfügte also nicht nur über literarische, sondern auch über eine Menge sogenannter wissenschaftlicher Unterlagen zu einem Porträt Draculas.

Und obwohl es kaum zu glauben ist, schreitet die Geschichte Draculas in England selber weiter fort.

England war 1951, als die letzten Paragraphen gegen die freie Ausübung der zauberischen »Freikunst« aufgehoben wurden, das Lieblingsland von Zauberern, Hexen und Okkultisten aller Arten. Das größte Verdienst an diesem späten Trieb des dunklen Mittelalters hat ein gewisser Gerard Brosseau Gardner (1884–1964), lange Jahre Zöllner in Malaysien und nach dem zweiten Weltkrieg Gründer und Kustos eines Museums der Zauberei, gegründet in einer alten Mühle mit vortrefflichen Gespenstergeschichten auf der Insel Man. Er führte

dort Zaubereien nach dem uralten aus vorchristlichen Zeiten stammenden Kultes Wice durch, mit einem solchen Erfolg, daß seine Gemeinde bald Tausende überzeugte (und überzeugt zahlende) Anhänger nicht nur in Großbritannien, sondern auch in anderen europäischen Ländern und den USA zählte. Die Zauberrezepte faßte er in dem Buch »Witchcraft Today« (Zauberei von heute) zusammen, vor allem aber in dem Privatdruck über das Zaubererpärchen Thur und Morvena »High Magic's Aid«, einem Roman, der nach Gardners Tod von seinen Verehrern aufgekauft und vernichtet wurde, damit er »nicht in unberufene Hände gelangte ...«
Gardners Erfolg war kein Zufall – er war gut vorbereitet durch weitere Zauberer mit literarischen Ambitionen: Aleistre Crowley (populär durch das Braten lebendiger Katzen, was als integrierender Bestandteil des Rituals galt), Peter Haining, Sax Rohmer, Arthur Machen und vor allem die Gesellschaft Golden Dawn, deren herausragender Repräsentant W. B. Yeats war, der sich seiner engen Verbindungen zu dem ähnlichen deutschen Thule-Bund rühmte, einer der ersten Institutionen, die Wegbereiter des deutschen Nazismus waren.
Kein Wunder, daß man unter diesen Umständen in England nicht nur die Verzeichnisse von Gespensterhäusern und Kataloge von Gespenstern kaufen kann, sondern auch alle mögliche Literatur, die beweist, daß die glücklichen Tage der Vampirromantik nicht Vergangenheit sind. Ja, daß es sogar scheint, als hätten die Vampire, durch Stokers Roman inspiriert, den Balkan verlassen und sich in England angekauft. Zum bedeutendsten vielleicht wurde der Fall eines Vampirs aus Croglin Low Hall, in neuester Zeit erstmalig von Lord Clive Ross in der Zeitschrift »Tomorrow« im Frühjahr 1963 beschrieben und an die zweihundert Jahre alten Berichte von August Hare über dieses Gespenst anknüpfend, das offenbar nicht zur Ruhe kommen will. Den Vampir haben viele gesehen, sogar der muntere Journalist David Farant, und zwar am passenden Ort, unweit des Highgate Friedhofs, nur einige Meter vom Grabe Sheridan le Fanus, des Autors von »Carmilla«, entfernt. Die von Mitgliedern der Britischen Okkulten Gesellschaft unternommene Forschung, deren Ergebnisse am 27. Februar 1970 veröffentlicht wurden, zeigte, daß es sich um

den »König der nicht-toten Vampire« handelte, der aus der Walachei stammte (hört, hört!) und zu Beginn des 18. Jahrhunderts von seinen Freunden aus dem nunmehr leeren Grab auf der menschenleeren Insel Snagov, wo selbst ein Vampir verhungert, in einem Sarg mit Heimaterde nach England gebracht und auf dem Friedhof Highgate beigesetzt wurde, von wo er Vampirstreifzüge in die Umgebung unternimmt. Schon zweihundert Jahre lang.

Am 20. März 1970 machten sich allgegenwärtige Filmleute zu dem sensationellen walachischen Vampir in Highgate auf. Es herrschte so ein Andrang, daß die Polizei einschreiten mußte. Die Bevölkerung befand sich in einem Zustand höchster Erregung – hinter jeder Ecke lauerten Vampire, die Kinder erzählten (wie gewöhnlich) unglaubliche Geschichten von ihrer Verfolgung durch grausige Gestalten, die Väter wachten mit geladenen Jagdgewehren, obwohl konventionelle Waffen bekanntlich Vampiren keinen Schaden zufügen – kurzum, die allgemeine Erschütterung erreichte eine solche Intensität, daß am 1. August 1970 die Öffnung des verdächtigen Grabes erlaubt wurde. Darin fand man eine Frau ohne Kopf, hier begraben im Jahre 1926, in einem blutbesudelten Hemd. Obwohl es sich bestimmt nicht um Dracula handelte, wurde der Fund erregt kommentiert und konnte nicht befriedigend erklärt werden. Höchstwahrscheinlich war der die Exhumierung durchführenden Kommission eine Gruppe von Gardners Zauberern zuvorgekommen, die sich nicht scheute, das Grab für ihre Rituale zu schänden.

Diese im 20. Jahrhundert unglaubliche Episode fand bald darauf eine etwas abgewandelte Reprise in dem Dorf Dent (West Reading), einer malerischen Gemeinde mit zahlreichen Folklorerelikten und einem offensichtlich niedrigen Bildungsniveau. Die Bewohner dieses Dorfes waren der festen Überzeugung, daß in einem mit einer steinernen Grabplatte bedeckten Grab mit der Aufschrift »Hier liegt der Leib George Hodgesons, der diese Welt am 4. Juni des Jahres 1415 im Alter von 72 Jahren verlassen hat«, ein verdienter Vampir liegt, der schon die imponierend lange Zeit von sechshundert Jahren geistert. Mit Wissen des geweihten Priesters und seiner Mitarbeit machten sie sich ans Werk. Das Grab zu öffnen

wagten sie nicht – wer weiß, was dieses erfahrene Gespenst anstellen könnte! – und so durchbohrten sie nur die Grabplatte und den Sarg mit einer Stahlstange. (Ein Fehler – wissenschaftlich bewährt ist nur Hagedorn! Offenbar handelten sie unter dem Einfluß von Bram Stoker, dem zur Vernichtung des Vampirs Dracula ein Messer genügte). Um bei ihrem Tun sicherzugehen, ließen sie im selben Augenblick bei einer Messe in der Kirche das Herz einer lebenden Fledermaus durchbohren, ganz im Sinne der sogenannten symbolischen Magie. Das arme Tierchen mußte für die menschliche Rückständigkeit büßen.
Und der Schauplatz von Stokers Roman und Draculas Umtrieben?
Die berühmte Schenke, eigentlich das Einkehrgasthaus Coroana de Aur, wo sich der unselige Herr Harker auf den Rat des Grafen Dracula einquartierte, steht noch in Bistrişa, in der Straße Caleo Armatei Rosii, obwohl es schon lange nicht mehr seinem ursprünglichen Zweck dient. Während ich diese Zeilen schreibe, wird es gerade restauriert. Aus Gründen der Pietät ist das nagelneue dortige Hotel Coronea de Aur genannt worden. Die wirkliche ursprüngliche Burg von Dracula, eigentlich nur die kaum sichtbaren Reste von überwachsenen Wällen auf dem Gipfel eines steilen Hügels, wurde nicht restauriert und wird es auch nicht werden.

Das ist mein Blut ...

»Als Rom aufhörte, Sitz der Herrscher zu sein, wandten sich die Bürger Roms mit ihren Sorgen an die Päpste, wodurch diese unauffällig eine beträchtlichere Macht als ihre Patrone erlangten. Das war noch keine politische Macht ... Als dann Italien zwischen dem Ostkaiser und dem langobardischen König geteilt wurde, gewannen die römischen Päpste auch politische Macht im wahren Sinne des Wortes. Sie nutzten die Feindschaft zwischen beiden Staatswesen aus, neigten sich einmal auf die Seite des einen, dann auf die des anderen, und mischten sich in Streitigkeiten rein weltlichen Charakters ein. Der Papst war in Rom die Hauptperson. Allmählich gewöhnten sich alle an den Gedanken, daß die Bewohner Roms seine Untertanen waren, und sie sahen ihn mehr und mehr als ihren Herrscher an.«

Carlo Botta, Geschichte der Völker Italiens (1825)

Klemens II. ist für den Nichtfachmann kein sonderlich interessanter Papst. Seine Wahl war bei weitem nicht so imposant wie die des Papstes Damasus (366–384), dessen Anhänger mit denen des Gegenkandidaten Ursinus auf dem Boden der Kirche so temperamentvoll aneinandergerieten, daß 137 Tote auf dem Kampfplatz blieben, die Verwundeten nicht gezählt. Er bekundet auch keine solche Energie des Geistes wie Sergius III. (904–911), der seine zwei Vorgänger erdrosseln ließ, bevor er selber feierlich auf dem Stuhl des hl. Petrus Platz nahm. Ihm fehlte sowohl die Freigeisterei von Formosus (891–896), der nach seinem Tode als Ketzer gebrandmarkt, dessen Leiche ausgegraben und dem Schinder übergeben wurde, als auch die Kaltschnäuzigkeit Leos X. (1513–1521), der bereits im Alter von dreizehn Jahren zum Papst gewählt wurde und sein Leben lang »die Legende um Christus« ausschließlich als willkommene Einnahmequelle betrachtete. Er ermangelte des Temperaments Johannes des Zwölften (955–963), der gleichzeitig des Mordes, des Sakrilegs und der Blutschande bezichtigt wurde, sowie des abenteuerlichen Charakters des Papstes Johannes XXIII., Prinzipal des Konstanzer Konzils und emeritierter Pirat, mit eigentlichem Namen Balthasar Cossa (1410–1415). Wir wissen auch nichts Pikantes von ihm, wodurch er sich z. B. von Sixtus IV. (1471 bis 1484) unterscheidet, einem zärtlichen Bewunderer lieblicher Knaben, denen er je nach dem Grad der Schönheit Bistümer und Kardinalshüte zuteilte, ohne Rücksicht auf soziale Herkunft und fachliche Qualifikation. Und schon gar nicht kann man ihn mit der romantischen Gestalt eines Alexander VI. Borgia (1492–1503) vergleichen, der zur Begrüßung die Rechte mit einer vergifteten Spitze am Fingerring reichte und riesige Mengen Gift verbrauchte, mit dem er seine Gäste so regelmäßig und zuverlässig umbrachte, daß die Einladung zu einer kleinen Erfrischung beim heiligen Vater für ein sicheres Todesurteil gehalten und von der heiligen Beichte und den angemessenen rechtlichen Schritten des Testaments gefolgt wurde. Übrigens hatte er alle Hände voll zu tun, um für seine zahlreichen Nachkommen, vor allem weiblichen Geschlechts, würdige Ehepartner zu finden und sie mit kirchlichen Pfründen, mit den Lehen und Immobilien derer auszustatten, die wonnevoll in den Armen des Papstes ihren Geist ausgehaucht hatten, dank dem zuverlässig wirkenden Acqua die Perugia, dem Familiengift der Borgias, einem Gemisch von Arsen und organischen Giften.

Klemens II. war nur einer aus der langen und langweiligen Reihe von Greisen, deren es seit Petrus bis heute etwa 267 gab – das Wort »etwa« ist angebracht, weil sich über die Rechtmäßigkeit oder Unrechtmäßigkeit einiger Päpste, Gegenpäpste und ungeweihter Päpste bis heute weder die Patristik und die kirchlichen Geschichtsschreiber noch die offizielle, alljährlich herausgegebene vatikanische Annuario Pontifico einig sind. Gewöhnlich wurde zur Sicherheit ein möglichst alter und hinfälliger Papst gewählt, damit er nicht zu viel Zeit zur Bildung einflußreicher Cliquen und Gruppierungen des höchsten Klerus fand – den Rekord in dieser Beziehung erreichte Stephan II., der bloße drei Tage (752) an der Spitze der Kirche stand. Manchmal allerdings bewies ein anscheinend altersschwacher Papst überraschende Lebenskraft und Vitalität und bereitete dadurch seiner Umgebung viele Sorgen.

Kurzum, dieser Klemens wäre eine graue Gestalt geblieben, wäre er nicht einer der bemerkenswertesten Fälle einer gerichtsmedizinischen Expertise, deren Objekt er ungewollt wurde. Schon bald nach seinem Tode, der nach fünfzehntägiger Krankheit am 9. Oktober des Jahres 1047 eintrat, wurden Gerüchte laut, er sei vergiftet worden. Gründe gab es, wie wir sehen werden, übergenug. Es ging jedoch darum, nach neunhundert Jahren ein längstvergangenes Verbrechen nachzuweisen, das in der besten Kirchengesellschaft zwar ganz üblich, ja von fader Alltäglichkeit war, in der gegebenen Situation jedoch wirksam in die Politik ganz Europas eingriff und seine machtmäßige Landkarte mitformte.

Die Aufklärung vergangener Giftmischaffären mit den Methoden der modernen Gerichtsmedizin oder mit Hilfe anderer Wissenschaften ist eine sehr schwere, undankbare und oft sogar unlösbare Aufgabe.

Der einbalsamierte Leichnam wurde auf Befehl des Kaisers schon zwei Jahre nach dem Tode nach Bamberg überführt, wo der Papst unter dem Namen Suidger oder Heinrich von Bamberg Bischof gewesen war. Das war ein demonstrativ unübliches Tun, und der empörte Kaiser Heinrich III. konnte nicht deutlicher Rom und die Römer des Mordes an seinem treuen Favoriten und Vertrauten beschuldigen, auf den er außerordentliche Hoffnungen gesetzt hatte.

An der Öffnung des Sarkophags im Jahre 1957 nahm ein Team deutscher Theologen, Gerichtsmediziner, Historiker und Toxikologen teil, die vor einer auch nach neun Jahrhunderten nicht nur politisch pikanten, sondern auch ungewöhnlich schweren und bahnbrecherischen Aufgabe standen. Wie wir an anderer Stelle erwähnen, waren beliebte mittelalterliche Gifte organische Stoffe, zum Beispiel Alkaloide von Bilsenkraut, Stechapfel, giftige Pilze, Schierling (Sokrates!) u.ä. Die Hoffnung auf den toxikologischen Nachweis eines solchen Giftes ist nach neun Jahrhunderten gleich null. Etwas günstiger konnte sich die Untersuchung entwickeln, wenn der Mörder – falls überhaupt ein solcher existiert hat – Metallverbindungen benutzte, und zwar ohne Rücksicht auf ihre Applikation. Giftgaben ins Essen oder in Getränke waren nämlich in dieser toxikologisch allgemein gebildeten und routinierten Zeit ein beschämendes Zeichen von Dilettantismus und Anfängertum. Geistreicher waren eben doch Morde mit vergifteten Handschuhen (offenbar mit Arseniksalbe), der nach dem Überstreifen des Geschenks der lieben Gattin auch

Kaiser Otto III. erlag (laut Sachs, Landulphus, Tuiziensis u. a.) sowie der britannische Herzog Connan II. (laut Orderich Vitalis), dem Wilhelm der Eroberer aus dem irdischen Tränental ins Jenseits verhalf. Eine Modifikation dieser Mordmethoden war ein mit Gift präpariertes Hemd (der Herzog Amadeus von Savoyen könnte davon erzählen, wenn er freilich das Attentat überlebt hätte) oder Perücken, die nach einer Weile schwitzten und das Gift zuverlässig einarbeiteten, z. B. dem Herzog von Holstein.

In diesen Fällen halfen auch nicht die kostbaren Bezoare (gallensteinähnliche Gebilde aus dem Magen verschiedener Säugetiere), die man um den Hals trug, um sie unauffällig in das angebotene Getränk tauchen zu können, oder die in einem Fingerring eingesetzt waren, ja nicht einmal ein Becher aus dem Horn eines Nashorns, obwohl sie den Gipfel der toxikologischen Diagnostik darstellten: im Kontakt mit dem Bezoar oder dem Rhinozeroshorn sollten vergiftete Getränke aufbrodeln und so den Giftmischer und seine Absicht verraten. Die Giftmischer wurden jedoch immer raffinierter: Sie dachten sich die Vergiftung der Ecken von Buchseiten im Brevier aus, die der fromme, aber in der Hygiene unbedarfte Besitzer mit eingespeichelten Fingern umblätterte (so schied der Bischof Johann von Lüttich aus dieser Welt, ansonsten ein ungeweihter Räuber und Mörder), oder die Altardecken, die von frommen, ebenfalls unvorsichtigen Teilnehmern der Messe geküßt wurden.

Eine »fromme« Mordmethode wurde – wie es zeitgenössische Tratschmäuler und Chronisten behaupten – auch im Falle von Klemens II. angewandt. Das Gift wurde ihm in dem Pokal mit Meßwein gereicht, den der Papst bei der festlichen Messe in das Blut Christi verwandelte. Die Vergiftung des Weins oder der Hostie wurde häufiger betrieben – es war völlig ausgeschlossen, vor dem Altar den Leib oder das Blut des Herrn auszuspucken. Ein derartiges Tun wäre ein unumstößlicher Beweis von Ketzerei oder Besessenheit vom Teufel gewesen, was sich gerade Klemens II., einer von drei Päpsten, die sich gegenseitig verfluchten und das Vertrauen eines möglichst großen Kreises des Klerus und der Gläubigen zu gewinnen trachteten, nicht erlauben konnte.

Kurz und gut, die Methoden der Giftmischer waren im Mittelalter mit außerordentlichem Fleiß und Verständnis ausgearbeitet, so daß sie als brauchbares Vermächtnis noch weit in die Neuzeit fungierten, da erst die Gerichtsmedizin und Chemie die goldenen Tage dieses einträglichen Gewerbes zunichte machten. Giftmischer waren willkommene Gäste, ja systemisierte Funktionäre an päpstlichen und Herrscherhöfen, und ihre toxikologischen Kenntnisse, die gewöhnlich in einer individuellen Dosierung des Gemischs von Arsenik, Pilzgiften und Fäulnisgiften (Ptomainen) gipfelten, verschafften ihnen eine gewisse Berühmtheit. So hatte zum Beispiel Theophanie aus Palermo für ihr Acquetta di Tofana eine ständige Klientel unter den Mächtigen dieser Welt. Ihre neapolitanische Namensvetterin exportierte ihr Gift sogar in ansehnlichen Phiolen mit dem Etikett »Manna des hl. Nikolaus« und mit dem Bildnis des gütigen Bischofs, des Lieblings der Kinder. Den Inhalt deklarierte sie als Wunderöl, stammend aus dem allerheiligsten Grab. Als sie schließlich zum Tode verurteilt wurde, fand sie Zuflucht in einem Kloster, wo die Massenproduktion dieses Manna munter fortschritt. Kaum hatte der Papst befohlen, sie der weltlichen Macht auszuliefern, kam es zum stürmischen Widerstand der Ordensschwestern, die empört waren über den Verstoß gegen das Asylrecht und über die Schmälerung der Klostereinkünfte. Eine andere Theophana, gleichfalls aus Neapel, wirkte im 18. Jahrhundert, sie erleichterte oder beschleunigte mindestens sechshundert Opfern den Heimgang aus dem irdischen Tränental. Und da reden wir noch nicht von den bewährten Hausmitteln, wie es z. B. das bereits erwähnte Acqua di Perugia der Borgiafamilie war.

Die Zusammensetzung der Gifte schwankte – gemeinsames Zeichen waren die zuverlässige Wirkung und unwesentliche oder keine postmortalen Veränderungen, die man auf dem Niveau der damaligen Kenntnisse als sicheres Zeichen einer Vergiftung hätte deuten können.

Dem mit der Aufklärung des Todes von Klemens betrauten Wissenschaftlerteam blieb also nichts anderes übrig, als auf Gottes Gnade zu hoffen und sich im Glauben und in der Hoffnung zu wiegen, daß der Papst einem anorganischen Gift erlegen war, möglichst einem Metallsalz, und zwar in einer toxikologisch und gerichtsmedizinisch noch heute nachweisbaren Dosis. Die Hoffnung verwandelte sich jedoch in absolute Skepsis, als der Sarkophag geöffnet wurde. Er enthielt nur kaum identifizierbare Reste vertrockneter Gewebe, ein Büschel Haare, einige Fetzen des Leichengewandes und eine Handvoll Knochenstückchen, unter ihnen eine ganze Rippe. Die Untersuchung der Haare und das anatomische Gutachten über die Rippe bestätigten wenigstens, daß es sich um menschliche Überreste handelte.

Bei all dem Elend waren zwei Umstände für die weitere Untersuchung außerordentlich günstig. Der erste war die Einbalsamierung der Leiche auf eine zwar primitive und kurzzeitige Weise, nämlich durch das Auftragen einer Schicht von Harzbalsam auf die Oberfläche des ganzen Körpers, was aber gerade einerseits die frühe Ausscheidung des Giftes aus der Leiche, andererseits – für eine zuverlässige Expertise noch wichtiger – das Eindringen chemisch wirksamer Stoffe in die Leiche verhinderte, z. B. von der Farbe der Kleidung, aus dem Boden, aus der Innenausschmückung des Sarges u. ä. Vorteilhaft war auch, daß die Knochenfragmente erhalten waren, auch wenn sie bei Berührung zerfielen. Knochen bewahren am längsten und zuverlässigsten Metallgifte in erhöhter Konzentration auf, falls der Betreffende mit diesen Stoffen vergiftet wurde.

Lange war die Untersuchung negativ, obwohl damals (1957) die modernsten und subtilsten physikalischen und chemischen Methoden angewandt wurden. In den Knochen wurde kein erhöhter Gehalt eines der drei Elemente festgestellt, deren aufgelöste Salze die häufigsten mittelalterlichen Mordgifte waren, nämlich Arsen, Quecksilber und Antimon. Die Wissenschaftler wurden erst durch die vorläufige spektographische Analyse des Bleigehalts belohnt: er war verdächtig höher, als er sein sollte, zumal der Sarkophag zum Unterschied von vielen anderen aus jener Zeit nicht aus Blei oder seiner Legierung bestand, sondern aus Marmor.

Die Chemiker und Toxikologen meisterten auch die letzte Schwierigkeit, nämlich die geringe Menge des zu untersuchenden Materials; die Rippe wog kaum zwei Gramm. Doch das reichte zur quantitativen spektographischen Analyse aus, die ein klares und eindeutiges Ergebnis erbrachte: die untersuchte Rippe enthielt 1 mg Blei, 100 g trockenes Knochengewebe hätten also 50 mg Blei enthalten. Das erreicht die zuverlässige tödliche Konzentration (laut Minot und Aube 30 mg auf 100 g Material). Die letzten Zweifel zerstreute die Mikrophotographie, die Blei im Knochengewebe nachwies, sowie die Tatsache, daß weder die Kleidung noch der Sarkophag Blei enthielten.

Die Wissenschaftler konnten mit voller Verantwortung und Gewißtheit antworten: Papst Klemens II. starb an Bleivergiflung.

Er wurde also ermordet?

Nicht so schnell. Nachgewiesene tödliche Bleivergiftung ist noch kein nachgewiesenes Verbrechen. Schon seit einigen Jahrzehnten geistert durch die Köpfe von Historikern, die unitären Hypothesen geneigt sind, welche komplizierte gesellschaftliche Bewegungen von einer einzigen Grundursache heraus erklären, der Gedanke, daß das Blei mehr und sichtbarer in die Geschichte eingegriffen hat, als wir geglaubt haben und daß es gerade das Blei war, dem der Zerfall des römischen Reiches zugeschrieben wird. Nicht also die Demontage der republikanischen Tugenden durch die prassende Aristokratie, auch nicht die durch den Einfall der Hunnen in Europa ausgelöste Völkerwanderung, die Barbarisierung der Armee und des Offizierskorps, der Zerfall der ursprünglichen Einheit des Kults, der wachsende Widerspruch zwischen den Produktionsmitteln und den Produktionsverhältnissen, die Verschlechterung der Münze, usw.

Der Anfang vom Ende, den übrigens die Zeitgenossen überhaupt nicht als ein umwälzendes Ereignis und schon gar nicht als das Ende empfanden, nämlich die Ablösung des letzten weströmischen Kaisers Romulus Augustulus durch Odoaker, den Anführer germanischer Söldner (476 u.Z.), ist angeblich in der Installation von Wasserleitungen in den römischen Patrizierwohnungen verborgen. Mit dieser Neuerung brüsteten sich vor allem die reichsten Familien, an ihrer Spitze die herrschende Dynastie. Dank dem Umstand, daß die Röhren aus Blei waren und daß sich zu allem Überfluß die Mode von

Bleipokalen verbreitete, welche die bis dahin beliebten Pokale aus Silber, Gold und kostbarem Flußspat verdrängte. (Eine ähnliche Mode wurden Ende des 19. Jahrhunderts Gefäße und Bestecke aus Aluminium.) Ist im Wasser überflüssiges, d. h. aggressives, das Blei auflösendes Kohlendioxyd vorhanden, kann die Konzentration von Bleisalzen einen gefährlichen Grad erreichen und eine tödliche oder chronische Vergiftung hervorrufen, auch dort, wo das Wasser nicht durch Bleirohre, sondern unschädliche Rohre geleitet wird, die aber durch Blei oder Lötmetall verbunden sind, das statt der erlaubten 10 % bis 20 % Blei bis zu 50 % des gefährlichen Metalls enthält. Auch durch die Nahrung kann es zu einer schleppenden Vergiftung kommen, so durch den Inhalt von Konserven, die mit bleihaltigem Lot verlötet sind, oder durch in Stanniol verpackte Lebensmittel, das mehr als das erlaubte Blei enthält. Es sind auch Mordversuche mit bleihaltigen Farben bekannt, so der einer ungeduldigen sündigen Gattin aus der Prager Stadt, die sie ihrem Mann in die Zahnpaste mischte, wie das Jiří Marek in seinem »Panoptikum alter Kriminalfälle« beschreibt. Häufig waren berufsbedingte Vergiftungen mit Blei, dessen Legierungen besonders in der Töpferei, Färberei, bei der Farbenerzeugung z. B. von Bleiweiß oder Mennige, zur Herstellung von Drucklettern und anderem verwendet wurden.
Ein Symptom einer chronischen Bleivergiftung, schmerzhafte Koliken, wurde sogar zusammenfassend *colica figulina,* Töpferkolik genannt. Übrigens blieb es nicht bei den Töpfern – Bleilegierungen lösten sich aus den Glasuren, drangen in die gekochte Nahrung ein und vergifteten weitere Opfer.
Im Jahre 1839 gab Tanquerel de Planches eine umfangreiche Schrift über berufsbedingte Bleivergiftungen heraus, in der er mehr als zweiunddreißig betroffene Handwerke anführt, unter ihnen auch die Malerei, so daß man die Töpferkolik mit Fug und Recht auch Malerkolik nennen könne. Dank der Zubereitung der Farben aus Bleiverbindungen »sind in Padua fast alle Maler siech und krank« schreibt de Planches. In einem einzigen Pariser Krankenhaus, der Charité, wurden laut diesem Autor in acht Jahren 1217 Fälle von Maler- oder Töpferkolik behandelt und insgesamt 2171 Fälle von Blei-

vergiftung überhaupt. Die Verbesserung der Hygiene und die Einführung neuer Arbeitsmethoden haben die Gefahr von beruflicher Bleivergiftung betrachtlich vermindert – Professor Thomayer notierte in den Jahren 1898 und 1899 an seiner Klinik von 31770 Fällen verschiedener Vergiftungen nur eine einzige Bleivergiftung.

Das war sicherlich ein markanter Fortschritt – schließlich war noch im 16. Jahrhundert eine wahre Geißel der Menschheit die sogenannte *colica paralytica,* Darmlähmung; als Massenerscheinung erstmalig im Jahre 1547 in Siebenbürgen beobachtet, bald darauf in Ungarn, Österreich, den böhmischen Ländern und Deutschland, wo sie überall als eine epidemische Massenerkrankung angesehen wurde. Seit dem Jahre 1572 breitete sie sich in Frankreich aus, wo sie nach dem Gebiet von Poitou, wo sie zuerst grassierte, *colica pictonum* genannt wurde. Es handelte sich um eine chronische Bleivergiftung infolge des Genusses von Wein, der in Tongefäßen mit schadhafter Bleiglasur oder in Zinngefäßen mit einem zu starken Bleizusatz aufbewahrt wurde. Wie verbreitet diese Krankheit war, beweist die fast unglaubwürdige zeitgenössische Angabe von Thomas Jordan. In Brünn litten von zehn Kranken mindestens acht an paralytischer Kolik. Angesichts der hervorragenden diagnostischen Fähigkeiten von Jordan, dem Feldarzt des Kaisers Maximilian II., der als erster die ungarische Pest *(lues pannonica)* mit dem Flecktyphus identifizierte und ihre ansteckende Wirkung entdeckte, bleibt uns nichts übrig, als seinen Angaben zu vertrauen.

Übrigens hatten die Herren Töpfer auch frühere Sünden auf dem Gewissen. Es ist fast sicher, daß eine chronische Bleivergiftung aus der gleichen Quelle im 6. Buch seiner Epidemien Hippokrates bereits im 5. Jahrhundert v. u. Z. beschrieb, die er gleichfalls für infektiös hielt.

Das alles kannten bereits die alten Römer mit Ausnahme der Zahnpasten, der Drucklettern und des Stanniols. Aber allein die Bleiröhren der Wasserleitungen genügten ohne weitere Verstöße für chronische Vergiftungen, die sich in der leichtesten Form in einer verminderten Sexualfunktion und in Unfruchtbarkeit äußerten. Die erwähnte, nicht allzu große, aber hartnäckige Gruppe von Historikern behauptet, daß der auffällige Mangel an direkten Nachkommen der römischen Kaiser und andererseits der hohe Prozentsatz von geistig Behinderten, soweit sie überhaupt geboren wurden, ein Tribut an den Saturnismus war, an eine chronische Bleivergiftung. Die unerläßlichen dynastischen Adoptionen, eröffnet durch den Kaiser Nerva, der Trajan adoptierte, führten zu Streitigkeiten um die Nachfolge, und diese stärkten in ungesunder Weise das Prestige und die Macht der Prätorianer – bis zum völligen Niedergang Roms.

Chronische Bleivergiftungen existieren in vielen Formen und Gestalten auch aus nichtkriminellen Gründen, und sie sind eine der möglichen Todesursachen von Klemens II., auch ohne den Zugriff einer Mörderhand. Die andere und letzte Möglichkeit ist ein vorbedachtes und gelungenes Attentat, durchgeführt am wahrscheinlichsten mit »Bleizucker«, Bleiazetat, einem bereits in antiken Zeiten bekannten Gift, beliebt vor allem wegen der Möglichkeit, den Tod des erwählten Opfers durch entsprechende Dosierung des Giftes auf den Tag genau zu terminieren, ohne Verdacht zu erregen. Das damalige Niveau der Medizin erlaubte kaum, die Blässe des Vergifteten, seine Appetitlosigkeit, gefolgt von schmerzhaften Durchfällen und Verstopfungen, die Gelenkschmerzen, Abmagerung, Kopfschmerzen usw. bis zum Absterben der unteren Extremitäten von dem Dahinsterben durch »Auszehrung« zu unterscheiden, unter welcher Diagnose sich außer Tuberkulose viele weitere infektiöse und nicht infektiöse Krankheiten verbargen. Das relativ zuverlässigste Symptom, ein bleigrauer Saum ausgeschiedenen Bleis auf dem Gaumen rings um die Zahnhälse, wurde offenbar zumeist übersehen, einerseits wegen der mangelhaften Mundhygiene, andererseits wegen des Umstands, daß den Päpsten, die in der Mehrzahl, poetisch gesagt, auf der weniger sonnigen Seite der Siebzig lebten, nicht viele Zähne geblieben waren.

Ein anderes Bild bietet die akute Bleivergiftung. Auch diese griff gelegentlich in die Geschichte ein, auch in die böhmische, z.B. im Herbst 1304, als das deutsche Heer Albrechts von Habsburg in Böhmen einfiel und in Eilmärschen gegen Kuttenberg (Kutná Hora) vorrückte, das von Silber überströmte und die ökonomische Basis für die Macht der böh-

mischen Herrscher bildete – in den durch Europa kursierenden Gerüchten war der Reichtum der Stadt allerdings weit pompöser als in Wirklichkeit, so daß Kuttenberg in den Vorstellungen der Ausländer als eine Art Eldorado galt.
Albrechts Expedition scheiterte völlig, obwohl sie vom Papst Bonifatius VIII. unterstützt wurde, der die Wahl Wenzels II. zum polnischen König und seines Sohnes Wenzel III. zum ungarischen König nicht anerkannte.
Die Zbraslaver Chronik schreibt darüber: »Denn einige Bergleute mischten Hüttenablagerungen und Silberschlacken, auch andere Unreinheiten aus den Gruben und Hütten in den zum Lager des feindlichen Heeres fließenden Bach, aus dem diese reichlich tranken, so daß zahllose Menschen und Vieh von diesem Gift vergiftet zugrundegingen ... nach Silber gierten sie, Silberschlacke tranken sie, und es gelang ihnen nichts, was sie damals gegen Kutná Hora unternahmen, obwohl die Stadt nur mit schwachen Zäunen umfriedet war ...«
Einige Historiker meinen, die eigentliche Ursache der Vergiftung aus dem Malešover Bach seien ruhrerzeugende Mikroorganismen gewesen, das Heer der silbergierigen Deutschen sei durch Dysenterie dezimiert worden. Ich glaube nicht, daß es so war. Die Vergiftung von »zahllosem Vieh« und der Wasserverschmutzung durch »Ablagerungen aus den Hütten und Silberschlacke« zeugen eindeutig von Vergiftung durch aufgelöste Bleiverbindungen, von denen Silbervorkommen in der Regel begleitet werden. Die Abfälle sind sehr toxisch und können bei genügender Konzentration als chemische Waffe gewirkt haben, die über den Ausgang des Feldzugs entschied. Eine solche Aktion bleibt natürlich nicht geheim – der Mord an Klemens II. (falls es sich wirklich um einen solchen handelte) wurde wohl scharfsinniger und weniger spektakulär begangen.
Kurzum, wir haben in unseren Überlegungen ein Gebiet betreten, auf dem uns weder Gerichtsmediziner noch Toxikologen weiterhelfen können. Die Stafette der Fragezeichen über dem Skandalgrab in Bamberg müssen Geschichtsschreiber und Kirchenhistoriker übernehnen.
Der Tod des Papstes Klemens war der Fall eines Wassertropfens. Um ihn zu verstehen, müssen wir uns für die Ursachen

des Regens interessieren. Und die Wolken zu diesem Regen brauten sich schon vor dem Jahre 630 zusammen, da in der ganzen Alten Welt, auf dem europäischen und asiatischen Kontinent, der größte Weltkrieg aller Zeiten tobte, obwohl er heute fast vergessen ist. In relativem Frieden lebten nur die britischen Inseln (abgesehen von einigen Stammesfehden) auf dem einen und die japanischen Inseln (abgesehen von der intensiven Vorbereitung der Okkupation von Korea) auf dem anderen Ende des riesigen Schlachtfelds, dessen einzelne Konflikte zusammenhingen und einander in ihren Folgen durchdrangen; es ging also nicht nur um ein bloßes zeitliches Zusammentreffen.

Konstantinopel zum Beispiel wurde infolge der Niederlage des ostturkestanischen Chanats durch die Chinesen im Jahre 626 an den Ufern des Flusses Wej-che gerettet, was dem von der tödlichen Bedrohung befreiten westturkestanischen Chanat ermöglichte, dem bereits unterliegenden byzanthinischen Kaiser Heraklios zu Hilfe zu eilen. Die Awaren verloren in diesem Krieg ihre bulgarischen Untertanen, die die einzigartige Gelegenheit ausnutzten und nach Italien und Bayern flüchteten, wodurch das awarische Reich eine zweitrangige Macht wurde und der Weg frei war zum Aufstieg der Franken und zur Befreiung der Westslawen, der Bewohner unserer Länder vom awarischen Joch. Der geschwächte Iran wurde von fanatischen Arabern vernichtend geschlagen, den nagelneuen Anhängern einer nagelneuen Religion (obwohl sie bislang niemand für ernstzunehmende Gegner gehalten hatte), und zwar dank dem Umstand, daß der Krieg die durch den Iran führende »Seidenstraße« abschnitt und damit den Zustrom von Gold in die iranische Staatskasse stoppte.

Die Welt begann sich zu verändern. Die mittelasiatischen Steppen schickten Scharen von Nomaden gegen Europa. Die Religion Mohammeds machte sich an die Verwirklichung des gigantischen Planes, Europa mit strategischen Zangen über die pyrrhenäische Halbinsel im Westen und das Chasarenreich im Osten zu umfassen. Vor allem aber erschien die Morgenröte neuer politischer Gruppierungen, die Kristallisierung neuer Ganzheiten aus dem chaotischen Durcheinander zahlloser kleiner Lehen, die die Entstehung nationaler Staaten und die

Stärkung der Zentralgewalt signalisierten. Der Kampf des dänischen Königs mit den widerspenstigen Jarls verwickelte Europa auf drei Jahrhunderte in blutige Gefechte mit den normannischen Aggressoren und veränderte seine politische Karte. In Rußland wirkte der mächtige Kiewer Herrscher Swjatoslaw, ein Enkel Ruriks, vor allem aber begannen sich zwei europäische Großmächte zu formieren – aus den latinisierten keltischen und fränkischen Bewohnern Galliens das künftige Frankreich und ostwärts davon die Idee eines Reiches, in dem Otto I., genannt der Große (912–973) an das Erbe Karls des Großen anzuknüpfen gedachte. Mit seinen politischen Ambitionen ging er weit über die Pläne des leidenschaftlichen Jägers, Trinkers und guten Gesellschafters, seines Vaters Heinrich I. hinaus, dem das sächsische Lehen völlig zum Glück und zur Zufriedenheit gereicht hatte. Otto entschloß sich, das Reich unter dem sächsischen Zepter zu einigen und es vor allem um die slawischen Gebiete im Osten zu erweitern.

Der erste Schritt war die Zerschmetterung der inneren Opposition, der partikularen Kräfte in dem künftigen Reich. Otto machte es überhaupt nichts aus, daß sie von seinem Bruder Heinrich und seinem Sohn Liudolf angeführt wurde. Nach dem Sieg beließ er dem Herzogtum nur eine formale Autonomie. In Wirklichkeit entschied er alles allein und setzte obendrein an die Spitze des Herzogtums ausschließlich Mitglieder seiner Familie und treueste Anhänger. Den zweiten Schlag richtete er gegen die Autonomie der Kirche. Er führte eine neue Form der Investitur für Bischöfe und Äbte ein: ihren Hirtenstab übernahmen sie aus seinen Händen noch vor der Konsekration, d. h. der kirchlichen Einführung ins Amt. Bei der Durchsetzung dieser Neuerung, die nichts anderes bedeutete als die Verweltlichung der Kirchenämter, ihre Umwandlung in politische Instrumente des Herrschers, stieß Otto auf den Widerstand des höchsten Klerus, vor allem der Erzbischöfe von Mainz. Sie und auch die Päpste selbst wünschten die »slawische Politik« zu kontrollieren, Vorteile zu schöpfen aus dem polnischen katholischen Element und die Eingliederung Ungarns in das ohnehin schon mächtige Reich nicht zuzulassen.

Entschlossen, die Idee der rücksichtslosen Germanisierung der östlichen Gebiete mit Hilfe der Kirche um jeden Preis zu verwirklichen, mußte Otto deshalb in deren Zentrum selber eingreifen: in Rom.

Der damalige Zustand Roms war nach allen Seiten kläglich, inbegriffen die Art und Weise der Lenkung und Führung der westlichen Kirche. Dennoch wäre es aber ein unhistorischer und vulgärer Irrtum, wenn wir die damalige Situation mit den Augen der Reformation beurteilten. Der Papst war zwar von Byzanz und den Mauren bedroht (die Sizilien erobert hatten), war ein Spielball in den Händen der römischen Adeligen, aber dank dem gesellschaftlichen Pakt des Glaubens von Millionen war er eine mächtige Kraft, mit der man rechnen mußte. In dieser chiliastischen Zeit, da man zur Jahrtausendwende den Anbruch des Königreiches Gottes erwartete, war Gott noch lebendig und kommunizierte mit seinen Schäfchen. Jeder dürstete nach Orthodoxie – am meisten die auf ihre Rechtgläubigkeit stolzen Häretiker. Es existierte noch nicht das Gebot des Zölibats für Priester, also auch nicht seine Kehrseite, die besonders in späteren Jahrhunderten augenfällige Sittenverderbnis. Die Mönche erhielten die Flamme der Bildung aufrecht, sie kultivierten neue Gebiete. Es war undenkbar, sich gegen die Kirche zu stellen und damit gegen ihren »Primas«, den Papst, der gesetzgebend über die ganze Kirche herrschte (primatus jurisdictionis) und kraft des Titels primatus honoris auch mit zahlreichen politischen Rechten ausgestattet war. Und außerdem war die päpstliche Politik ein feines Gespinst komplizierter Beziehungen, Verpflichtungen und Intrigen, so daß Ottos Vorstellung, er werde nach der willkürlichen Besetzung Norditaliens, für dessen Erbe er sich hielt, weil die langobardische Krone einst Karl dem Großen gehört hatte, »von Rom Flankendeckung erhalten«, ziemlich naiv war. Papst war damals Johannes XII. (955–963), der in einen Streit mit Berengar II., Markgraf von Ivrea und König von Italien geraten war und Ottos militärische Hilfe annahm, wofür er Otto (nach dem Beispiel Karls des Großen) zum »römischen Kaiser« krönte. Außer diesem kleinen Liebesdienst erlangte Otto noch einige Zugeständnisse, die allesamt dahin zielten, ihm freie Hand für seine ziemlich rasante

»slawische Politik« zu lassen. Otto hielt sich bereits für den Herrn Roms und ganz Osteuropas, so daß er recht überrascht war, als sich Johannes XII. unversehens mit seinem früheren Widersacher, dem König Berengar verband, alle in dem sogenannten Ottonianum zusammengefaßten Versprechungen und Garantien aufhob, Otto sehr geschickt in einen Konflikt mit Byzanz hineinmanövrierte und um keinen Fußbreit zurückwich. Es ist interessant, daß deutsche Kirchenhistoriker Johannes XII. aus patriotischen Gründen für einen größeren Schandfleck des Kirchenstandes halten als das ganze Defilé von Räubern und Giftmischern auf dem Stuhle Petri, ja daß sie behaupten, die damaligen Gegenpäpste (Leo VIII., 963-965, und Benedikt V., 964) seien rechtschaffeneren Charakters gewesen ...

Ottos römischer Mißerfolg wird von deutschen Historikern bedauert, ebenso wie das Scheitern seiner »zivilisatorischen« Politik gegenüber den Tschechen, die im Jahre 936 mit der Invasion von Abteilungen begnadigter Verbrecher und Mörder aus Thüringen und Merseburg eröffnet wurde, unter dem Vorwand der Hilfeleistung für einen tschechischen Magnaten, der die sächsische Oberhoheit anerkannte. Den Namen jenes Magnaten kennen wir nicht – sicher ist, daß die Slavniker auf Otto setzten und daß ihre Residenz Libice in Kontakt mit dem kaiserlichen Hof stand.

Der Angriff auf Böhmen endete mit der blamablen Niederlage von Ottos kampfes- und beutegierigen Elitetruppen und eröffnete den vierzehnjährigen Kampf Boleslavs I. gegen eine riesige Übermacht, in dessen Verlauf sich der tschechische Staat formierte. Trotz der formalen Unterordnung im Juli 950 war das Ergebnis die Anerkennung des status quo der Herrschaft des Přemyslidenfürsten und der Souveränität der Tschechen, die man fernerhin nicht mehr für heidnische, zum höheren Ruhme Gottes auszurottende Adepten, sondern für Nachbarn hielt, mit denen man rechnen mußte. Eine Bestätigung dieses Sachverhalts bedeutete die Einrichtung der Prager Diözese nach dem Reichstag zu Quedlinburg (März 973), wie sie zwischen Otto und Boleslav vereinbart wurde. Die Slavniker zahlten allerdings bei dieser Entwicklung drauf. Als im Jahre 955 ihre Abteilungen Otto III. bei der Ausrottung der slawischen Obodriten halfen, überfiel ein Přemyslidentrupp die Burg Libice an der Cidlina und machte alle anwesenden Familienmitglieder nieder. Diese Aktion, die die Einheit des tschechischen Staates rettete und sicherte, war wohl nicht durch Boleslav II. inspiriert worden, der laut Kosmas »seines Geistes nicht ganz mächtig war«, sondern von weitsichtigen Priestern aus seinem Gefolge.

Otto I. tritt in die Geschichte als erster unter den Kaisern ein, die sich bemühen, das Kirchengeschehen direkt zu beeinflussen und die Investitur von den Äbten und Bischöfen immer höher bis zum Papst zu erweitern, der so ein willfähriges Werkzeug der Reichspolitik und in der Praxis einer der vom Kaiser bestätigten und dem Kaiser verpflichteten Feudalherren geworden wäre.

Was Otto I. andeutete, das setzte sein Enkel Otto III. (980–1002) skrupellos in die Tat um. Er entschloß sich, eine ähnliche Situation wie die unter seinem Großvater auszunutzen, nämlich die Schwierigkeiten, in die der Papst Johannes XV. (985–996) geraten war, als er in seinen Rechten durch den weltlichen Herrn Roms, den Patrizier Crescentius eingeschränkt wurde. »Der Retter des gedemütigten Papsttums, der junge Kaiser Otto III., war bereits auf dem Wege«, wie sich schwungvoll Religionshistoriker ausdrücken, als Johannes XV., nur allzu bereit, die unerwünschte Einmischung der deutschen Herrscher zu seinen Gunsten zuzulassen, eines plötzlichen Todes starb – »am Fieber«.

Die Nachricht ereilte Otto im Feldlager in Ravenna inmitten seines Heeres von Papstrettern, das sich inzwischen mit der Ausplünderung des Landes beschäftigte. Er faßte einen raschen Entschluß: er wird der Kirche selber einen Papst bescheren. Er eröffnete den römischen Abgesandten, die ihm entgegenkamen, das werde sein Almosenier, Beichtvater und zugleich Oheim sein, der Sohn des rheinischen Herzogs Otto und der Luitgarde, einer Tochter des Kaisers Otto I. des Großen, der vierundzwanzigjährige Kaplan Bruno, und er betraute den Erzbischof Willigis von Mainz und den Bischof Adelhold von Utrecht, zwei Kirchenfürsten, die er selber eingesetzt hatte und also zu Recht für seine treuen und zuverlässigen Vasallen hielt, mit der Aufgabe, den künftigen Papst

mit dem angemessenen bewaffneten Gefolge nach Rom zu geleiten.
Alles verlief glatt. Crescentius wurde festgenommen und in den Kerker geworfen, der kleine Kaplan Bruno zum Papst gekürt und am 3. Mai 996 als Gregor V. bestätigt. Das Papsttum trat in eine neue Phase ein, die der direkten Einmischung der deutschen Herrscher bei der Papstwahl und der Germanisierung des Stuhles Petri. Mit Gregor V. war zum ersten Mal ein Deutscher Papst geworden, ein junger Mann, vor allem ein Mann, der dem hohen Klerus völlig fremd war, eine Marionette in den Händen des jungen Kaisers.
Der neue Papst machte sich mit jugendlichem Temperament, mit dem Takt und diplomatischen Feingefühl eines Regiments von Schwerbewaffneten ans Werk. Sogleich unterstützte er Ottos »Ostpolitik« durch die Wiederberufung des heiligen Adalbert, eines Slavnikers und Feindes der Přemysliden, auf den Prager Bischofsstuhl. Im Vorbeigehen sprach er über ganz Frankreich den Kirchenbann aus (wegen der Landesverweisung eines deutschen Bischofs) und schickte sich an, Crescentius hinrichten zu lassen – was jedoch einstweilen mit Rücksicht auf die öffentliche Meinung nicht möglich war, denn die war durch das Handeln Ottos und des neuen Papstes aufs äußerste erregt. Und natürlich erklärte er Otto zum Kaiser.
Der neue Stand der Dinge war nicht von langer Dauer. Kaum hatte Otto im Jahre 997 Rom verlassen, verjagten die Patrizier den Papst so schnell, daß er nur das nackte Leben rettete, und wählten einen neuen Erzhirten in der Person Johannes XVI., eines Kardinals griechischer Abstammung aus Pizcenza. Otto beschäftigte sich inzwischen mit Versuchen, die Elbslawen zu liquidieren, Gregor mit dem Bemühen, deutsche Bischöfe auf alle entscheidenden Posten in Norditalien einzusetzen, wohin er sich geflüchtet hatte. Der Kaiser kehrte im Jahre 998 mit einem starken Heer nach Rom zurück, bemächtigte sich durch eine von einem gewissen Birhil eingefädelte List des Gegenpapstes Johannes und übergab ihn seinem geliebten Bruno alias Gregor, der seinen Konkurrenten umgehend auf brutale Weise zu Tode brachte. Am 29. April desselben Jahres schlug der Henker dem schwer-

verwundeten Crescentius dann doch noch den Kopf ab. Dessen letzte Bastion, die Engelsburg, hatten die deutschen Soldaten nach schwerem Kampf erobert. Bei dieser Gelegenheit wurden auch seine Gattin und alle Anhänger ermordet und wurde, wie ein gerührter Historiker sagt, »das geraubte Kirchenvermögen feierlich zurückgegeben« ... wem? Dem Onkel des Kaisers, Bruno ...

Alle Maßnahmen des Papstes Gregor standen völlig unter dem Einfluß Ottos und im Interesse der expansiven Politik des Reiches – wie in einer Reihe anderer Fälle konnte er jedoch trotz des für einen Papst einzigartigen jugendlichen Alters sein Werk nicht vollenden. Er starb an einer rätselhaften Krankheit rasch und überraschend, kaum 27 Jahre alt ...

Wir haben uns mit der Gestalt des ersten Papstes deutscher Abstammung eingehender beschäftigt, weil er der Schlüssel zum Verständnis für das Schicksal des zweiten deutschen Papstes ist, Klemens II., des Opfers unseres historischen Krimis. Es handelt sich um eine weitere Etappe in der Geschichte des Kampfes um die Investitur, der zu Beginn des 12. Jahrhunderts (1119) in seine entscheidende Phase trat, als nämlich Kaiser Heinrich V. gezwungen wurde, die geistlichen und weltlichen Attribute der Investitur voneinander zu trennen, der Verleihung von Kirchenämtern durch kirchliche Symbole (Ring und Stab) zu entsagen und die freie kanonische Wahl der Bischöfe zuzulassen. Das Wormser Konkordat vom 8. September 1122 beendete den Streit um die Investitur mit definitiver Gültigkeit.

Die Zeit des Pontifikats der ersten deutsche Päpste ist mit der Zeit des Pontifikats Klemens II. durch die schreckliche materielle und geistige Not des europäischen Kontinents verbunden, die viele Historiker außer acht lassen und so ihre wesentliche Charakteristik, ihr Leitmotiv aus dem Auge verlieren, ohne das die beschriebenen Geschehnisse flach und ausdruckslos sind. Die Christenheit zitterte in Angst vor dem nahenden Weltende. Die Worte der apokalyptischen Offenbarung des hl. Johannes: »... Und wenn tausend Jahre vollendet sind, wird der Satanas los werden aus seinem Gefängnis und wird ausgehen, zu verführen die Heiden an den vier Enden der Erde ... Und ein ander Buch ward aufgetan, welches ist das Buch des Lebens. Und die Toten wurden gerichtet nach der Schrift in den Büchern, nach ihren Werken ... Und ich sah einen neuen Himmel und eine neue Erde ...« (Offenbarung, Kap. 20, 7, 8, 12 und Kap. 21, 1) wurden plötzlich brennende Aktualität. Der thüringische Einsiedler Bernard bestimmte um das Jahr 960 in seinen Predigten den Weltuntergang auf Ostern 992, der Mönch Druthmar aus Corbie auf den 25. März des Jahres 1000. Die Urkunden aus jener Zeit beginnen zumeist mit den Worten »Termino mundi appropinquante« (Vor dem nahenden Ende der Welt), und das menschliche Leben verlief gewissermaßen im Schatten des nahen Todes. Ein Regen von Vermächtnissen und Schenkungsurkunden ging auf die Klöster nieder, die die Besitztümer in angemessener christlicher Demut bereitwillig annahmen und sich einverleibten. Der Papst Silvester II. oder der französische König Robert erlagen freilich nicht dieser Panik, das einfache Volk und der niedere Klerus um so mehr. Davon zeugt eine der bedeutsamsten Quellen für diese Zeit, die Chronik des Mönches Raoul Glaber, geschrieben im Jahre 1000 und beginnend mit den Worten: »Bald wird der Satan aus seinen Fesseln freigelassen.«

Es schien wirklich so zu sein. Europa wurde von der »feurigen Pest« heimgesucht, einer heute schwerbestimmbaren Seuche, wahrscheinlich einer heftigen Infektion, begleitet von dem sogenannten hämorrhagischen Purpur, einer Blutung in Körpergewebe und -höhlungen. Die Muskulatur löste sich von den Knochen und stank furchtbar. Die Kranken kamen zum Sterben an die Kirchen und verpesteten ihre Umgebung mit einer Ansteckung, die in einigen Gebieten Europas über die Hälfte der Bewohner dahinraffte, andere, z. B. Südfrankreich, fast entvölkerte. Osteuropa zuckte in einer Reprise der Schrecken Attilas, bewirkt durch den Einfall der Magyaren (910–945). Das Land verödete, die Speicher waren ausgebrannt, Obstbäume und Weinstöcke gefällt, das Vieh vernichtet.

Eine Mißernte besiegelte die Katastrophe und brachte Hungersnöte – von den dreiundsechzig Jahren von 987 bis 1060 waren achtundvierzig Pest- und Hungerjahre, und mitten in dieser Verwilderung führten sich die Feudalherren wie die

Wahnsinnigen auf, es kämpfte Burg gegen Burg, Herrschaft gegen Herrschaft, sie erschlugen die fremden Bauern, die nicht einmal mehr wagten, die verwüsteten Felder zu betreten, sie brannten die Dörfer der Nachbarlehen nieder ...

Das Metzeln und Morden nahm solche Ausmaße an, daß eine Bischofsversammlung den Rittern wenigstens das Gelöbnis des sogenannten »Gottesfriedens« von Mittwochabend bis Samstag früh abzwang, da die Schwerter in den Scheiden bleiben mußten.

Auch als das Jahr 1000 vorüberging, dauerten die chiliastischen Stimmungen weiter an – die Hoffnungslage hatte sich jedoch verändert: die Erde hatte sich in eine Hölle verwandelt, und die Christen erwarteten den Jüngsten Tag nicht mehr mit Furcht, sondern mit Hoffnung auf die bessere Zukunft. In diesen wenigen Jahrzehnten wurde die Kirche unermeßlich reich. Dahinein fällt der Bau von Kathedralen, die die Jahrhunderte überdauerten und bis heute Bewunderung hervorrufen, aber auch Staunen, wie sie überhaupt als das Werk von den wenigen Bewohnern der durch Pest und Hunger dezimierten Städte und entvölkerten Gebiete entstehen konnten ...

Am 29. Juni 1033 schien der ersehnte Gerichtstag angebrochen zu sein – es kam nämlich zu einer totalen Sonnenfinsternis. »Die Sonne nahm eine Safranfarbe an, die Leute sahen bleich wie Tote aus, alle Gegenstände bekamen einen starken Anhauch. Erstarrung bemächtigte sich aller Herzen, man wartete auf die Katastrophe ...« Aber nichts geschah.

In diesem Jahr fand auch die Wahl eines neuen Papstes statt, der den Namen Benedikt IX. annahm. Er war kein Greis, sondern im Gegenteil erst ein Knabe von zwölf Jahren, der dem hohen Klerus die Gewißheit gab (wie sich umgehend zeigte, eine scheinbare und wacklige), daß er eine Puppe in den Händen der Mächtigen sein und sich nicht um eine eigene Politik bemühen werde. Andererseits erweckte er aber auch Hoffnungen: schon in der Zeit seiner Wahl war er als Söhnchen einer mächtigen Adelsfamilie ein bekannter Wüstling und obendrein nachweisbar ein Dieb und Mörder. Während bloßer vier Jahre schaffte er es, so viele Schändlichkeiten zu begehen, inbegriffen der Einrichtung eines gutfunktionieren-

den Harems, daß die römischen Patrizier beschlossen, ihn bei der Messe zu erdrosseln, wenn er am Altar die Transsubstantiation vollziehen werde.
Einer zeitgenössischen Darstellung zufolge erschraken sie jedoch vor einer weiteren Sonnenfinsternis – der unternehmungslustige junge Benedikt mußte dennoch aus Rom nach Cremona zum Kaiser Konrad flüchten und dort einige Zeit ausharren, bis ihn Heinrich III. im Jahre 1038 wieder auf den Petristuhl setzte.
Diesmal hielt er sich darauf sechs Jahre, bis 1044, und das nicht dank verbesserter Sitten, sondern dank des verbesserten Systems des persönlichen Schutzes durch deutsche Kriegsknechte. Er gab unverhohlen kund, daß ihn die ganze Komödie mit der Kirche und dem Papsttum eigentlich nicht amüsierte und er seiner Würde entsagen werde, um ungehindert die vermögende Tochter eines führenden römischen Patriziers zu heiraten. Als jedoch seine Versprechungen allzu lange durch keine Tat gekrönt wurden, verjagte ihn das römische Volk zum zweiten Mal aus der Ewigen Stadt. Zum Papst wurde mit kaiserlicher Zustimmung Silvester III. gewählt. Er hatte sich in den vatikanischen Gemächern noch nicht richtig umgesehen, da wurde er bereits von einer Räuberbande – angeworben in der Umgebung Roms, wo es von Räubern nur so wimmelte, angestiftet allerdings vom Heiligen Vater Benedikt IX. – überfallen. Rom genoß wieder einmal die Kurzweil von Straßenkämpfen zwischen den einzelnen Stadtvierteln und Palästen. Sie hörten erst dann auf, als ein weiterer Gegenpapst – der dritte an der Zahl –, Gregor VI., seinem Kollegen Benedikt die nicht geringen Erlöse aus der englischen Kirchensteuer (den sogenannten Peterspfennig) anbot, falls er möglichst rasch und definitiv das Feld räume. Benedikt tat dies entgegen der allgemeinen Erwartung nicht, so daß es zur Freude Heinrichs III. zur Aufteilung der päpstlichen Macht unter den drei sich gegenseitig verfluchenden und exkommunizierenden Gegenpäpsten kam. Er setzte sie alle drei im Jahre 1046 auf der Synode in Pavia ab, ohne sich mit der Inszenierung einer weiteren Papstwahl und mit Überlegungen über die »Papabilität« des Kandidaten zu belasten. Klemens II., wie der neue Papst hieß, hätte ebensowenig Papst

werden können wie sein erster deutscher Vorgänger Bruno, weil der Klerus der Einmischung der Kaiser und der kaiserlichen Kandidaten in die Angelegenheiten Roms überdrüssig war und versprochen hatte, auch weiterhin die Ansprüche des Papstes Gregor VI. zu unterstützen. Der Kaiser bestimmte also per Dekret den neuen Papst – den Bamberger Bischof Heinrich Suidger, Sohn des Grafen Konrad von Meresleve und der Amalrade, Schwester des Magdeburger Erzbischofs Waltard. Über die Qualifikation bestand also kein Zweifel, weder vom Gesichtspunkt des Elternhauses noch der Verbindung des neuen Papstes mit der höchsten deutschen Feudalgesellschaft.

Sogleich nach der Weihe, die zu Weihnachten 1046 stattfand, bewies Klemens seine ergebene Beziehung zum Kaiser in einem Tempo, das den Beteiligten den Atem verschlug: schon am nächsten Tage krönte er Heinrich und seine Gemahlin mit der Kaiserkrone und ernannte eine Reihe höchster Kirchenfürsten: der kaiserliche Kanzler Humfred wurde Erzbischof von Ravenna, der Probst Teodorich aus Aachen Bischof von Konstanz, sein Namensvetter Bischof von Verdun, der Probst Herard aus Speyer Bischof von Straßburg usw. Außerdem sprach er einige chronische deutsche Anwärter heilig. Das alles schaffte er an einem einzigen Tage; Rom wurde durch die in den Diensten des Kaisers und des Reiches stehende Person des neuen Papstes gegen die wachsende Macht Frankreichs mobilisiert, das sich unter dem Zepter der Kapetinger–Dynastie konsolidierte. Um zu sichern, daß Klemens in seiner gottgefälligen Kirchenpolitik nicht durch außenpolitische Komplikationen gestört würde, eroberte Heinrich III. die traditionellen süditalienischen Besitzungen von Byzanz und gab sie den normannischen Grafen Rainulf und Drog zum Lehen, was Klemens zur Sicherheit mit dem präventiven Bannfluch über jeden begleitete, dem vielleicht diese gottgefällige Neuordnung der Verhältnisse nicht zusagte. Zugleich führte der Kaiser den ordnungsgemäß gewählten Papst Gregor VI. in Fesseln nach Sachsen, damit dieser nicht durch seine Anwesenheit in dem guten und bereitwilligen Suidger peinliche Erinnerungen weckte.

Der Papst zog den alten Abt Odilo aus Cluny in seine Nähe,

der das Pontifikat von ganzen zehn Päpsten überlebt hatte, was bei einer durchschnittlichen Amtszeit von zwei Jahren zwar kein Wunder war, aber dennoch von allen Kirchenhistorikern als eine gewisse Kuriosität registriert wird. Zu seinem hellen Angedenken (obwohl Odilo am Ende auch den Papst Klemens überlebte) nahm er das Kloster Cluny, das berühmteste und reichste in Frankreich, dem Klerus weg und ordnete es zugleich mit dem Bistum Chartres dem Heiligen Stuhl direkt unter, wodurch er einerseits im Herzen Frankreichs zwei umfangreiche Gebiete mit kompliziertem Unterordnungsverhältnis schuf (sie waren in einem gewissen Maße der Vollmacht der französischen Herrscher entzogen) und andererseits dadurch einen ausgiebigen und nicht versiegenden Strom Goldes nach Rom leitete. Das Kloster Cluny versah nämlich die Funktion eines Reisebüros für Pilger ins heilige Land, für die es gegen angemessenes Entgelt die Reisen dahin organisierte. Auf den üblichen Strecken hatte es zahlreiche Hospize und Erfrischungsstationen eingerichtet, die es in eigener Regie verwaltete, es verhandelte mit den Schiffsbesitzern (besonders den genuesischen) und den Mohammedanern, die bis zu den Kreuzzügen christliche Pilger ohne große Schwierigkeiten zu den heiligen Stätten ziehen ließen, falls diese bereit waren, diese Gefälligkeit ordentlich zu bezahlen und mit zusammengebissenen Zähnen diese und jene religiöse Taktlosigkeit über sich ergehen zu lassen. Starb ein Pilger auf der strapazösen Reise (was nicht selten geschah), dann übernahm das Kloster Cluny seine Habseligkeiten *ad maiorem dei gloriam* – »zum höchsten Ruhme Gottes«.

Kaum hatte er diese Angelegenheit zufriedenstellend gelöst, begab sich Klemens nach Norditalien, woher beunruhigende Berichte kamen: Die Kirche sei in Zerfall, sie gedeihe nur dort, wo sie aus Gottes Willen von einem deutschen Bischof geleitet werde. Der Papst entschloß sich natürlich sofort, »dieser traurigen Situation an Ort und Stelle ein Ende zu bereiten«, wie der deutsche Patristiker Gröne behauptet, und die Wohltat deutscher Bischöfe allen dahinsiechenden Diözesen zu vergönnen.

Das brachte, so scheint's, das Faß zum Überlaufen. Nach einer Messe im Kloster St. Thomas in Apostelle, wo Klemens bei seiner Visitationsreise einkehrte, erkrankte er. Am 24. September 1047 war es schon offensichtlich, daß es sich um eine tödliche Krankheit handelte. Klemens widmete seine letzten Tage der Sicherung der kirchlichen Selbständigkeit und der Privilegien Bambergs. Am 9. Oktober verschied er unter Symptomen, die allgemein einer Vergiftung zugeschrieben wurden. Als Schuldiger wurde von den kaiserlichen Kreisen der unermüdliche Unternehmer und Gegenpapst Benedikt IX. bezeichnet, der dann noch acht Monate in Rom herrschte. Einen Beweis für den allgemeinen Verdacht, Klemens sei vergiftet worden, lieferte bald darauf ein weiterer deutscher Papst, Leo IX. (1049–1055), als er auf kaiserlichen Befehl die sterblichen Überreste von Klemens II. mehr oder weniger demonstrativ – gegen allen Brauch, wie wir bereits wissen – nach Bamberg überführen ließ.

Nachfolger von Klemens II. wurde ein Deutscher, der Brixener Bischof Poppo, ein Höfling und Schmeichelredner Heinrichs, unter dem Namen Damasus II. Sein Pontifikat dauerte gerade 23 Tage – ihn raffte ein »plötzliches Fieber« dahin. Auch die weiteren drei Päpste kamen aus demselben Nest, Leo IX., Viktor II. und Stephan X., alle deutsche Figuren auf dem großen europäischen Schachbrett des Machtspiels. Sie blieben die letzten. Seit der Mitte des 11. Jahrhunderts lösten sich auf dem Stuhl des hl. Petrus vor allem Italiener ab, ausnahmsweise Franzosen oder Spanier. Der Traum vom Papstum als einem Machthebel, mit dem das Heilige Römische Reich Deutscher Nation Millionen von Gläubigen in ganz Europa bewegen könnte, war zerronnen.

Vor dem geschilderten Hintergrund der »Invasion« der Kaiser nach Rom, der Beherrschung des Mechanismus der Papstwahl und des wütenden, wenn auch durch die Umstände determinierten Widerstands des römischen und allen nichtdeutschen Klerus' scheint der »Fall Klemens II.« mit einer beträchtlichen Portion Wahrscheinlichkeit gelöst.

Es ging dabei wohl kaum um eine chronische, unverschuldete Vergiftung durch Bleiverbindungen, zumal auch der Tod Gregors VI. und Damasus' II. höchst verdächtig ist. Aus den historischen Zusammenhängen heraus dürfte wohl auch ein lange vorbereitetes Attentat, das mit sorgfältig abgewogenen

Gaben so abgestimmt wird, daß es zu einer schleichenden Vergiftung kommt, unwahrscheinlich sein; zwischen der Messe in Apostelle und dem Tode vergingen etwa drei Wochen. Der vergiftete Meßwein (mit Beimischung von Bleiazetat) wurde im letzten Augenblick vor den Veränderungen gereicht, die Klemens in Norditalien durchführen wollte und deren Korrektur bzw. Widerruf im Hinblick auf den Einfluß der deutschen Herrscher in diesem Gebiet kaum möglich gewesen wären. Berichte über das klinische Bild der Erkrankung des Papstes sind nicht erhalten. Die Archive des Vatikans schweigen. Nur das zwei Gramm leichte Stückchen einer Rippe hat über die Kluft eines ganzen Jahrtausends hinweg gesprochen.

Der sonderbare Tod des Königs Milchbart

Und selbigen Sommers ward zu Sankt Jakob bei Sonnenuntergang ein Stern mit Schweif erblicket, welchselber eine künftige Pest bedeutete. Die Witterung war von großer Trockenheit und Hitze und hielt eine Weile an. Und bald darauf vollendete die Gemahlin unseres erlauchtesten Herrn, des Königs Vladislav von Ungarn etc. nach der Geburt eines Sohnes ihr Leben durch den Tod in Budin. Der polnische König verstarb ebenfalls zur selben Zeit, auch brach sodann in Meißen und Österreich die Pest aus, deren auch wir nicht ohne Angst gewärtig sind ...

Ein Chronist

In diesem Kapitel wird der Tod des Königs Ladislaus Postumus (von den Tschechen wegen seines jugendlichen Alters liebevoll König Holec – Milchbart – genannt) behandelt sowie die dem »Hussitenkönig« Georg zugeschriebene Beteiligung daran.

Ladislaus Postumus, geboren am 22. Februar 1440 in Komorn, vier Monate nach dem Tode seines Vaters, des Kaisers Albrecht II. (daher der Beiname Postumus – der Nachgeborne), eines Enkels des Kaisers Sigismund, also ein Urenkel Karls IV. mit einer Beimischung Přemyslidenblut, starb nach kurzer Krankheit am 23. November 1457 in Prag, ohne die Herrschaft angetreten zu haben. Sein Tod wurde nicht nur von vielen Rätseln und Vermutungen begleitet, sondern auch von objektiv sonderbaren Umständen, die unverzüglich zum Verdacht einer Vergiftung führten. Um so mehr, als Ladislaus durch seinen unverhofften Tod gerade Georg von Poděbrady den Weg zum Thron ebnete. Dessen politische, militärische und nicht zuletzt finanzielle Macht war zu der Zeit, da König Milchbart starb, so groß, daß an seiner baldigen Wahl zum böhmischen König kein Zweifel bestand.

Die Utraquisten agitierten vor der Wahl zu Georgs Gunsten mit einer anonymen Schrift, deren Verfasser wahrscheinlich die nach Rokycan bedeutendste Persönlichkeit des utraquistischen Klerus war, der Priester Martin Lupáč: »Ich glaube, bekenne und beschwöre euch, daß ihr euch für den schon lange bestellten Verweser des Böhmischen Königreichs, den Herrn Georg von Poděbrady entscheidet, welcher zu herrschen und verwalten versteht, dessen Sinn für Gerechtigkeit sich im ganzen deutschen Volk verbreitet hat. Er hat die Prager Stadt in guter Ordnung gehalten, er hat das gemeine Volk in gehörigem Gehorsam gehalten, er hat unseren Meister, den Magister Jan Rokycan, mit seiner Partei am besten beschützt, er ist in unserem tschechischen Glauben erzogen, er wird ihn nachdrücklich verteidigen können, so wie er es bisher getan hat, er hat sich in der Zeit des Königs Ladislaus mit größter Sorge darum gekümmert, daß unser Glaube nicht bedroht wurde, daß er vom König selber oder anderen Deutschen keinen Schaden erlitte ...« usw.

Die Antwort auf die Grundfrage, nach der ein Gericht gewöhnlich forscht, nämlich cui bono – wem nützte der Tod von Ladislaus Postumus, scheint kurz und eindeutig zu sein: Georg.

Georg zog aus Ladislaus' Tod Nutzen – es endeten die langen Streitereien und Zänkereien, das Lavieren, bei dem sich, wie es scheint, der mächtige Reichsverweser selber nicht selten in Gefahr befand und es für nötig hielt, sich nur unter dem Schutz einiger Hundert zuverlässiger tschechischer Soldaten in die Nähe des Königs zu begeben. Er hatte die Lektion nicht vergessen, die der sechzehnjährige Milchbart Ladislaus dem scheinbar unantastbaren Geschlecht der Hunyadis erteilt hatte, nachdem Hunyadi heimtückisch des Königs Favoriten und Ratgeber, seinen Oheim Ulrich von Cilly ermorden ließ. Ladislaus manövrierte fast ein Jahr auf des Messers Schneide zwischen den Mördern, bis es ihm gelang, nach Budin zu entkommen und Jan Jiskra von Brandýs zu Hilfe zu rufen. Am Tag darauf fiel unter dem Henkerschwert der Kopf von Hunyadi, sein Bruder Matthias wanderte als Geisel in Ketten nach Wien. Die Hunyadis hatten sich in dem blonden Jüngling verrechnet, Georg war vorsichtiger.

Wie war er? Er war genau zwanzig Jahre älter als Ladislaus, geboren am 23. April 1420 in Poděbrady. Utraquist, also gemäßigter Kalixtiner, der nach dem Tode seines Erziehers,

Hynec Ptáček von Pirkštejn, die Führung dieser Partei übernahm. Sehr interessant hat ihn Äneas Sylvius Piccolomini geschildert, der spätere Papst Pius II., ein merkwürdig widersprüchlicher, aber wahrheitsliebender Mann. Als der Papst mit dem Konzil und der Konklave der Kirchenfürsten über die oberste Macht aneinandergeriet, äußerte er sich als damaliger Sekretär des Kardinals Capranica zynisch: »Alle glauben wir an das, woran unsere Fürsten glauben; wenn sie sich vor Götzen verneigten, würden wir uns auch vor ihnen verneigen und nicht nur den Papst, sondern auch Christum verleugnen ...« Einen beträchtlichen Teil seines Lebens brachte er in diplomatischen Diensten zu, er verhandelte auch mit den böhmischen Ständen, die die Herausgabe des jungen Königs Ladislaus verlangten. Damals, im Jahre 1451, lernte er Georg von Poděbrady kennen. Nach seiner Wahl zum Papst ging er von seinen früheren Ansichten ab, bezeichnete sie als jugendliche Verirrung und bemühte sich nach Kräften, die oberste päpstliche Gewalt über alle weltlichen und kirchlichen Herrscher durchzusetzen. Mit einer Sonderbulle hob er die Beschlüsse von Basel auf, drohte König Georg und bemühte sich mit aller Macht, die Herrschaft der römischen Kirche in Böhmen zu erneuern. Man darf also erwarten, daß er Georg nicht wohlgeneigt war, im Gegenteil. In seiner lateinisch geschriebenen Böhmischen Geschichte (Historia Bohemica, erstmalig gedruckt im Jahre 1475) spricht er mit leidenschaftlichem Haß von dem »treubrüchigen Wahnsinn der Hussiten«, nennt er Žižka einen »verfluchten, grausamen, widerwärtigen Unhold, den der Finger Gottes umbrachte, nachdem keine Menschenhand ihn vernichten konnte«, und in einem Brief an den Kardinal Juan Carvajal beschreibt er die Stadt Tabor als »hereticorum senatus, nequitiae synagoga, domicilium Sathanae, templum Beliali, regnum Luciferi« (Senat der Häretiker, Synagoge der Unruhe, Domizil des Satans, Tempel des Belial, Reich des Luzifer) ...
Hören wir, was derselbe Autor über Georg von Poděbrady meint: »... Er ist von kleiner Gestalt, vierschrötigem Körper, weißer Haut, funkelnden Augen, gefälligen Sitten, zwar vom Hussitentum angesteckt, aber sonst ein gerechter und edler Mann.«

Eine solche Charakteristik paßt nicht ganz in das allgemeine Profil eines heimtückischen Königsmörders. Es zeugt auch von einer gewissen Objektivität des Äneas Sylvius, der an anderer Stelle Hus und Jeroným mit Respekt vor ihrem Charakter und Bewunderung für das Heldentum schildert, mit dem sie den Märtyrertod erlitten. Kurzum, der Humanist verleugnete sich auch nicht in dem künftigen Papst.
Damit ist freilich nicht gesagt, daß Georg ein Mann mit einem Taubencharakter gewesen wäre. Im Gegenteil. Er war ein energischer, harter Politiker, der nicht zögerte, mit seinen Gegnern abzurechnen, mochten sie auch alte Gefährten sein. Zum Beispiel mit Jan Smiřický, der seinerzeit zusammen mit dem zwanzigjährigen Georg Hauptmann des Gebiets Boleslav gewesen war. Dieser – selber Kalixtiner – kam wegen seiner Intrigen gegen Georg um seinen Kopf. Georgs Konsequenz in der Unterdrückung von Widersachern war allgemein bekannt, ob das nun der Raubritter Kolda von Žampach war, den nur die Flucht ins Ausland vor dem Strang rettete, oder die Herren, die unter verschiedenen Vorwänden königlichen Besitz zu Unrecht an sich gerissen hatten. Georg bemühte sich, das nordwestliche Böhmen von den sächsischen Lehen zu säubern, die die Einheit des Landes störten, und sein Leben lang kämpfte er gegen die Verschwörungen, deren Organisatoren vor allem deutsche und katholische Herren waren, nicht selten aber auch Kalixtiner, die ihre Souveränität gegen die königliche Zentralgewalt verteidigten. Er zögerte nicht, Tabor mit Waffengewalt zu erobern und seine Bewohner in kirchlichen Angelegenheiten mit der Partei der Utraquisten auszusöhnen, um besser dem diplomatischen Druck Roms zu trotzen, das unablässig mit dem Bann und einer internationalen Intervention der katholischen Länder gegen Böhmen drohte.
Man darf auch nicht verschweigen, daß Georg schon vor dem Tode König Ladislaus' eines durch politische Gründe motivierten Giftanschlags beschuldigt wurde, und zwar zu Beginn seiner politischen Karriere, als er durch Mäßigkeit berühmt war und diesen Ruf gezielt unterstützte. Im Jahre 1448 sah er sich jedoch gezwungen, die Ränke Oldřich von Rožmberks und seines weit älteren Bundesgenossen, des Kommandanten

von Prag, Menhart von Hradec zu durchkreuzen, die auf alle mögliche Art die Verhandlungen über die Herausgabe des jungen Königs Ladislaus, über die Anerkennung der Verträge und die Bestätigung Jan Rokycans im Amt des Prager Bischofs verzögerten. Als Georg erkannte, daß er auf diplomatischem Wege nichts ausrichten werde, sammelte er unter dem Vorwand eines Kampfes mit Friedrich von Meißen ein Heer, brach aber aus Kuttenberg (Kutná Hora) gegen Prag auf und besetzte die Stadt kampflos. Menhart von Hradec wurde eingekerkert. Er begann im Gefängnis zu kränkeln, und Georg schenkte ihm die Freiheit. Menhart erfreute sich ihrer jedoch nicht lange. Am 3. Februar des folgenden Jahres starb er; Georgs Gegner behaupteten, er sei vergiftet worden. Unter dem Eindruck dieser Beschuldigung wurde dann in Strakonice eine Herrenbruderschaft gegründet, Menharts Anhänger unter Führung Oldřichs von Rožmberk.

Zweifellos starb der greise, durch ein riskantes politisches Abenteuer erschöpfte Menhart eines natürlichen Todes. Er wurde jedoch von der Herrenbruderschaft weidlich propagandistisch ausgenutzt. Von deutschen, aber auch tschechischen katholischen Kreisen wurden eine Menge gefährlicher Verleumdungen verbreitet, die sich außer gegen Georg auch gegen Rokycan richteten und sie beide nicht nur der Vergiftung Menharts, sondern auch der des Olmützer Bischofs Bohuš von Zvole beschuldigten, ja sogar des Kaisers Albrecht II. und seiner Gattin Elisabeth, der Eltern Ladislaus Postumus'. Interessant ist ein Brief des Oberstburggrafen Zdeněk von Sternberg an Viktor von Kunštát, den Sohn Georgs von Podébrady, geschrieben noch zu Georgs Lebzeiten. Es ist ein bemerkenswertes Dokument, das nicht nur vom Temperament der edlen Herren zeugt, die sich gegenseitig als »schamlose, gefühllose, lügnerische und versoffene Huren« beschimpften, sondern auch von der unter den katholischen Herren festverankerten Meinung, Georg sei ein Giftmörder gewesen, und zwar nicht nur, wie bereits angedeutet, im Falle von Ladislaus Postumus.

Zu Georgs Ungunsten spricht auch das nicht allzu freundschaftliche Verhältnis zwischen ihm und Ladislaus. Der König war in Wien und Ungarn einem spürbaren antitschechischen und antiutraquistischen Einfluß ausgesetzt, hörte unablässig, ob er wollte oder nicht, Anschwärzungen Georgs seitens der deutschen und katholischen Partei. Trotz allem Drängen und sogar Georgs Drohung, Böhmen werde einen neuen, anderen Herrscher wählen, dauerte es zwei Jahre, bis es nach schwierigen und von beiden Seiten argwöhnischen Verhandlungen gelang, Ladislaus zu überreden oder zu zwingen, Wien zu verlassen und nach Prag zu kommen. Und in Prag sanken die beiderseitigen Sympathien noch mehr ab. Ladislaus brachte offenbar eine durchdachte politische Konzeption mit, die sich nicht nur von den Vorstellungen Georgs und des tschechischen kalixtinischen Adels, sondern auch von den Sehnsüchten der meisten katholischen Herren unterschied.

Das Verhalten des unternehmungslustigen Jünglings Ladislaus war derart, daß er bereits wenige Tage nach seiner Ankunft – er hatte nicht viel Zeit, in Prag traf er am 29. September 1457 ein, am 23. November desselben Jahres, also nach nur 55 Tagen – starb. Die Stadt, die den feschen jungen Mann begeistert begrüßt hatte und sich auf das pompöse Hochzeitsfest, wie es Böhmen noch nie gesehen hatte, freute, geriet in helle Aufregung.

Gerüchte kursierten über die vorbereitete Ausrottung der Utraquisten, über eine Art Bartholomäusnacht, deren Organisation die ausschließlich aus Deutschen und Katholiken zusammengesetzte königliche Suite übernehmen sollte. Die katholische Geistlichkeit gab offen kund, daß mit der Herrschaft der Utraquisten (und natürlich um so mehr der radikaleren und der ursprünglichen hussitischen Ideologie näheren, von Georg unterdrückten Kalixtinerparteien) Schluß sei, sie »jubelte in freudiger Erwartung der Hochzeit«, durch die die ultrakatholische französische Prinzessin Margarete mit dem nicht weniger ultrakatholischen Ladislaus verbunden werden sollte.

Und der König tat alles, um diese Gerüchte zu bestätigen und die Hoffnungen zu unterstützen. Er benahm sich in dem tschechischen und überwiegend utraquistischen Milieu ausgesprochen provokatorisch. Aus der völlig unwichtigen Einsetzung des Výsehrader Probstes, des Katholiken Jan von Rabstejn am 13. November wurde auf seinen Anstoß eine pompöse Feier gemacht, die die Tendenz der künftigen Entwicklung andeutete. Am 19. November nahm der König an einem Turnier teil, wo er ostentativ mit übertriebener Freigebigkeit den Sieger belohnte, einen deutschen Katholiken, der einen tschechischen Utraquisten bezwungen hatte, und ihn belehrte, er solle Gott danken, daß er gesiegt habe. Der Tscheche hätte ihn nicht am Leben gelassen. Die taktlose Bemerkung löste unter den anwesenden tschechischen Herren ein »großes Zähneknirschen« aus ...

Es erhebt sich die Frage: Hat das alles Georg von Poděbrady nicht gewußt oder nicht vorausgesehen, bevor er den König aus Wien nach Böhmen förmlich zerrte, wo er bislang allein und ungestört geherrscht und die wirtschaftlichen und politischen Verhältnisse mit weitblickenden europäischen Zielen konsolidiert hatte? Er hatte doch Möglichkeiten genug, die Ansichten und Vorstellungen von Ladislaus über die Herrschaft sowohl indirekt als auch direkt bei den vertraulichen und geheimen Verhandlungen im Feldlager vor Wien und in Klosterneuburg kennenzulernen. Der ständige Aufenthalt des Königs in Prag, um den er sich bemühte, komplizierte nicht nur die Situation in Böhmen und Mähren, sondern würde für die Zukunft unaufhörliche Streitereien mit den österreichischen und ungarischen Ständen bedeuten, die anstrebten, das Reich von Wien oder Budapest aus zu verwalten. Kannte er vielleicht die katholische religiöse Überzeugung des Königs nicht, deren Stärkung und Dogmatisierung durch die Heirat mit der Tochter des »allerkatholischsten Königs« Europas außer jedem Zweifel standen?

Und vor allem: Wie stimmt Ladislaus' geradezu gewaltsame Übersiedlung nach Böhmen überein mit der nicht nur von deutschen Geschichtsschreibern, sondern auch von Ladislaus selber verbreiteten wiederholten Behauptung, wonach dieser erst auf dem Sterbebett Georg dessen »usurpatorische Gelüste« verziehen habe? Schließlich spielte doch Georg von Poděbrady vor dem Eintreffen des Königs in Böhmen die erste Geige – die Ankunft des Königs schob ihn auf den zweiten Platz. Dieser erste Schritt des Abstiegs mußte nicht der letzte sein – und im Hinblick auf die Rekatholisierungsbemühungen des Königs und seines Rates war er das offenbar nicht.

Die Meinung über Georgs usurpatorische Gelüste teilten übrigens mehrere seiner Zeitgenossen. Die Breslauer, seine Erzfeinde, nannten ihn durch den Mund und die Feder von Eschenloer »den listigen Fuchs«, andere sprachen von »angeborener Machtgier« oder maßvoller von dem »nach großen Dingen gierenden Charakter«.
Man muß sogleich hinzufügen, daß Georg von Poděbrady nicht nur viele Feinde hatte, wie man es bei einem Politiker seines Formats nicht anders erwarten kann, sondern auch aufrichtige Bewunderer, die ihn als einen »Naturgelehrten ohne schriftkundige Schärfung des Sinns« bezeichneten, als eine Persönlichkeit, »beschenkt mit einem überaus klaren Verstand, mit Beredsamkeit, Güte, artigen Sitten und vielen anderen himmlischen und körperlichen Gaben« usw.
Vielleicht überschätzte Georg seinen Einfluß auf den König, von dem er glaubte, er werde auf die Hinweise und Ratschläge des um zwanzig Jahre älteren Politikers hören, und dies um so mehr, als er aus dem Wiener Hofmilieu von Einflüsterern und Tratschmäulern herausgerissen würde. Er versprach sich auch zuviel von Ladislaus' Tschechischkenntnissen – der König blieb in Prag von deutschen Höflingen umgeben. Er hatte sogar seine deutschen Leibärzte aus Wien mitgebracht. Was Wunder, daß Bänkelsänger, bereit, sich in der Verleumdungsaktion gegen Georg zu engagieren, eilfertig Lieder über eine geheime Zusammenkunft Georgs mit dem Erzbischof Rokycan komponierten, auf der beschlossen worden sei, den »deutschen Hund« Ladislaus zu vergiften ...
Gehen wir jedoch zur Sache über. In alten Annalen wird die Krankheit des Königs folgendermaßen beschrieben:
»Es geschah am Sonntag nach Sankt Elisabeth, daß König Ladislaus zur Kindtaufe bei Zdeněk von Konopiště auf der Burg weilte. Und als es auf den Abend ging, da fuhr der König von der Burg hinab in die Stadt, und ihm tat der Kopf weh. Und am Montag darauf brachen ihm zwei Eiterbeulen hervor, und er verheimlichte sie wegen der unteren Schande und befahl seine Ärzte zu sich. Und der eine untersuchte seinen Arm und sagte: König, das schadet nicht, und der andere sagte, den König an der Hand haltend: König, es geht dir schlecht. Und sie gaben ihm Arzneien, damit er schwitzte,

und dann gaben sie ihm andere Arzneien, damit er abführte, und zuletzt ließen sie ihn zur Ader. Und so lag dieser schöne Jüngling in Ohnmacht und hauchte am Mittwoch, dem Tage Sankt Klemens um die dreiundzwanzigste Stunde seine Seele aus ...«

Wie man sieht, herrschte auch damals bei ärztlichen Konsilien kein Mangel an unterschiedlichen Diagnosen. Aus den angeführten ginge auf den ersten Blick hervor, daß die Ärzte – beide, wie wir wissen, Deutsche – auf eine Vergiftung tippten, die sie auf die damals übliche Weise behandelten – mit Schwitzen, Abführen und Aderlaß. Sie dachten überhaupt nicht an Pest, die sich stets in Form einer größeren oder kleineren (zumeist größeren und schrecklichen) Epidemie einstellte, obwohl die zwei Eiterbeulen, offenbar in den Leisten, außer für einige wenige andere Krankheiten vor allem für die beulenförmige Form, die Beulenpest symptomatisch sind. Von den Beulen wußten sie jedoch bei der Verordnung der Arzneien offenbar nichts.

Merken wir hier gleich an, daß die Vergiftung, die die Ärzte anscheinend vermuteten, nicht die Folge eines Giftanschlags sein muß. Eher ist das Gegenteil der Fall. Mit Recht dürfen wir annehmen, daß es zu damaligen Zeiten relativ häufig zu Vergiftungen durch unsachgemäß zubereitete oder mit Bakteriengiften vermischte Speisen kam, eventuell auch durch Kräuterzusätze, die die damals meist sehr teuren, unerschwinglichen oder in Europa noch unbekannten Gewürze ersetzten. Lebensmittelvergiftungen gehörten zum täglichen Brot der Ärzte, und daran dachten sie wohl zunächst.

Man darf auch nicht außer acht lassen, daß mit dem Terminus »Pest« im Altertum, im Mittelalter, ja noch in der frühen Neuzeit alle größeren tödlichen Epidemien bezeichnet wurden, ohne Rücksicht auf die Art der Krankheit. Das mußte nicht immer die wirkliche, klassische Pest sein, hervorgerufen durch die Pasteurella pestis.

An dem Zitat ist die Schamhaftigkeit sonderbar, mit welcher der König seine Beulen wegen der »unteren Schande verheimlichte«. König Ladislaus, ein schöner blonder Jüngling, nach Zeugnissen sicherlich nicht ganz objektiver Zeitgenossen »schöner als Absalom«, war ein Weltmann und besuchte seit seinem vierzehnten Lebensjahr nicht nur die schönen Damen und Jungfrauen, die sich bei Hofe anboten, sondern auch die Breslauer und Wiener Freudenhäuser. Einer der Gründe für sein hartnäckiges Ausharren in Wien waren gerade die zahlreichen erotischen Beziehungen, die er dort angeknüpft hatte. Das Mittelalter war mit seinen öffentlichen Bädern, gemeinsam für Männer und Frauen, mit den lustwilligen Bademägden und dem Kult männlicher Muskelprotze nicht allzu prüde. Die Meinung, der König habe sich gescheut, sich vor seinen Leibärzten zu entblößen, denen er nur den Puls zum Prüfen anbot, ist recht abwegig. Die Ursache für ein solches Verhalten war wohl kaum bloße Scham – setzen wir jedoch zunächst die Betrachtung weiterer Zeugnisse über die letzten Tage und Stunden des Königs Ladislaus fort. Es existieren ihrer genug, und wir wollen gleich darauf hinweisen, daß sie fast alle zu Ungunsten Georgs von Poděbrady sprechen. Sie gehen aber so weit auseinander, daß ihre Glaubwürdigkeit zweifelhaft ist. Der Breslauer Chronist Eschenloer behauptet, Ladislaus sei kurz nach dem Genuß von Rettich und Bier gestorben, welches offenbar vergiftet gewesen sei. Der Florenzer Erzbischof Antonio Pierozzi, damals schon berufsmäßig ein Feind Georgs, ist sich gewiß, daß Ladislaus vergiftet wurde, und zwar nicht aus politischen Gründen, sondern aus Eifersucht, da Georgs Gattin Johanna für den schönen jungen König entflammt war ...

Diese sensationelle Version ist absurd. Obwohl die zwischenmenschlichen Beziehungen historischer Figuren sehr schwer und unsicher zu qualifizieren sind, um so mehr dann, wenn solche Persönlichkeiten durch die Hofetikette gebunden sind und sich selber stilisieren, war Georgs zweite Gattin ihrem Mann nachweisbar treu ergeben.

Im Jahre 1483 verfaßte der französische Hofdichter Philippe de Commines einen traurigen Bericht über den Tod des »Ritters Lancelot«, wie er Ladislaus nennt, der angeblich von einer verschmähten Geliebten auf raffinierte Weise vergiftet wurde: die Mörderin rieb die eine Seite einer Messerklinge mit Gift ein, halbierte damit einen Apfel und bot die vergiftete Hälfte dem König an. Grund für die Eifersucht und den Mord sei die Entscheidung Ladislaus' gewesen, die französische Prinzessin Margarete, Tochter Königs Karl VII. zu heiraten. Noch vor Philippe de Commines finden wir in einem Gedicht von François Villon, das voller rhetorischer Fragen nach berühmten Herrschern und Recken ist, deren modernde Gebeine die Vergänglichkeit alles Irdischen beweisen, den Vers: »Wo ist Lancelot, der böhmische König?«

Villon apostrophiert vor allem die Mächtigen dieser Welt, die nicht lange vor seiner Zeit gestorben waren oder sogar nicht lange vor der Entstehung des Gedichts, so daß die literarischen Kenner den angesprochenen »König Lancelot« mit Ladislaus identifizierten, dessen ungarischer Name László von den Franzosen häufig als Lancelot umgeschrieben wird. In Frankreich war Ladislaus natürlich bekannt – hatte er sich doch mit der französischen Prinzessin verlobt, nur der Tod hatte die Heirat vereitelt. Die Namensübertragung ist vielsagend. Eine französische Prinzessin konnte sich eben nicht nur einen beliebigen Gatten wählen, und so verlieh der Volksmund dem jungen Mann von recht widersprüchlichem Charakter den Namen des berühmten Gralsritters Lancelot vom See, der seinem Herrn, dem legendären König Artus, mit der Königin Ginevra eine ganze Kollektion von Hörnern aufsetzte. Und so etwas versteht das Volk gebührend zu würdigen – und nicht nur das französische –, zumal der neue Lancelot seiner Auserwählten eine riesige Abordnung mit siebenhundert Pferden geschickt hatte, mit Geschenken, deren Pracht eine europäische Sensation war, und obendrein aus einem exotischen Ketzerland, in das zu reisen sie sich anschickte. Und an den Hochzeitsfeierlichkeiten sollten Kaiser Friedrich, der polnische König Kasimir und Hunderte Magnaten teilnehmen ...

Wie man sieht, fand die Schmähung ein internationales Echo, was Georg doppelt unangenehm sein mußte, da er sich um die Wiedereingliederung Böhmens in den europäischen politischen Kontext bemühte und in der Perspektive eine antitürkische Koalition der europäischen Herrscher anstrebte.

Eine der Darstellung von Commines ähnliche Version finden wir in einem Lied des Hans Vispeck aus dem Jahre 1458, aber in einer pikanteren Variante. Georg habe seine Gattin in Verkleidung und mit dem uns bereits bekannten vergifteten

Messer zu einem Gastmahl geschickt. Der nichtsahnende Ladislaus habe den halben Apfel verspeist, sei von schrecklichen Schmerzen befallen worden und umgehend gestorben. Noch im Todeskrampf habe er jedoch mit dem Finger auf die Mörderin zeigen können. Woraus – laut Vispeck – für einen Mann die allgemeine Lehre zu ziehen sei, schöne, aber verräterische Frauen zu meiden.

Äneas Sylvius glaubte anfangs an die Pest als Ursache für Ladislaus' Tod, deutete aber später nicht allzu versteckt an, er neige eher der Theorie von der Vergiftung zu, und zwar aufgrund der »Meinung der Ärzte und Kammerherren«. Der diplomatischste und zurückhaltendste Berichterstatter war der österreichische Chronist Ebendorfer, der die Entscheidung »Gott und weiseren Menschen« überließ, jedoch auf einen Kometen von auffälliger Farbe hinwies, der am Vorabend von Ladislaus' Tod über Prag erschienen sei.

Kurzum, die Schmähung Georgs als Königsmörder hörte nicht auf – auch in deutschen Volksliedern wurde er jahrelang verunglimpft. Es fehlten auch nicht andere Varianten für die Durchführung des Verbrechens. Georg habe Ladislaus erwürgt oder im Schlaf mit einem Kissen ersticken lassen usw. Mangelnde Objektivität kennzeichnet auch die offiziellen Erklärungen über die letzten Stunden des unglücklichen Königs Milchbart, die allesamt entweder direkt aus Georgs Kanzlei oder aus Kreisen kamen, die die weitere Entwicklung der Ereignisse voraussahen und keinesfalls wünschten, sich den künftigen Herrscher zum Feinde zu machen. Eines der gewichtigsten Argumente von Georgs Anklägern war der unbestreitbare Fakt, daß gerade im Jahre 1457 Prag von keiner Pestepidemie heimgesucht war – die Pest glomm zwar endemisch in Europa, wie überhaupt im ganzen Mittelalter, aber die Krankheit war selten.

Man kann freilich auf das törichte Märchen von dem vergifteten Apfel hinweisen, das sich nur allzu durchsichtig eines Motivs bedient, das in der Ritter- und Volkspoesie schon seit den ältesten Zeiten verwendet wird und nachweisbar im Altertum geboren ist: die persische Königin Parysatis entledigte sich auf die gleiche Weise, nämlich mit einem zur Hälfte vergifteten Messer laut einem Bericht des Historikers

Plutarch, ihrer gehaßten Schwiegermutter Stateira. Vergiftet wurde allerdings nicht ein Apfel, sondern der gebratene rätselhafte Vogel Rhytakes, der dann in den Märchen aller Völker über das Schneewittchen und die böse Stiefmutter durch den weniger exotischen Apfel ersetzt wurde. Man kann auch auf die allgemeine Psychose hinweisen, die – nicht ganz zu Unrecht – hinter jedem plötzlichen Tod die Hand eines Giftmischers vermutet. Das Europa des 15. und 16. Jahrhunderts schwelgte buchstäblich in Orgien von Giftmorden, die ein ebenso berühmtes Attribut der Renaissance wurde wie die großartigen Kunstwerke und die Schöpfungen der neugeborenen Technik. Verbindungen von Arsen, Antimon und Quecksilber, Pflanzengifte des Bilsenkrauts, des Stechapfels und des Schierlings mordeten straflos und zuverlässig bis zu der Zeit, da man geeignete Methoden fand, um vor allem Arsenpräparate nachzuweisen. Gifthändlerinnen betrieben ihr Gewerbe halböffentlich, ja sogar mit einer gewissen Reklame. Wurden sie oder der Mörder nicht auf frischer Tat ertappt, dann kamen sie unbeschadet davon. Die Medizin kannte keine Mittel, wie man den Tod durch Gift von einem natürlichen Tod unterscheiden konnte. Die Angst ging um in Europa.

Nicht geringer war allerdings die Angst vor der Pest. Die Menschen flüchteten aus den betroffenen Städten, Kranke und Sterbende ihrem Schicksal überlassend. Auch die Ärzte gingen nicht zu den Kranken, und wenn sie sie überhaupt behandelten, ordinierten sie zu Hause unter Beachtung aller Schutzmaßnahmen, an welche die damalige Zeit glaubte. Dazu gehörten Kuriosa: eine Fackel oder ein Granatapfel in der Hand, Theriak (theriacum andromachi – ein Kräutergemisch, das im Mittelalter für eine Universalarznei gehalten wurde) oder eine Knoblauchzehe im Mund, eventuell eine Kapuze oder Maske mit einem kräutergefüllten Schnabel. Mit der Behandlung der Pest beschäftigten sich mehr die Bader oder Besprecher – die offizielle Medizin distanzierte sich lange von der Pest als einer unheilbaren Krankheit. Dementsprechend sah die Behandlung auch aus: auf die Beulen wurden ein Hahn mit dem bis aufs Blut gerupften Hintern gesetzt oder ein bei lebendigem Leibe zerrissener Welpe, um »das Pestgift herauszuziehen« ... Die einzige medizinische Schrift, die sich mit der Behandlung der Pest auf dem Niveau der damaligen ärztlichen Kunst beschäftigte, war das »Compendium de epidemia« aus dem Jahre 1348, herausgegeben von der Pariser medizinischen Fakultät, weltbekannt und zweifellos auch in Böhmen berühmt.

Ein sehr interessanter Beleg für unseren Streit ist jedoch ein tschechisches Buch, übrigens das erste tschechisch gedruckte medizinische Buch überhaupt. Autor der Schrift »Über Pestkrankheiten« ist der Litomyšler Arzt Jan Černý, geboren etwa um das Todesjahr des Königs Ladislaus. Das Buch schrieb er unter dem Eindruck einer schrecklichen Pestepidemie, die Böhmen im Jahre 1495 fast entvölkerte – also jener Epidemie, die einige Autoren für eine durch die Matrosen des Kolumbus aus der Neuen Welt eingeschleppte Syphiliswelle halten, und die in dem unverpesteten Terrain als dramatische und todbringende Krankheit wütete.

Černýs Buch ist auf seine Art ein medizinisches Unikat. Er war natürlich ein Kind seiner Zeit, glaubte an die Heilwirkung von Edelsteinen, Gold und Perlen, beobachtete jedoch zugleich scharf und faßte seine Erfahrungen zusammen. Er war kein Schwarzseher, glaubte nicht an den unausweichlich tödlichen Ausgang der Krankheit und nicht an ihre absolute Ansteckung. Er lehnte – und das war bereits wissenschaftliche Ketzerei – den allzu häufigen Aderlaß ab, weil dieser die Patienten schwäche, forderte zu einer vernünftigen Diät, Hygiene und Lebensführung auf. »Körper mit unreinem Blut sind durch ungezügelte Lebensweise besonders für lange Schüttelfröste anfällig ... In stinkenden Schuhen oder Stiefeln zu gehen, ist etwas Abscheuliches.«

Černýs Ausführungen stellen die Summe der empirischen Kenntnisse über die Pest dar, über die im 15. Jahrhundert die Ärzte Europas verfügten, in einigen Punkten übertreffen sie sie noch. In ihrem Licht können wir die Heilbehandlung beurteilen, der Ladislaus unterzogen wurde.

Der Aderlaß war eine Universaltherapie, aber nach den Abführmitteln können wir schließen, daß Ladislaus' Ärzte mehr an eine Vergiftung glaubten. Es scheint, daß sich ihrer Meinung über eine Vergiftung oder zumindest eine andere Krankheitsursache als die Pest anfangs auch Georg von

Poděbrady zuneigte, denn er stimmte zu, daß der Leichnam gemäß dem Brauch öffentlich ausgestellt wurde, was im Falle eines Pesttodes ganz ausgeschlossen und undenkbar war, mochte es sich gleich um eine gekrönte Persönlichkeit handeln. Bald aber veränderte sich die Situation. Die Prager Bader und Feldschere, die, wie wir wissen, die einzigen waren, die Pestkranke behandelten, kannten ihre klinischen Symptome und lehnten es ab, Ladislaus einzubalsamieren, was ohne einen triftigen Grund ebenfalls undenkbar gewesen wäre. Georg wurde in diesen Tagen von den Großmächten Europas beobachtet, jeder seiner Schritte wurde registriert und von den Gesandten und Legaten an die jeweiligen Regierungen berichtet. Die geringste Äußerung von Mißachtung dem toten König gegenüber hätte große Aufregung verursacht.

Die Feldschere kennzeichneten den aufgedunsenen Leib, das dunkle Weiße in den Augen, die geschwärzte Zunge und Nase und die schwarzen Flecken auf Rücken und linker Hüfte als untrügliche Merkmale der Pest und verließen den Katafalk so rasch wie möglich.

Georg von Poděbrady wählte vom Gesichtspunkt seines Rufes und künftigen historischen Porträts eine nicht eben glückliche, kompromißhafte Variante. Er ordnete an, den weder gewaschenen noch einbalsamierten Leichnam des Königs schleunigst beizusetzen, ohne die von der Kirche geforderte Frist von achtundvierzig Stunden einzuhalten. Er befahl, die damals üblichen Maßnahmen gegen die Pest durchzuführen, also die Bewachung der Tore und Brunnen, damit nicht Giftmischer in die Stadt eindrängen und ihr Werk begännen, das infolge des damaligen Aberglaubens gewöhnlich zu Pogromen an den Juden führte, die man als Urheber der Epidemie beschuldigte. Zugleich jedoch gestattete er ein öffentliches Begräbnis unter breiter Teilnahme allen Volkes, was bei nachgewiesenen Pesttoten nie üblich war.

Der Glaube, eine Pestepidemie werde durch absichtliche Brunnenvergiftung bewirkt, entstand während einer schrecklichen Pestseuche, genannt »Schwarzer Tod«, die Europa im 14. Jahrhundert in mehreren Wellen heimsuchte. Ihr fielen Millionen zum Opfer. Allein in Venedig und Florenz starben Hunderttausende, also die absolute Mehrheit der Bevölke-

rung. Laut Petrarca gab es Orte, wo kaum ein Hundertstel der ursprünglichen Zahl überlebte.
In der damaligen päpstlichen Residenz Avignon starben an der Pest von Ostern bis Ende Juni eines einzigen Jahres mehrere Kardinäle und hundert Bischöfe – hier auch wurde die Vermutung geboren, Juden hätten die Brunnen vergiftet. Vom Verdacht war es nur ein Schritt zur Tat: einige Avignoner Juden wurden verbrannt, die Hysterie sprang nach Deutschland über, das übrigens für Pogrome schon während der Kreuzzüge berüchtigt war. Die Juden wurden massenweise hingemordet, ohne Rücksicht darauf, ob sie getauft waren oder nicht. In Basel, Ulm, Speyer, Straßburg, Würzburg und weiteren Städten wurden sie bis zum letzten Mann ausgerottet.
Der Aberglaube von den vergifteten Brunnen war in Böhmen nicht so sehr verbreitet, während er anderswo in Europa bis in die Napoleonischen Kriege fortdauerte und in Rußland noch länger – denken wir nur an Tschechows erschütternde Erzählung von dem Arzt, der aus diesem Grunde bei einer Choleraepidemie erschlagen wurde ...
Es scheint, als wäre Georg im Zweifel, wie er sich verhalten sollte. Offensichtlich standen die Meinungen der Ärzte und der Bader einander entgegen. Die Ärzte gingen von dem bereits erwähnten Pariser Compendium de epidemia aus, das sich eindeutig über nur zwei Möglichkeiten des Ausbruchs einer Pest äußerte. Laut der ersten, der sogenannten miasmatischen Hypothese (gültig für einige Krankheiten bis zu Robert Kochs Entdeckung) entsteht die Pest durch die Kombination eines »oberen« und eines »unteren« Faktors, die unbedingt zusammentreffen müssen, wenn die Krankheit ausbrechen soll. Der »obere« Faktor ist die astrologische Konstellation, der »untere« sind schädliche Luftbeimischungen, die auf einen weiten Kreis von Betroffenen wirken.
Ich habe nach den klassischen astrologischen Regeln Ladislaus' Horoskop allgemein und im besonderen hinsichtlich der seinem Tode vorangehenden Tage gelesen. Gemäß allen Interpretationsmethoden mittelalterlicher »Deutungsbücher« kündigte die Konstellation der für ihn astrologisch wirkenden Planeten nichts Außergewöhnliches und schon gar nichts Ver-

derbenbringendes an. Es geschah jedoch etwas Bedeutungsvolleres: am Himmel erschien ein heller Komet, laut einigen Chronisten sogar zwei Kometen (eher einer mit einem Doppelschweif), auf den Ladislaus laut den erhaltenen Berichten aus dem Fenster seines Schlafzimmers in der Nacht von Montag auf Dienstag den 22. November traurig blickte, weil er sich in der Ahnung bestätigt fühlte, daß er sterben werde. Nach einem uralten Aberglauben kündigten Kometen einerseits den Tod von Mächtigen dieser Welt an, andererseits eine Pestseuche oder einen Krieg. Für den »oberen« Faktor war also auch ohne eine bedrohliche Planetenkonstellation reichlich gesorgt.

(Der Vollständigkeit halber und im Interesse der Wahrheit muß ich gestehen, daß es mir nicht gelungen ist, in der astronomischen Literatur den »Ladislaus-Kometen« vom November 1457 zu finden. Hingegen bot ein Jahr früher der berühmteste aller Kometen, später der Halleysche genannt, ein spektakuläres Schauspiel. Es scheint also, daß die Berichte über einen den Tod des jungen Königs begleitenden Kometen eine ähnliche historische Zeitverschmelzung enthalten wie die über die Sonnenfinsternis bei der Kreuzigung Christi. Das erklärt auch die Ablehnung der Diagnose von Pest durch die damaligen Ärzte; wäre am Himmel ein so bedeutungsvoller Komet erschienen, dann wären ihre diagnostischen Überlegungen sicherlich andere gewesen.)

Dafür fehlte der »untere« Faktor völlig. Der König war der einzige, der in Prag mit Pestsymptomen erkrankte – zumindest der einzige ärztlich untersuchte Patient. Die Armen schieden in der Regel ohne ordentliche Untersuchung und natürlich ohne Totenschein aus der Welt.

Die Vertreter der miasmatischen Hypothese mußten die Diagnose von Pest notwendigerweise ablehnen, ebenso wie die Vertreter der anderen, der sogenannten kontagiösen Theorie, die die Ursache der Ansteckung in einem Gift sahen, das sich im Körper, in der Kleidung und in allen den Kranken umgebenden Gegenständen konzentrierte. Da sich niemand bei Ladislaus ansteckte, obwohl die ansteckende Wirkung der Pest für absolut gehalten wurde, konnte es sich nach Meinung der an Ansteckung Glaubenden nicht um Pest handeln.

Der Meinung der Ärzte stand die Praxis der Feldschere und Bader entgegen. Den Vermutungen von Vergiftung die Vermutung von Pest. Den einer Seuche entgegnenden Maßnahmen, angeordnet auf dem Niveau der damaligen Kenntnisse, der strafwürdige Leichtsinn, die Leiche auszustellen und öffentlich beizusetzen. Dem offensichtlichen Bemühen, den vom Himmel angekündigten Pestschlag mit allen Mitteln abzuwenden, die politische Notwendigkeit, in der Zeit des Interregnums eine strenge Quarantäne Prags zu verhindern, wohin baldmöglichst der den neuen König wählende Landtag einberufen werden mußte. Den wilden Anfeindungen von der deutschen und katholischen Partei auf den angeblichen Königsmörder der unbeugsame Glaube von Georgs Anhängern an seine Ehre und Makellosigkeit.
Unter diesen Umständen ist es kein Wunder, daß sich die Argumentation mehr auf einer emotionalen Ebene bewegte und von den Standpunkten der Diskutieren den bestimmt wurde, nicht jedoch durch Fakten, deren es sehr wenige gab. Das schien auch weiterhin so zu bleiben, bis der Streit um Georg von Poděbrady schließlich doch in eine weitere Phase eintrat, und zwar dank einem im Mailänder Archiv gefundenen Dokument: Berichte des venezianischen Gesandten aus Prag, datiert vom 27. November 1457, nur vier Tage nach dem Tod von Ladislaus Postumus. Es handelt sich also um ein zeitgenössisches Dokument, das von allen bislang bekannten dem tragischen Ereignis am nächsten ist. Das nach den Hussitenkriegen ökonomisch stabilisierte und reiche Böhmen, das sich allmählich zu einer Art Großmachtstellung hocharbeitete, war ein hervorragender Absatzmarkt für die venezianische oder durch venezianische Kaufleute vermittelte Ware, ohne Rücksicht darauf, ob der blonde »schöne Absalom« nominell herrschte oder der zwar unansehnlichere, aber politisch reifere und erfahrenere Georg von Poděbrady.
Die venezianische Diplomatie, belehrt durch lange, in der politischen Verteidigung der venezianischen Kolonien gegen alle gegnerischen Kräfte im Mittelmeerraum gewonnene Erfahrungen, hatte die bestgeschulten Repräsentanten, die nicht nur die üblichen Rapporte erstatteten, sondern fähig waren, einfühlsam die Charakterzüge interessanter Persön-

lichkeiten, die Atmosphäre der Orte und Motivation der Handlungen zu erfassen. Gerade damals hatte die Macht Venedigs ihren Höhepunkt erreicht – noch hatten sich die verderblichen Einflüsse des türkischen Sieges nicht in vollem Maße ausgewirkt, der im Jahre 1452 zur Blockade des Bosporus und damit des Schwarzen Meeres von der Festung Rumeli Hisar aus und ein Jahr später zur Eroberung Konstantinopels führte. Noch viele Jahre lang reichte den Venezianern als Ersatz der Handel mit der Levante. Die Situation erforderte allerdings meisterhaftes diplomatisches Lavieren, zumal die Kampfbereitschaft der venezianischen Kaufleute minimal und ihre Freigebigkeit bei der Entlohnung von Söldnerabteilungen äußerst gering war. Die venezianischen Gesandten stellten in Europa die diplomatische Elite dar, sie waren zuverlässige Berichterstatter, was übrigens noch lange in die Zukunft hinein galt. Wir wüßten nicht viel von dem wirklichen menschlichen und Herrscherprofil des Kaisers Rudolf II., wäre nicht der venezianische Gesandte in Prag gewesen, der überaus sorgfältige Contarini ... Doch zurück zur Sache.

Ein Dokument schildert eingehend die Chronologie des kurzen Aufenthalts von Ladislaus: Am 29. September 1457 kommt der begeistert begrüßte König nach Prag, das er mit einem Schlage durch seine Anmut, seine feinen Sitten und seine Bildung für sich gewinnt. Prag ist nach Jahrzehnten religiöser Kargheit wieder Zeuge glänzender Feste und Turniere, Festmähler und Spiele. Der König, der in Wien nur ungern Abschied von vielen schönen Damen nahm, ist nicht gesonnen, seine Gewohnheiten zu ändern, und weil er erst kurze Zeit in dem neuen Milieu ist, besucht er einstweilen die nicht vornehm geborenen, aber reizenden und erfahrenen Bademägde im Altstädter Bad, wo es vermutlich zur Anstekkung durch die von Ratten übertragene Beulenpest kam. An diesen herrschte dort bestimmt kein Mangel.

Am 20. November, einem Sonntag, ist der König als Taufpate Gast des Herrn Zdeněk von Konopiště. Es fällt der erste Schnee, es friert. Nach der Rückkehr in den Königshof in der Altstadt (etwa an der Stelle des heutigen Repräsentationshauses) hat der König Schüttelfrost und Kopfschmerzen.

Am 21. November (Montag) nimmt der König an einer Sitzung des Landesgerichts teil, er ist aber offensichtlich krank – Bericht darüber gibt z. B. Äneas Sylvius, der zum Fragezeichen über Ladislaus' Tod mit fast den gleichen Worten zuerst in der Vita Frederici, zum zweiten Mal in dem umfangreichen Werk Historia Bohemica zurückkehrt. Der König legt nach beiden genannten Quellen nicht seine übliche Kleidung an, sondern hüllt sich nur in ein Leinengewand, darüber eine Schaube. Alle halten das für die Ankündigung einer Krankheit. Der junge König lächelt kein einziges Mal, er ist auffällig traurig – er klagt jedoch über nichts.

Das ist ein sehr wichtiges Zeugnis, zumal es von einem Georg eher feindlich gesonnenen Autor stammt. Es besagt, daß Ladislaus schon Montag früh von heftigen Schmerzen in der Leistengegend und vielleicht des ganzen Unterleibs geplagt wurde, die es ihm verwehrten, sich passend anzukleiden. Die Schmerzen müssen stark gewesen sein. Ladislaus war ein Stutzer und hätte sich unter normalen Umständen prächtiger und der Situation angemessener gezeigt.

Einige Historiker meinen, daß die Geschwulst in der Leistengegend schon in diesen Stunden das schreckliche Urteil der Pest signalisierte und daß der König eine richtige Selbstdiagnose vollzog. Mit seinen Ärzten beriet er sich nicht. Vielleicht fragte er nur allgemein nach Arzneien gegen die Pest, denn das Abendessen, das Ladislaus bestellte, erregte infolge seiner sonderbaren Zusammenstellung allgemeine Aufmerksamkeit: Rettich und Bier. Rettich galt als übliches Hausmittel gegen die Pest. Für hochgestellte Persönlichkeiten wurden gewiß kostbarere Medikamente verschrieben, auch wenn sie genauso unwirksam waren. Matthias Corvinus (1443–1490) zum Beispiel bemühte sich, der Pest durch eine aus Gold, Silber, Smaragden, Rubinen und anderen Edelsteinen sowie Perlen und dem Horn eines »Einhorns« (d. h. eines Nashorns) zusammengesetzte Arznei zu entgehen. Es scheint, daß man Ladislaus' sonderbares Gelüst eher dem mit dem Gefühl von Durst und Appetitlosigkeit verbundenen Fieber zuschreiben kann, eventuell dem Wunsch nach pikanten Speisen. Jedenfalls können wir die durch Eschenloer verbreitete Behauptung über die Vergiftung des Königs gerade durch diese Abendmahlzeit streichen. Ladislaus fühlte sich schon seit dem Morgen unwohl, und er war sich seiner Krankheit auch bewußt. Er beherrschte sich jedoch – laut der Vita Frederici unterhielt er sich nach dem Abendessen noch mit den Kammerherren, laut der Historia Bohemica »plauderte er ganz heiter«.

Wir müssen die Selbstdisziplin des jungen Mannes bewundern, wie er sie bereits Auge in Auge mit der aktuellen Todesdrohung nach der Ermordung Ulrichs von Cilly bewies. In dieser Hinsicht war Ladislaus zweifellos ein ganzer Mann. Die Frage ist, wie weit Selbstbeherrschung angesichts einer sprichwörtlich schrecklichen Krankheit wie der Pest gehen kann – ich glaube, daß Ladislaus' Verhalten dieser Selbstdiagnose eben doch nicht entspricht. Erst nach dem Gebet mit einem der tschechischen Kammerherren erwähnte er seine Magenschmerzen – der Kammerherr empfahl dem König, die Schmerzen zu überschlafen, und den gleichen Rat gab er ihm eine Stunde später, als die Schmerzen nicht nachließen. Der König verlangte auch keine weitere Hilfe, vielleicht empfand er auch vorübergehende Erleichterung. Erst gegen Morgen fiel er in einen fiebrigen Schlaf.

Am 22. November früh besucht der König die Messe, dann – erst jetzt – ruft er die Ärzte zu sich. Es ist nicht bekannt, ob er sich einer Untersuchung unterzog. Obwohl es der venezianische Gesandte nicht ausdrücklich anführt, schöpften die Ärzte offenbar in Unkenntnis des vortägigen Abendessens Verdacht und verschrieben deshalb Mittel gegen Vergiftung durch Gift oder verdorbene Nahrung: Aderlaß, Abführmittel und schweißtreibende Mittel. Der Zustand Ladislaus' verbessert sich jedoch nicht – im Gegenteil. Geschwülste brechen aus, die Leistendrüsen schwellen an. Der König leidet unter starken Schmerzen.

Am 23. November fühlt der König, daß der Tod naht. Er ruft Georg von Poděbrady zu sich und versöhnt sich mit ihm in einem rührenden Gespräch, das beiderseitig unter Tränen endet. Dann empfängt er die letzte Ölung, vermacht seinen Schmuck der Kirche, läßt sich die berühmten Haare abschneiden, zum Zeichen, daß er aller weltlichen Eitelkeit entsagt (nach anderen Quellen wurde dieser Wunsch des Sterbenden

nicht erfüllt), nimmt eine Wachskerze in die Hand und verscheidet unter Gebeten um 16 Uhr.
Soweit die knappe Krankheitsbeschreibung, wie sie der penible Diplomat aufzeichnete. Gemeinsam mit dem Befund der Prager Feldschere und weiteren Quellen (Äneas Sylvius) haben wir ein abgeschlossenes Bild über Ladislaus' Krankheit: Beulenpest.
So einfach ist die Sache jedoch nicht, vor allem hinsichtlich der Prager sanitären Situation.
Prag, damals eine der größten europäischen Städte, war dank den Anstrengungen Karls IV. in den neuen Teilen zwar städtebaulich hervorragend gelöst, ansonsten aber auf dem üblichen, d. h. sehr niedrigen mittelalterlichen hygienischen Niveau, das durch die zahlreichen öffentlichen Bäder einigermaßen verschleiert, andererseits jedoch gerade infolge dieser Bäder epidemisch verschlimmert war. Die Pest, die sich gewöhnlich in Form der ohne Behandlung unausweichlich tödlichen Lungenpest oder in der durch Beulen aus den eiternden Lymphdrüsen charakterisierten Form äußerte (ohne die moderne Behandlung mit Antibiotika sterben daran etwa zwei Drittel der Betroffenen), wird durch den Pestbazillus hervorgerufen und durch Rattenflöhe übertragen. Der menschlichen Epidemie geht stets ein Massensterben von Ratten voraus, von denen das mittelalterliche Prag ohne Kanalisation und mit einem unregulierten Flußlauf der Moldau gewimmelt haben muß. Erst wenn die Rattenflöhe nicht mehr genügend natürliche Wirte finden, gehen sie auf den Menschen über und infizieren ihn durch ihre Stiche. Dieser Übergang war in den Städten stets massenhaft und löste Epidemien aus, in Prag zum Beispiel in den Jahren 1451, 1457, 1460 und 1464, also stets nach wenigen Jahren. In den Intervallen zwischen den einzelnen Epidemien kam es vielleicht da und dort zu einer sporadischen Infektion, sie verbreitete sich jedoch nicht, weil eine andere Übertragung als die der Einimpfung durch Flöhe zwar möglich, aber bei weitem nicht so schicksalhaft nötig und leicht ist, wie die Ärzte damals meinten.
Mit anderen Worten: das Vorkommen einer einzigen Pesterkrankung in einer Stadt, noch dazu des Königs, der bestimmt

seltener in den Kontakt mit Ratten kam als die Armen und Ghettobewohner, ist unwahrscheinlich.
Einige Autoren meinen, der König habe sich schon früher angesteckt, und die Tage und Stunden der akuten Erkrankung seien nur der Höhepunkt und offene Ausbruch der latenten Krankheit gewesen, deren Inkubationszeit mit geringfügigen Merkmalen 7 bis 10 Tage dauert. Wir wissen nicht, wo sich Ladislaus 7 bis 10 Tage vor Montag, dem 21. November, aufgehalten hat – zweifellos war das nicht nur innerhalb der Grenzen Böhmens, sondern wahrscheinlich in Prag und der nächsten Umgebung. Hier grassierte aber keine Pestepidemie – wäre es so gewesen, ja hätte sich auch nur der geringste Verdacht gemeldet, dann hätte man hier nicht eine Festlichkeit europäischen Formats vorbereiten können, dann hätte hier nicht wenige Monate später die Wahl des neuen Königs stattfinden können. Dessen waren sich auch die Zeitgenossen wohl bewußt; nur wenige stimmten der Diagnose von Pest zu, zumeist waren es Laien.
Eine weitere Krankheit, die eitrige Beulen in der Gegend der Lymphdrüsen bildet, ist die Lues, die Syphilis. Der Berliner Pharmakologe und Toxikologe L. Lewin äußerte in seiner Arbeit aus dem Jahre 1920 die Überzeugung, daß Ladislaus gerade an dieser Krankheit gelitten habe. Miroslav Ivanov hingegen meint, daß Ladislaus in diesem Fall »seine untere Schande« nicht verheimlicht hätte, da die Syphilis im Mittelalter eine ganz übliche Sache war ... Oder auch nicht.
Bezüglich der Syphilis stehen wir vor einem gewissen Rätsel. Knochenfunde des Urmenschen beweisen überzeugend, daß schon die Population der Steinzeit diese Krankheit und ihre nekrotische (gewebstot, abgestorben) Form kannte und daran litt. Syphilitische Veränderungen wurden auch an einigen altägyptischen Mumien gefunden, doch im mittelalterlichen Europa ist die Syphilis nicht nachgewiesen. Vielleicht ist ihr Erreger, Treponena pallidum, in den langen Jahrhunderten »klüger« geworden, wie übrigens eine ganze Reihe anderer krankheitserregender Bakterien, und hat sein ideales Ziel erreicht: im Wirt zu leben, ihm nicht sonderlich zu schaden, und sich durch seine Zerstörung nicht den eigenen Ast abzu-

sägen. Möglicherweise – auch das schließe ich nach ausführlichem Studium der »grünen Medizin« nicht aus – kannte das Altertum so wirksame Arzneien, daß die Lues vom europäischen Kontinent einfach verschwand. Sicher ist, daß sie als heftige und tödliche Seuche erst im Jahre 1495 über Europa raste, nach der Rückkehr des Kolumbus von seiner ersten Expedition aus einem Gebiet, wo sie zu Hause war und in dessen Nähe sich ihre spontane Quelle befindet – die Lamas. Auch sie wurde mit der Zeit »klug« und verwandelte sich aus einer todbringenden Seuche in eine typisch chronische Krankheit – das aber lange nach dem Tod König Ladislaus'. Ich glaube, wir können die Lues aus unseren Erwägungen bedenkenlos streichen, genauso den Durchbruch eines Magengeschwürs, zu dem es von Sonntag auf Montag gekommen sein müßte (am Montagmorgen war dem König schon die Kleidung zu eng) oder spätestens am Montagabend, als er nach dem Gebet über Schmerzen klagte. Nicht später. In diesem Fall wäre der Tod (oder der komatöse Zustand) früher als am Mittwochabend eingetreten.

Also weder die Pest – gegen die noch weitere Argumente sprechen, zum Beispiel das Fehlen von fast unvermeidlichen Halluzinationen und Sinnesverwirrungen infolge der Überschwemmung des Blutkreislaufs mit Bakteriengiften –, noch Syphilis, noch Perforation von Magengeschwüren. Welche weitere Krankheit kommt in Frage?

Um Ladislaus' Tod ist bereits eine ganze Reihe von medizinischen Abhandlungen entstanden. In neuester Zeit wurde es ein bißchen Mode, ihn durch die Kombination von zwei oder mehr relativ seltenen Krankheiten zu erklären.

Der Gerichtsmediziner Dr. Jaromír Tesář deutete in einem Gespräch mit Miroslav Ivanov an, daß es sich um Salmonellose handeln könnte, mit einem älteren ungenauen Ausdruck Paratyphus genannt, das heißt, eine Vergiftung durch die Bakterien namens Salmonellen, die sich z. B. in Eiern, Salaten, Pasteten oder Tortencreme mit einer fast unwahrscheinlichen Geschwindigkeit vermehren. Darin liegt allerdings der Kern des Einwands. Ladislaus weilte, wie schon bekannt, am Sonntag zur Kindstaufe bei Zdeněk von Konopiště, wo ganz bestimmt ein üppiges Mahl mit zahlreichen Speisen gereicht wurde, die den Salmonellen als Nährboden dienen konnten. Auch die Inkubationszeit bis zu zwölf Stunden würde letzten Endes stimmen. »... An diesem Sonntag, als es auf den Abend ging, fuhr der König von der Burg in die Stadt, und sogleich tat ihm der Kopf weh ...« Das heißt, wenige Stunden nach dem Essen zeigten sich die ersten Krankheitssymptome. Die Salmonellose kann – selten – mit Kopfschmerzen und allgemeiner Mattigkeit einhergehen, fast immer ist sie jedoch von Durchfall und Erbrechen begleitet. So etwas finden wir in Ladislaus' Fall nicht, obwohl die Erkrankung mit dem Tode endete. Ein solches Bild ist für Salmonellose höchst unwahrscheinlich.

Diese Krankheit streichen wir also ebenfalls und wenden uns von den Epidemien ab und einer weiteren medizinischen Disziplin zu – der Toxikologie. Wurde Ladislaus vergiftet? Sagen wir es kurz und knapp: es ist (und zu Ladislaus' Zeit war) kein Gift bekannt, das fähig ist, solche Symptome hervorzurufen, wie sie seine Erkrankung und seinen Tod begleiteten, vor allem das Anschwellen der Leistenlymphdrüsen. Ein toxikologisches Symptom könnte nur die Schwärzung des Weißen in den Augen sein, was von einer ernsten Schädigung des Lebergewebes zeugt – womit freilich nicht gesagt ist, daß der auslösende Schadstoff ein Gift gewesen sein muß, schon gar nicht ein mit Mordabsichten verabreichtes. Ebenso vage ist der Verdacht auf Arsenvergiftung, der von einigen Autoren aufgrund der fünfzehn Jahre nach Ladislaus' Tod von dem böhmischen Herrscher Vladyslav veranlaßten Exhumierung geäußert wurde. Bei dieser in ihrer Zeit (1472) einzigartigen Exhumierung wurde im Protokoll konstatiert, daß »der Leib besagten Königs, unseres Oheims, ganz ist, nicht verfallen und daß er kein Merkmal an sich hat, welches vermuten lassen könnte, daß er vergiftet wurde«.

Das fünfzehnte Jahrhundert kannte keine Methode, eine Arsenvergiftung festzustellen, und aus dem Zustand der mumifizierten Leiche läßt sich nicht schließen, daß Ladislaus Arsen bzw. einige seiner Verbindungen verabreicht worden seien, die das Wachstum und die Vermehrung von Bakterien verhinderten. Das ist horrender Unsinn. Um eine so wirksame

Konzentration zu erreichen, wie man sie beim Ausstopfen von Tierbälgen mit Hilfe pulverisierten Arsens braucht, hätte Ladislaus an jenem schicksalhaften Abend das Arsen nicht löffel-, sondern schöpfkellenweise verzehren müssen.

Miroslav Ivanov macht sich auch über den vielfach ins Gerede gebrachten Rettich Gedanken. Er stellt fest, daß der lateinisch benutzte Ausdruck rapule nicht nur Rettich (Raphanus), sondern auch Rübe (Rapum), Radieschen (Radiculum), Rote Rübe, (Rapunculus), Sommerrübe (Rapulum), ja sogar Feldsalat (Rapunzel) bedeuten kann. Professor Tesář ergänzte diese Aufzählung durch einen interessanten Einfall: handelte es sich um Radieschen, dann können diese mit den etwas dickeren Knollen des Eisenhuts (Aconitum) vertauscht worden sein. Sie enthalten das drastische Gift Akonitin, dessen tödliche Dosis für den Menschen nur vier Milligramm beträgt. Das ist ein altbekanntes Gift, es wurde schon im Altertum zur Vergiftung der Pfeilspitzen und so häufig für Giftmorde verwendet, daß Kaiser Traianus sogar verbot, diese sehr schöne Pflanze anzubauen. Von unseren Gartenbesitzern wissen nur wenige, daß auch die Blätter sehr giftig und imstande sind, bei empfindlichen Personen durch bloße Berührung Knochengeschwüre hervorzurufen. Die geistige Sphäre bleibt bei Akonitinvergiftung erhalten, auch jene zwei Tage vom Genuß des Rettichs bis zum Tode entsprechen dem, aber ...

Aber eine zufällige Verwechslung der beiden Pflanzen ist absolut ausgeschlossen, und die Schwellung der Drüsen schließt ein verbrecherisches Attentat aus. Das gleiche gilt für alle übrigen mineralischen und Pflanzengifte. Das eilfertig gewobene Gespinst aus Einflüsterungen und Beschuldigungen ist zerfallen. Ladislaus wurde nicht vergiftet, und Georgs Ruf ist in dieser Beziehung völlig rein.

Wie und warum also starb der König Milchbart?

Um dieses Rätsel zu lösen, müssen wir uns der Methode der »Quererkenntnis« zuwenden, ausgehend von einigen Tatsachen: die erste ist des Königs Scham, sich in den Anfängen des Krankheitsausbruchs den Ärzten anzuvertrauen und sich einer Untersuchung zu unterwerfen, obwohl es sich um die dem König wohlbekannten Leibärzte handelte, die er sicherlich häufig konsultiert hatte. Das ist um so befremdlicher, als Ladislaus keinesfalls ein Unschuldslamm und jugendlicher Asket war – eher das Gegenteil. Der zweite bemerkenswerte Fakt ist die schlechte Laune des Königs bei derGerichtsverhandlung und die Notwendigkeit, ein loses, nicht anliegendes Gewand anzuziehen – dennoch schwieg er über seine Beschwerden. Die Zunge löste ihm erst spätabends ein »berauschendes Getränk« (nach Äneas Sylvius), wahrscheinlich Bier – Wein wäre wohl direkt genannt worden.

Weitere Anhaltspunkte sind der fiebrige Verlauf der Krankheit mit Anschwellung der Leistenlymphdrüsen, was das Eingangstor der Krankheit und ihre Verbreitung durch die Lymphbahnen signalisierte. Eine definitive Bestätigung dieses Teiles meiner Vermutung ist die Äußerung des alten, von dem Chronisten Bartoš erwähnten Arztes aus Nürnberg, der im Jahre 1483 in Kutná Hora verlauten ließ, er habe als ehemaliger Leibarzt von Ladislaus bei der schicksalhaften Erkrankung einen Furunkel (d. h. ein Geschwür) am Genital des Herrschers konstatiert.

Die Herzschwäche, offenbar Folge der Geschwülste, zeugt von einer massiven Vergiftung des Organismus durch Bakteriengifte. Diese bewirkten auch eine Störung der Leberfunktion, die sich unter anderem in Veränderungen im Weiß der Augen äußerte. In das Krankheitsbild paßt auch die Anschwellung des Bauches (ascites) zum Teil hervorgerufen durch die Herzinsuffizienz, vor allem aber durch die bei Bauchfellentzündung entstehende Ausscheidung.

Kurzum, es handelte sich anscheinend um eine heftige, generalisierte Sepsis, im Volksmund unrichtig »Blutvergiftung« genannt, das heißt, eine Überschwemmung des Organismus mit sich rasch vermehrenden Bakterien. Ihr häufigstes Eingangstor sind die mit Blut und Lymphen am reichsten versorgten Körperteile. Dort genügt manchmal ein kleiner Riß, in den die krankheitserregenden Mikroorganismen eindringen. Eine der gewöhnlichen Lokalisationen der Erstinfektion sind, besser gesagt, waren die Geschlechtsorgane.

Man kann aber nicht definieren, um welche krankheitserregenden Keime es sich handelte. Es gibt ihrer eine ganze Reihe,

und alle konnten das gleiche oder ein sehr ähnliches klinisches Bild hervorrufen.
Die Infektion schritt rasch voran, erfaßte die Lymphgefäße und Drüsen und trat ins Becken ein. Dem König »brachen zwei Beulen« aus, die Ärzte waren zwar im Zweifel, doch am Ende lehnten sie die Pest aus den uns bereits bekannten und traditionell anerkannten Gründen ab. Die Behandlung der heftigen Sepsis war begreiflicherweise wirkungslos, und der König unterlag bald der Bakterieninvasion. Übrigens würde auch heute, in der Zeit des bunten Spektrums von Antibiotika, das Leben eines Kranken, der den Arzt erst nach Eindringen der raschen Infektion ins Becken und nach dem Eintreten einer Bauchfellentzündung konsultiert, nicht nur an einem Faden, sondern einem Spinnwebfaden hängen.
Auch der postmortale Befund der Feldschere entspricht unserer Vermutung, trotz ihrer unrichtigen Schlußfolgerung. Was sie für untrügliche Symptome der Pest hielten, waren die außerordentlich schnell auftretenden Leichenflecke. Die Blutvergiftung hatte den Blutkreislauf mit Bakterien überschwemmt, die die roten Blutkörperchen zersetzten und die Durchlässigkeit der Gefäßwände erhöhten. Die Flecken erschienen vor allem dort, wo der Körper des Kranken in Berührung mit der Unterlage war, also an den Hüften und am Rücken. Die toxisch geschädigte Leber bewirkte das Eindringen von Gallenfarbstoff in die Äderchen des Augapfels. Der Tod trat durch Herzversagen ein, in diesem Fall wahrscheinlich der rechten Herzkammer, was eine Blutstauung in den Randkörperteilen zur Folge hatte (Schwärzung der Zunge und Nase). Von diesem Gesichtspunkt aus ist die Unsicherheit der Fachleute und Georgs von Poděbrady selber begreiflich und sind die kompromißhaften Maßnahmen erklärlich, allerdings in politischer Hinsicht unentschuldbar.
Wir können also ruhigen Gewissens erklären: König Georg von Poděbrady ist nicht schuldig am Tode seines Vorgängers König Ladislaus, er hat dazu weder den Anstoß noch einen Befehl gegeben, und unschuldig ist natürlich auch Rokycan. Der König Lancelot hat seinen Tod selber durch sein Verhalten herbeigeführt, wie es (und das nicht nur nach den Normen

des 15. Jahrhunderts) einem siebzehnjährigen Bräutigam nicht ansteht, und es stand nicht in Menschenkräften, sein Leben zu retten. König Milchbart ging auf natürliche Weise aus dieser Welt.

Die Zeit umwand den sonderbaren Tod des Königs Ladislaus wie der geschickteste Verfasser von Abenteuerromanen.

Zum Schaden des Hussitenkönigs und seines Rufes.

Das ewige Fragezeichen der seidenen Maske

Wenn wir schon so viele Lügen darüber erzählt haben, was wir selber erlebt haben, wie sollen wir dann Erzählungen über Ereignisse aus früher Vergangenheit glauben? Ich meine, daß alle geschichtlichen Bücher außer den heiligen Schriften ebenso verlogen sind wie jedweder Roman. Der einzige Unterschied besteht darin, daß Romane unterhaltsamer sind.

Aus einem Brief der Pfalzgräfin Lieselotte,
Herzogin von Orléans, zu einem historischen Werk
über Ludwig XIV.

Den berühmten Mann mit der eisernen Maske zu übergehen oder gar zu ignorieren wäre ein Beweis für die Mißachtung der besten Traditionen historischer Pikanterien, Mythen und Rätsel, und damit würde die Qualifikation des Autors zum Abfassen dieses Buches in Zweifel gezogen.
Der arme Kerl, eingekerkert vom Jahre 1669 bis zu seinem barmherzigen Tode im Jahre 1703 war zwar nicht gezwungen, auf dem Kopf einen eisernen Topf oder Schnabel wie die gotischen Ritter zu tragen, und seine Maske war in Wirklichkeit aus schwarzem Samt oder aus Seide (darüber sind sich die Historiker bislang nicht einig), sie war auch nicht mit einigen Eisenreifen befestigt, an die sich wie an Strohhalme die Verfechter von Voltaires Irrtum aus dem Jahre 1738 klammern, der die eiserne Maske geboren hat, dennoch blieb er bis heute anonym, trotz allen Interesses von Historikern und Wissenschaftlern, von dem erwähnten Voltaire bis zu dem Autor der vorläufig neuesten Monographie, dem Mitglied der Französischen Akademie Marcel Pagnol, oder dem professionellen Liebhaber und Löser von Rätseln Rupert Furneaux. Für den Mann in der Maske interessierten sich und beauftragten ihre Wissenschaftler mit der Lösung des alten Rätsels Ludwig XVI., Napoleon und eine Reihe weiterer Staatsmänner. Die Übersicht der Forschungsergebnisse und das Verzeichnis der Hypothesen ist ein ansehnliches Defilee menschlichen Scharfsinns.

Wer war also jener rätselhafte Mann, der unter Androhung der Todesstrafe nicht einmal für einen Augenblick sein Gesicht enthüllen durfte, dessen Kerkermeister den strengen Befehl hatten, ihn zu töten, sobald er versuchte, über etwas anderes zu sprechen als seine Bedürfnisse, in denen er aber nicht beschnitten werden durfte, da mochte es sich um kostbare Spitzen handeln, für die der Mann mit der seidenen Maske ein besonderes Faible hatte, oder um teure Weine – wer war er!? Wer war das, der unter dem Namen Monsieur de Marchiel begraben wurde, der aber in zahlreichen Berichten nur »alter Häftling«, »Ärmster«, »Anvertrauter« und ähnlich genannt wurde, und dessen Name auf dem Haftbefehl vom 28. Juni 1669 Eustache Dauger lautete? Wer war er, daß Ludwig XIV. persönlich und durch Vermittlung seiner Minister unablässig nach seinem Zustand, ja selbst nach seiner Stimmung fragte, die Kerkermeister zur höchsten Wachsamkeit mahnte und ihren Diensteifer durch wiederholte Belohnungen und Gunstbeweise anspornte, sich jedoch niemals des Mannes in der Maske entledigte – obwohl die Mauern der Bastille und weiterer Gefängnisse verschwiegen und an Tragödien längst gewöhnt waren?
Die erste Hypothese bot 1723 Voltaire an. Er schrieb in einem Brief an den Abbé Bubeneaux über seinen Aufenthalt in der Bastille im Jahre 1718 nicht ganz wahrheitsgetreu: »Viel habe ich hier über die Geschichte des Mannes mit der eisernen Maske erfahren, der in der Bastille gestorben ist. Ich habe mit Leuten gesprochen, die ihn bedient hatten.« Die Geschichte des Mannes mit der Maske erzählte er dann in seinem Werk »Das Jahrhundert Ludwigs XIV.« (1751), ohne sich zu äußern, wer seiner Ansicht nach der »alte Häftling«, der »Ärmste«, war. Er stellt nur mit einer gewissen Verwunderung fest, daß zu der Zeit, als der geheimnisvolle Mann verhaftet wurde, in Europa keine Persönlichkeit von Bedeutung verschwunden war. Erst im Jahre 1771 ließ er sich dazu bewegen, seine Vermutungen zu äußern: der Mann in der Maske sei ein Zwillingsbruder Ludwigs XIV., der vor der Welt verheimlicht wurde, damit keine unausweichlichen und begreiflichen dynastischen Zwistigkeiten ausbrachen.
Alexandre Dumas der Ältere benutzte in seinen Romanen

Voltaires Version. In die ganze Angelegenheit sei nur der Kardinal Mazarin eingeweiht gewesen, der Ludwigs Bruder heimlich erziehen ließ (laut Marcel Pagnol in England durch die französische Prinzessin Henriette), und ihn so schützte – nach Mazarins Tod wurde der arme Kerl, dessen einzige Sünde es war, in einem königlichen Bett geboren zu sein, dann doch verhaftet und erlangte seine Freiheit nie wieder.
In einer anderen Version war der Mann in der Maske zwar gleichfalls Ludwigs Bruder, aber nur mütterlicherseits (Anna von Österreich). Väterlicherseits sei er die sündige Frucht einer außerehelichen Beziehung der Königin mit einem ihrer Liebhaber gewesen, die ihr besonders die Verfasser historischer Romane in einer überraschenden Menge andichteten. Als aussichtsreichste Kandidaten auf die Vaterschaft wurden drei anerkannt: der Herzog von Buckingham (dessen Liebe, nur schwer vereinbar mit den Forderungen des Lieblingssports der Geschichte, nämlich der internationalen Politik, dem Herrn d'Artagnan & Co des Herrn Dumas eine Reihe romantischer Möglichkeiten bot), der allmächtige Kardinal Mazarin und als dritter, zugleich Beweis für die Fähigkeit gekrönter Häupter, sich ganz uneigennützig zu verlieben, der Barfüßermönch und Beichtvater der Königin Fiacre.
Der Scharfsinn der Autoren machte jedoch nicht halt. Dumas hatte noch eine weitere Version parat: der Mann in der seidenen Maske war der wirkliche, obwohl nie gekrönte Ludwig XIV., und seinen Platz auf dem Thron hielt ein Bastard besetzt. Zu dieser Version werden wir noch zurückkehren – wir möchten nur bemerken, daß der geistige Vater des Grafen von Monte Christo in seiner Fabulierkunst, der Häftling habe in der Bastille einen Sohn gezeugt (wie man sieht, setzte der Schriftsteller ein recht lockeres und Kurzweil ermöglichendes Regime dieser Besserungseinrichtung voraus) mutig weiterging und es einer zuverlässigen Person mit dem ausdrücklichen Hinweis anvertraute, es handle sich um ein Kind aus gutem Hause, kurz »bonaparte«. Sein direkter Nachkomme sei Napoleon Bonaparte, dessen schicksalhafte, sozusagen ödipusähnliche Mission es gewesen sei, die eigene Familie vom Thron zu stürzen.
Laut Griffet verbarg sich unter der Maske der Herzog von

Vermandois, ein leiblicher Sohn Ludwigs XIV. und der Madame La Vallière, der grausam für eine dem Dauphin verpaßte Ohrfeige bestraft wurde. Diese Darstellung überschätzt die Bedeutung einer Backpfeife, aber ähnliche Naivitäten finden wir häufiger in der Interpretation unklarer historischer Schicksale.

Anna Wagemann steuerte im Jahre 1903 eine weitere Hypothese bei: der Mann in der Maske sei kein anderer gewesen als der unglückliche englische König Karl I. Stuart, dessen Hinrichtung am 30. Januar 1649 nur vorgetäuscht gewesen sei. In Wirklichkeit sei ein weniger wertvolles, weil ungesalbtes Haupt gefallen, der König sei heimlich nach Frankreich gebracht und hier sicher vor den schnüffelnden englischen Agenten versteckt worden. Wie man sieht, setzte Frau Wagemann in der Bastille ein gemütliches Milieu voraus, das es den Häftlingen ermöglichte, das gesegnete Alter von 103 Jahren zu erreichen. So alt wäre Karl nämlich gewesen, als der Mann mit der Maske starb. Lange Zeit meinte man, die geheimnisvolle Gestalt unter der schwarzen Seide sei der italienische Graf Antonio Ecle Mattioli gewesen, der – den Forschungen von Funk-Brentano und Bröcking zufolge – versprochen hatte, den Franzosen die Stadt und die Festung Casale auszuliefern und so seinen Herrscher, den Herzog Karl Ferdinand von Mantua, zu verraten. Sein Versprechen hielt er nicht ein, ja, er verriet die Intrige seinem Herzog. Er wurde dann vom französischen Geheimdienst entführt und mit lebenslänglicher Haft bestraft. Diese Hypothese schloß im Jahre 1913 der französische Forscher E. Laloy aus, weil es vom Gesichtspunkt des gesunden Menschenverstandes keinen Grund gebe, auf einen Verräter solche Rücksichten zu nehmen. Übrigens wird von Mattioli noch die Rede sein.

Es meldeten sich auch Stimmen, daß der Mann in der Maske ein gewisser James de la Cloche gewesen sei, der sich als ältester Sohn des englischen Königs Karl II. und damit als Prätendent des englischen Throns ausgegeben habe. Eine solche Trumpfkarte in den Händen Ludwigs XIV. hätte allerdings ihren Wert gehabt, aber warum in diesem Falle die Maske? Warum die Anordnung, ihn unverzüglich zu töten, womit doch dieser Vorteil liquidiert würde? Als weiterer Autor, der die schon hundert Jahre alte Behauptung des französischen Historikers Jules Michelet ablehnte, wonach der Fall der Eisernen Maske für immer ein Rätsel bleiben werde, meldete sich der sowjetische Forscher J. Tatarinow 1977.

Er wählte eine originelle und in der historischen Forschung ungewöhnliche Methode. Nach Bearbeitung und Systematisierung aller zugänglichen Dokumente aus den Jahren 1665 bis 1703, vor allem der Korrespondenz zwischen Saint-Mars und dem Hof, der Aufzeichnungen des Wachoffiziers der Bastille du Jonque und weiterer Urkunden wurden in einem »Problemmuster«, zusammengestellt nach der im Jahre 1974 von A. P. Chilkewitsch veröffentlichten gnoseologischen Methode einer kombinierten Hypothese, die möglichen Kandidaten für die Person der seidenen Maske eingetragen. Es entstanden sieben unabhängige und vier kombinierte Hypothesen. Jeder Hypothese wurde eine logische Identifikationstabelle beigefügt, eigentlich eine chronologische Übersicht der Ereignisse um die seidene Maske, und durch den Vergleich wurde jeweils eine besondere Matrix gewonnen. Diese Matrizen ermöglichten es dann, die Hypothesen mit der höchsten Zahl von Übereinstimmungen mit den historischen Ereignissen und verbindlichen Fakten zu bestimmen und sie so als die wahrscheinlichste zu verwenden.

Tatarinows Ergebnis ist beachtenswert und sicher originell: Er meint nämlich, die Rolle des Mannes in der seidenen Maske sei nach und nach insgesamt drei Häftlingen aufgezwungen worden – zuerst von 1680 bis 1694 Fouquet, der nicht im Jahre 1680, sondern dreizehn Jahre später starb. Nach ihm übernahm die Maske von Januar bis April 1694 Mattioli und schließlich bis an sein Lebensende Dauger.

Die Hypothese erklärt leider nicht im geringsten den Grund für diese Maskierungsstafette, die höchstens zur Verschleierung des wirklichen Todesdatums von Fouquet gedient haben könnte – aber warum? Und konnte ein schwerkranker Mann ein solches Alter erreichen?

Nein, es gibt zu viele Fragen und noch mehr Schwächen dieser Hypothese.

Durch die drei »Schwarzen Peter« wird der Fall des maskierten Mannes, dessen einheitliche Identität nach Verhalten, Vorlieben und persönlichen Eigenschaften so wahrscheinlich ist, daß sie an Sicherheit grenzt, nur noch komplizierter und unklarer.

Wie man sieht, gibt es mehr als genug Hypothesen, und mir fiele es gar nicht ein, den Tausenden Seiten voller Vermutungen über den Mann mit der Maske noch einige Seiten hinzuzufügen, wären mir nicht zufällig interessante und wenig bekannte Materialien in die Hände gefallen, die eher ihrer Spezifik als ihrer Unzugänglichkeit wegen unbeachtet geblieben sind. Es handelt sich um einige Schriften und Notizen über die Krankheiten Ludwigs XIV: Dangeau, Journal de la cour de Louis XIV.; Degueret, Histoire médicale du Grand Roi; Guiart, Les médicines et maladies du Grand Roi; Nass, Les Empoisonnements sous Louis XIV. und weitere, bemerkenswerte Interpretationen der Entstehung von Dumas' Helden sowie eine interessante Chronologie des Häftlings in der Maske, ausgearbeitet von Rupert Furneaux.

Wie hängt das alles zusammen?

Fangen wir mit Dumas an. Dieser lebende Dynamo, sein Werk umfaßt 301 Bände, vergeudete seine Energie nicht auf das Ausdenken von Schicksalen und Verwicklungen. Er suchte sie im Verein und mit Hilfe einer Schar stiller Gehilfen in der Geschichte, in Archiven und Polizeiakten. Und er reproduzierte sie manchmal in seinen Romanen mit einer geradezu verblüffenden Genauigkeit.

Die bedeutendste und am häufigsten zitierte Hypothese von Dumas sowie Voltaire und Pagnol über die Identität des Mannes in der seidenen Maske nimmt die Geburt von Zwillingen an jenem 5. September 1638 an, deren einer der Sonnenkönig wurde, der andere aber, um keine Komplikationen und dynastischen Probleme zu schaffen, der zu lebenslänglicher Haft verurteilte Mann mit der Maske.

Diese beliebte Vermutung können wir ruhigen Gewissens verwerfen, und zwar nicht nur deshalb, weil der künftige Mann mit der Maske erst im Jahre 1669 verhaftet wurde, also – falls Dumas' Hypothese der Wirklichkeit entspricht – im Alter von 31 Jahren. Die gewichtigsten Einwände kommen jedoch vom ärztlichen Gesichtspunkt und dem der Hofpraxis. Die Niederkunft der Königin war keine Privatangelegenheit. Ihr wurde zwar ein besonderes Bett zugewiesen, das sogenannte lit des travaux (Geburtswehenbett), mit einem Schutzüberzug gegen Staub (was eine Andeutung von Hygiene war), die Thronfolgeregeln schrieben jedoch die Anwesenheit aller Prinzen und Prinzessinnen sowie der höchsten Würdenträger des Hofes bei der Entbindung vor, damit es unmöglich war, ein Kind unterzuschieben. Entweder gab es solcher hohen Höflinge Ludwigs XIII. sehr viele, oder ans Bett der Herrscherin hatten sich auch »blinde Passagiere« eingeschmuggelt: Ein zeitgenössischer Kupferstich über die Niederkunft der Königin gleicht eher einer zahlreich besuchten Plenarversammlung oder einem Hofball. Unter den Gaffern waren verständlicherweise genügend erfahrene Frauen, denen die Geburt eines zweiten Kindes bestimmt auch gar nicht entgehen konnte. Eine der eisernen Regeln für die Wöchnerin (neben den neun Tage lang hermetisch geschlossenen Fenstern und dergleichen) war das strenge Verbot, während der Entbindung einzuschlafen, denn man hielt den Schlaf unter diesen Umständen für eine tödliche Gefahr. Gewöhnlich sorgte für die Unterhaltung und Aufmunterung der erschöpften Dame der Assistent des Gynäkologen, der zweite Chirurg, dem diese Pflicht auferlegt war. Bei der Königin hielt sich mit Freude stundenlang der ganze Hof auf, während das Neugeborene am geheizten Kamin gewärmt und mit einem in Wein und Rosenöl getränkten Schwamm abgerieben wurde, was die sogenannten remueuses (Wickelfrauen) besorgten, die zu dieser Verrichtung sorgfältig ausgewählt worden waren. Das Ritual wurde bei der Geburt Ludwigs XIV. bis aufs I-Tüpfelchen eingehalten. Es blieb bei dem einen Kind – ein Zwilling kam nicht zur Welt.

Es bleibt die zweite und offenbar phantasiereiche Vermutung von Dumas: der Mann mit der Maske war der wirkliche Ludwig XIV., das heißt der rechtmäßige Thronprätendent, der zugunsten eines Kuckucksjungen beseitigt wurde. Diese Hypothese ist sehr löcherig. Warum sollte der echte Nachkomme Ludwigs XIII. erst im Erwachsenenalter verhaftet worden sein? Wie konnte eine so komplizierte Intrige durchgeführt werden und warum?

Blättern wir jedoch zunächst in aller Kürze die Geschichte des Mannes mit der Maske durch.
Am 28. Juni 1669 unterschreibt Ludwig XIV. einen Sonderbefehl: »... Wir sind unzufrieden mit dem Verhalten des Mannes namens Eustache Dauger und wollen ihn an einem sicheren Ort verwahren. Wir schreiben Ihnen (d. h. dem Bürgermeister von Dunkerque) und ordnen an, Dauger in Dunkerque zu ergreifen, festzunehmen und ihn mit einer persönlichen Wache nach Pinerolo zu bringen, wo ihn Unser Hauptmann Saint-Mars übernehmen wird. Nach der Rückkehr geben Sie Uns ungesäumt Bericht über die Erfüllung Unseres Befehls ...«
Unser treuer Hauptmann Saint-Mars war nicht überrascht. Schon am 19. Juni hatte ihn der Kriegsminister Marquis de Louvois angewiesen, sich auf Zuwachs vorzubereiten, hatte alle notwendigen Maßnahmen beschrieben, die den Unglücklichen bei lebendigem Leibe begruben, und hatte besonders betont, daß der Gefangene augenblicks getötet werden sollte, sobald er auch nur versuchte, über etwas anderes zu sprechen als die unmittelbaren Bedürfnisse, in denen er nach Möglichkeit in keiner Weise beschränkt werden solle.
Saint-Mars hatte sich von einem Unteroffizier der Musketiere unter der väterlichen Führung des legendären d'Artagnan (mit eigentlichem Namen Charles de Baatz, Graf von Castelmore) zum Chefkerkermeister der wichtigsten Staatsverbrecher hochgedient. Bis jetzt hatte er sich nicht überarbeitet – er bewachte, ähnlich wie das ganze Personal des Spandauer Gefängnisses den einzigen Häftling Rudolf Heß, auch nur einen einzigen Gefangenen, den ehemaligen Finanzminister Fouquet, der wieder einmal in Ungnade gefallen war, die Finanzminister ebenso häufig trifft wie einfache Sterbliche eine Virusinfektion der Atemwege. Jetzt kam also Dauger hinzu und wurde freundschaftlich instruiert, daß ihn der tapfere Hauptmann beim ersten überflüssigen Wort mit dem Degen durchbohren werde.
In Pinerolo saßen also Fouquet und Dauger ein. Bald darauf kam noch Fouquets persönlicher Diener hinzu, nicht als Sträfling, sondern in seiner alten Funktion, ein gewisser de Rivière. Ihm folgte im Dezember 1671 der Hauptmann und

Kommandant der königlichen Leibgarde Graf de Lauzun, der sich angeblich zu offen über die neue Favoritin des Königs geäußert hatte. Und als dritter der uns schon bekannte mantuesische Minister Mattioli, der sich seine kleine Intrige mit der Übergabe der Festung Casale offenbar nicht genügend durchdacht hatte. Das geschah im Mai 1679.

Als »Zugabe« und wahrscheinlich ohne Zusammenhang mit den anderen schmachtete in Pinerolo seit April 1674 ein unbekannter Mönch, laut Instruktionen des Ministers Louvois für Saint-Mars »ein absoluter Taugenichts, für den die größten Qualen eine kleinere Strafe sind, als er sie verdient hat«, und seit Juni 1676 ein weiterer Mönch namens Dubrey. Mit den Staatsgefangenen kamen sie nicht in Berührung, und ihr Aufenthalt in Pinerolo ist ein gewisses Rätsel, das einem die Gedanken aufzwingt, sie sollten dazu dienen, im Bedarfsfall für eventuelle Intrigen ihre Leichen zu liefern. Doch wir wollen nicht vorauseilen.

Konzentrieren wir uns auf die Gruppe der Staatsgefangenen: Fouquet, Dauger, de Rivière, de Lauzun, Mattioli.

Hauptmann Saint-Mars hatte jetzt viel Arbeit und Korrespondenz. Das alles verschuldete Dauger, eine in der Geschichte unbekannte, nie hervorgetretene und rätselhafte Person. Fast täglich wanderten aus Paris nach Pinerolo Briefe, in denen der König oder der Minister Louvois und später dessen Sohn und Amtsnachfolger, der Marquis de Barbezieux bis zum Überdruß Saint-Mars drängten, die festgelegten Spielregeln einzuhalten (kein Wort, kein Blick ins Gesicht, strengste Isolierung usw.), in denen sie ihm drohten und ihn warnten. Und auf der anderen Seite fabrizierte Saint-Mars mit der ungelenken Hand eines Kriegsmanns fast täglich Referate, daß der »alte Häftling«, der »Mann aus dem Turm«, »der mir Anvertraute« (was alles ein Tarnname für Dauger war) brav wie ein Lämmchen sei und folgsam seine Maske trug. Ein schreckliches Malheur, das Saint-Mars an den Rand des Abgrunds brachte, trat ein, als die Spitzel des Ministers Louvois (auch die waren wegen des Mannes mit der Maske in Pinerolo eingesetzt) feststellten, daß der »alte Häftling« durch reinen Zufall für einen Moment mit dem Diener de Rivière zusammengekommen war.

Der tapfere Hauptmann kam mit einem Donnerwetter davon – schlimmer war der arme Diener dran. Obwohl Fouquet bald darauf (am 23. März 1680) in seiner Zelle starb, wurde der brave und körperlich gesunde Diener nicht freigelassen. Er wurde in den Status eines Sträflings erhoben und mit den verbliebenen Schäfchen des Hauptmanns Saint-Mars in die nahe Festung Exiles verlegt. Offenbar erfuhr er in seiner Zelle nie, daß der gütige Monarch Ludwig XIV. am 8. April 1680 den geheimen Befehl erließ, die Haftbedingungen für de Rivière und Dauger zu verschärfen, zugleich aber die Nachricht zu verbreiten, sie seien beide auf freien Fuß gesetzt worden. Auch Fouquets Tod ging wie alles in dieser verwickelten Geschichte nicht ohne befremdliche und unklare Begleiterscheinungen ab. Fouquet, der offenbar mehr wußte, als zuträglich war, hatte schon 1675 an seine Familie alarmierende Briefe über seine Krankheiten geschickt. Nach vier Jahren, am 18. Dezember 1679, wurde der Familie endlich ein Besuch in Pinerolo erlaubt. Drei Monate später starb der ehemalige Minister – und einige Tage darauf wurden die Haftbedingungen für de Rivière und Dauger auf königlichen Befehl verschärft. Vielleicht wußten sie über diesen Tod etwas, das nicht laut werden durfte. Sonderbar ist, daß Fouquets Sohn den Leichnam des Vaters erst sechs Wochen später (am 4. Mai 1680) abholen durfte und dabei noch einige Tage durch Winkelzüge aufgrund der unablässigen Briefe und Anfragen des Königs aufgehalten wurde. Als er endlich den Leichnam zur Bestattung freibekam, bestand kein Zweifel, daß der Zersetzungsprozeß weit vorgeschritten war und der Sarg keinesfalls geöffnet werden würde.
Was mit den beiden Mönchen weiter geschah, verschweigt die Geschichte.
Wir aber begeben uns in die Festung Exiles, wohin die Handlung unseres Stücks verlegt wurde.
Hier also trafen sich Dauger, de Rivi&e, Lauzun und Mattioli.
Zwei Jahre später, im Jahre 1682, wurde de Lauzun mit allen Ehren und einer merkwürdig hohen, ein beträchtliches Vermögen darstellenden Entschädigung freigelassen.
Zurück blieben Dauger, de Rivière und Mattioli.

Im Jahre 1687 starb de Rivière – Opfer einer zufälligen Begegnung mit dem rätselhaften Mann in der Maske. Jetzt blieben noch zwei, Dauger und Mattioli. Auch sie reichten aus, um den Kerkermeister Saint-Mars zu ernähren, der mit ihnen zwecks besserer Geheimhaltung öfter den Ort wechselte. Als sie im Jahre 1697 auf der Insel Sainte Marguerite waren, starb Mattioli.

Dauger blieb allein zurück. Ihn erwartete noch eine letzte Reise. Saint-Mars wurde für seine Verdienste in den Adelsstand erhoben und als hervorragender Fachmann am 1. März 1698 zum Gouverneur der Pariser Bastille ernannt. In einem geschlossenen Wagen begleitete ihn dahin auch »der alte Häftling« – jetzt schon wirklich alt –, der unter seiner Maske in strengster Isolierung die letzten fünf Lebensjahre in der Bastille verbrachte. Am 19. Dezember 1703, nach 34 Jahren Haft, starb er plötzlich, ohne mit den Sterbesakramenten versehen zu sein. Das Begräbnis, das der königliche Beamte in der Bastille, Etienne de Ionca, organisierte und bezahlte (40 Pfund), hatte ein überraschendes Nachspiel: Der tote Dauger wurde unter dem Namen Monsieur de Marchiel beigesetzt ...

Ein letztes Tarnmanöver. Warum?

Der Geschichte des Mannes in der Maske können wir einige interessante Fakten entnehmen. Vor allem das riesige Interesse des Königs und seiner nächsten Minister an der Geheimhaltung der Identität und des Gesichts dieses Häftlings. Zweitens die Tatsache, daß er vierunddreißig Jahre lang recht aufwendig versorgt wurde und seinetwegen ganze Festungsgefängnisse in Betrieb gehalten wurden, obwohl er doch bei lebendigem Leibe begraben war und obwohl Saint-Mars sein definitives und ewiges Begräbnis jederzeit und mit unbestreitbarer Freude mit Degen oder Pistole herbeigeführt hätte. Nach Schätzung französischer Wissenschaftler erreichten die Kosten für die Verpflegung des Mannes in der Maske die phantastische Höhe von einhundertfünfzig Millionen Francs. Ein einziger Federstrich des Königs oder des Kriegsministers hätte doch genügt – sie aber machten diesen Strich nicht. Warum? Keinesfalls aus humanitären Gründen. Die Herrschaft Ludwigs XIV. war die eines Sonnenkönigs nur für die

Auserwählten. Wenn er in seinen Memoiren schrieb: »Alles war überall ruhig«, dann war das die Ruhe der Auserwählten, erkauft durch den härtesten Klassenterror, verwirklicht durch die königlichen Intendanten und realisiert durch rücksichtslose Hinrichtungen und Repressalien jedem gegenüber, der sich »Ludwig dem Administrator« und seiner Hofclique entgegenstellte. Ein Menschenleben bedeutete nur wenig.
Die dritte beachtenswerte Kleinigkeit ist die fast gleichzeitige Inhaftierung Daugers und des Kommandanten der königlichen Leibgarde de Lauzun, des Anführers der Prätorianer, die es am nächsten zum König hatten und in den inneren Streitigkeiten die Rolle von Wachhunden des Königs spielten. Interessant ist das Happy-End von Lauzuns Haft: Rehabilitierung und Reichtum. Auch das gehörte nicht zu Ludwigs Gewohnheiten.
Alles, was wir von dem Mann in der Maske noch sicher wissen, kann man mit wenigen Worten sagen: Er war stattlich, hochgewachsen, ruhig, Franzose und Katholik, liebte auserlesene Weine und Speisen, die ihm bereitwillig dargeboten wurden. Eine besondere Vorliebe hegte er für feine, kostbare Spitzen. Auch die fehlten ihm nicht. Auch das ist sonderbar – in französischen Festungsgefängnissen ging es gewöhnlich nicht so vornehm zu.
Im Jahre 1721 waren alle direkt Beteiligten gestorben (wie man sieht, hat Voltaire übertrieben). Der letzte, der wahrscheinlich die Wahrheit gekannt hat, war Ludwig XV. Er soll nachdenklich erklärt haben: »Wenn er noch lebte, schenkte ich, ihm die Freiheit. Und was jene wilden Gerüchte betrifft ... Niemand hat bisher die Wahrheit erraten, und alle Vermutungen sind falsch.«
Schon damals also kursierten wilde Gerüchte. Und alle falsch? Soll das bedeuten, daß keine einzige der von uns angeführten Hypothesen zutrifft? Tratsch und Klatsch arbeiteten nämlich am Hofe Ludwigs XIV. auf vollen Touren – dabei tat sich vor allem die Geliebte des späteren Kriegsministers, des Marquis de Barbezieux hervor. Die Wirklichkeit muß also noch sonderbarer gewesen sein ... Und Ludwig XV. hätte Gnade walten lassen ...
Die Historiker machten sich ans Werk und suchten nach

einem Mann namens Eustache Dauger. Die Chance war freilich nicht groß, aber sie erwies sich als real. Es wurde zwar kein Dauger aufgespürt, dafür ein Eustache d'Auger de Cavoye, einer von sechs Söhnen des Hauptmanns der Musketiere des Kardinals (und wie wir Dumasleser wohl wissen, die Taugenichtse, die unseren vier edlen Musketieren dauernd Hinterhalte legten) François de Cavoye, eines Gutsbesitzers in der Picardie. Ferner stieß man auf Eustaches jüngsten Bruder Louis, der bis zum Jahre 1715 lebte und Hofmarschall Ludwigs XIV. wurde; drei weitere Brüder fielen unter demselben König im Feldzug des Jahres 1667.
Marie de Cavoye, Eustaches Mutter, war eine sprichwörtlich tugendhafte und über alle Nachrede erhabene Frau. Dank diesem Umstand vielleicht wurde sie eine der wenigen Personen weiblichen Geschlechts, die der Weiberfeind Ludwig XIII. ertrug und mit denen er verkehrte, was die Stellung und den Einfluß des Herrn François de Cavoye bei Hofe beträchtlich stärkte. Man kann nicht ausschließen, daß sich die züchtige Frau Marie in ihren königlichen Gönner verliebte: die zwei jüngsten Söhne Louis und Eustache sahen nämlich Ludwig XIV. aufs Haar ähnlich, was den ganzen Hof aufrichtig amüsierte.
Leider geriet Eustache nicht nach seiner Mutter und verstrickte sich oft in heikle Situationen, aus denen er gewöhnlich nur dank der Position hervorschlüpfte, der er sich am königlichen Hof erfreute. Man kann sagen, daß seine Extravaganzen den Rahmen der üblichen Soldatenabenteuer und Jugendstreiche bei weitem überschritten. So z. B. nahm er am Karfreitag des Jahres 1659 an einer Schwarzen Messe teil, bei der nach allen rituellen Regeln ein Schwein getauft und dann verspeist wurde. Die vornehme Gesellschaft, die dieses Vergnügen arrangiert hatte, mußte dieses Sakrileg schwer büßen. Es wurden sogar einige Todesurteile ausgesprochen. Nur Eustache kam aus der Affäre auf Fürbitte der Mutter und nach Eingreifen des Kardinals Mazarin unbeschadet davon. Bald sprach ganz Paris von den Exzessen Eustaches, vor allem, als er im Jahre 1665 auf den Stufen des Palais Royal einen angetrunkenen Pagen vor den Augen des Herrschers erschlug. Majestätsbeleidigung wurde als ein todeswürdiges Verbre-

chen geahndet. Eustache kam auch diesmal mit dem Leben davon, wurde jedoch von seiner Mutter enterbt und sah sich gezwungen, sein Offizierspatent zu verkaufen. Bis zum Jahre 1668 lebte er auf Kosten des jüngsten Bruders Louis. Die Idylle wurde abgebrochen, als Louis wegen jugendlicher Unbedachtsamkeit in die Bastille gebracht wurde: Er hatte nämlich unvorsichtigerweise den Ehemann seiner Geliebten getötet, und dem Scharfblick der Richter war nicht entgangen, daß der Stoß mit dem Degen von hinten geführt wurde, womit die Regularität des Duells in Zweifel gezogen wurde. Eustache beschloß, sich sein Brot in Zukunft durch Giftmischerei zu verdienen, und verbündete sich mit der berüchtigten Marquise de Brinvilliers, einer bekannten Spezialisten auf dem Gebiet der angewandten Toxikologie. Im Jahre 1669 jedoch verlieren sich alle seine Spuren. Und in Dunkerque wird ein gewisser Dauger eingesperrt, der künftige Mann in der Maske ...

Einige Autoren halten damit das Rätsel für gelöst: Ludwig XIV. schonte seinen unehelichen Stiefbruder, im Hinblick auf die frappante Ähnlichkeit versah er ihn mit einer Maske und isolierte ihn. Das ist einfach, aber völlig unwahrscheinlich. Warum solche Maßnahmen? Warum Stöße von Briefen, aus denen Befürchtungen sprechen? Eustache war doch in ganz Paris bekannt, ganz Paris amüsierte sich über seine Ähnlichkeit mit dem König, ganz Paris wußte, daß Eustache ein Tunichtgut war, schon lange reif für den Galgen.

Niemanden hätte seine Einkerkerung empört oder seine Hinrichtung überrascht. Die seidene Maske wäre völlig überflüssig gewesen, zumal – und das ist das Sonderbare und Bedeutungsvolle – bald nach der Inhaftierung des Mannes in der Maske Eustaches Brüderchen Louis, ebenfalls ein Mörder, nicht nur freigelassen, sondern durch die königliche Gunst ausgezeichnet worden und auf der Stufenleiter der Hofwürden rasch hochgestiegen war, obwohl auch sein Gesicht den König an die Seitensprünge seines Vaters erinnern mußte. Und außerdem fällt es schwer, eine Verbindung zwischen Eustache d'Auger, diesem verrückten Prahlhans, Scharlatan und Gauner und dem ruhigen, ausgeglichenen und würdevollen Gefangenen unter der seidenen Maske herzustellen.

Es sei mir erlaubt, der Menge von phantastischen Vermutungen noch eine hinzuzufügen, über die sich bereits Dumas flüchtig Gedanken gemacht hat: war nicht vielleicht unter der seidenen Maske Ludwig XIV. selber verborgen, beseitigt durch ein Hofkomplott und ersetzt durch seinen Doppelgänger Eustache d'Auger?'

Überlegen wir. Eustache hatte nichts mehr zu verlieren. Drei seiner Brüder waren in einem sehr unpopulären Krieg für den König gefallen. Die Mutter hatte ihn enterbt, um seinen Adelstitel war er gekommen, das Offizierspatent hatte er verkauft. Seine Existenzgrundlage, der Bruder Louis, saß in der Bastille. Eustache war nur ein einziges Kapital geblieben: die fast unglaubliche Ähnlichkeit mit dem König, die auszunutzen jemand entschlossen war.

Einen legitimen Herrscher kann man nicht töten – wir sind im 17. Jahrhundert im katholischen Frankreich, und Königsmord ist für die Mehrzahl der Bewohner die schrecklichste Sünde. Seine Existenz ist allerdings die eines Pulverfasses, das bei der geringsten Unvorsichtigkeit nicht nur Eustache, sondern auch alle Verschwörer in die Luft sprengen kann.

Louis wird freigelassen und nach dem Wahlspruch »Ein Bruder hilft dem andern« ausgezeichnet.

Die Situation ist für eine derartige Intrige reif. Ludwig XIV. provoziert durch seine riskante Außenpolitik im Jahre 1668 die erste Koalition gegen Frankreich, den Dreierbund England, Holland und Schweden, unterstützt von Spanien. Er muß das stärkste Heer aufstellen, das Europa je gesehen hat. Er siegt, aber sein Sieg ist ein Pyrrhussieg.

Es ist wohl kein Zufall, daß zur gleichen Zeit, da der Mann in Dunkerque verhaftet wurde, oder in einem engen zeitlichen Abstand von dieser Verhaftung, einige von Ludwigs Vertrautesten beseitigt wurden – der Hauptmann de Lauzun, der Beichtvater und Leibarzt des Königs Antoine Vallot (1594–1671), der sich übrigens in seinen letzten drei Lebensjahren ausschließlich der geliebten Astrologie widmete. Ihn ersetzte Antoine Daquin, der zu guter Letzt ebenfalls ausgewiesen wurde.

Um das kritische Jahr 1669 häufen sich sonderbare Todesfälle. Ludwigs Schwägerin Henriette von England stirbt nach dem

Genuß eines Zichoriensuds, eines zwar übelschmeckenden, aber keineswegs todbringenden Getränks. Vor der Verhaftung Eustache Augers stirbt die Königin (1666), die zweifellos ein entscheidendes Hindernis für die Intrige gewesen wäre. Nach einigen Jahren trinkt der Kriegsminister Louvois, der offenbar in alle Details der Geschichte des Mannes mit der Maske eingeweiht war, unvorsichtigerweise ein Glas reinen Wassers – und stirbt unter Krämpfen.

Den bemerkenswertesten Beleg für unsere Vermutung bildet jedoch das *Journal de la Santi de Roi Louis XIV.*, das in den Jahren 1647 bis 1711 von den drei Leibärzten Vallot, Daquin und Fagon verfaßt wurde. Das ist eine kurzweilige, unterhaltsame Lektüre, ein kulturhistorisches Dokument über eine Zeit, die Molière so glänzend in seinen Komödien »Der eingebildete Kranke« und »Der Arzt wider Willen« aufs Korn genommen hat. Außer den Lobpreisungen des Herrschers und den peniblen Aufzeichnungen über jedes der ungezählten Klistiere kann man aus dem Journal auch einen beachtenswerten Fakt herauslesen: um das Jahr 1670 kommt es zu einer solchen Veränderung in Ludwigs (wirklich Ludwigs?) Gesundheitszustand, daß man ihn nicht übersehen kann. Des Königs »Krankheitsbeschreibung« (in Anführungszeichen deshalb, weil sie auch in Zeiten völliger Gesundheit geführt wurde, die jedoch nie allzu lange anhielten) zerfällt in zwei völlig unterschiedliche Teile. In dem ersten begegnen wir einem Kind aus dem Glashaus, bis zum siebenten Lebensjahr in einem Zimmer aufgezogen, das bis in Mannshöhe mit Matratzen ausgelegt war, damit es zu keinem Unfall kam, und umringt von Ärzten und Pflegerinnen. Die Autoren des Journals warnen zwar in dieser Zeit den König vor möglichen, vom Vater geerbten ungünstigen Dispositionen, konstatieren jedoch zugleich die gute Konstitution der Mutter und die »heroische« Gesundheit des Königs. Als Kind wurde Ludwig von Krankheiten betroffen, wie sie in dieser Zeit der mangelhaften Hygiene üblich waren (die Marquise de Bablé, die pedantisch die mit der heutigen Asepsis fast übereinstimmenden Regeln einhielt, war eine absolute Ausnahme). Es gelang ihm, sich eine Krätze zuzuziehen und dann und wann einen »Rotlauf«, was wahrscheinlich einen Katarrh der oberen

Atmungsorgane bedeutete. Im Jahre 1647 entging er den Blattern nicht – er überlebte sie, ja, was noch erstaunlicher ist, er überlebte selbst die Behandlung, die in einem viermaligen Aderlaß innerhalb von zehn Tagen und der Vertreibung des verständlichen Durstes durch starke Abführmittel bestand. Der Beweis für die »heroische« Gesundheit war geliefert. Dann folgten einige ruhige Jahre, unterbrochen nur durch harmlose Unpäßlichkeiten. Erst im Jahre 1658 erkrankte der König bei einem Feldzug in Flandern an »abnormalem Typhus«, der heute eher für Scharlach oder Malaria gehalten wird. Er kurierte sich mit einer antimonhaltigen Arznei, die ihm ein Dorfarzt verordnete, obwohl sich die Verdienste um die Heilung des Königs später sowohl Vallot als auch der Hofarzt Guenaut zuschrieben. Die Genesung des Königs, das sei am Rande vermerkt, entschied den leidenschaftlichen Streit um die Eignung oder Nichteigung des Antimons zugunsten dieses Mittels. Eine kurze Episode bildete ein Tripper im Jahre 1655, radikal auskuriert durch Klistiere, Abführmittel, Aderlaß, Eisentabletten und eine Trinkkur mit Mineralwasser aus Forges, was man insgesamt als nachträgliche Bestrafung der Ausschweifung betrachten kann. Die letzte ernstere Krankheit dieser ersten Periode waren Masern im Jahre 1663, leicht auskuriert und den Dichter Racine zu einer begeisterten Danksagung an den Himmel inspirierend. Dann wird der Mann verhaftet, dem lebenslänglich eine seidene Maske anbefohlen wird. Die Aufzeichnungen im Journal ändern sich allmählich. Der Patient mit der heroischen Gesundheit, der eine relativ vernünftige und maßvolle Lebensführung einhielt und nur selten ärztlich behandelt wurde, meistens nach einem Sturz vom Pferd bei der Jagd, wird abgelöst durch einen wahrhaften Siechling, zum Teil Hypochonder, zum Teil Opfer der eigenen Gefräßigkeit, die gewöhnlich Komplikationen mit sich bringt.

Nach einem Zeugnis Lieselottes von der Pfalz verspeiste der König bei einem einzigen Mahl vier verschiedene Gemüsesuppen, einen ganzen Fasan, ein ganzes Rebhuhn, einen gehäuften Teller Salat, ein großes Stück Hammelbraten mit Knoblauchtunke, zwei große Scheiben Schinken, einen vollen Teller Backwerk, Obst und Kompott, was alles er mit seinem schadhaften Gebiß nicht beißen konnte, sondern ganz, mitsamt Schnecken und harten Schalen hinunterschlang. Im Jahre 1685 mußten Ludwig sogar alle oberen Zähne gezogen werden, was die Hofärzte so geschickt durchführten, daß sie auch ein Stück vom Oberkiefer herausrissen, so daß Seiner Majestät fortan gelegentlich Speisen und Getränke durch die Nase abgingen ...

Louis, der sich ohne Bedenken (und erfolgreich) von einem Dorfarzt behandeln ließ, hat in der Hausapotheke »seine Abführbouillon«, »seinen Stein«, »seine Krebs-, Schlangen-, Blei- und Perlenpulverchen«, er hat chronische Verstopfung, Gicht, ständige Kopfschmerzen und diverse andere Krankheiten und Arzneien. Im Jahre 1670 ändert sich auch die Behandlung radikal – der geduldige Patient lehnt unversehens Aderlaß und Klistiere ab, denen er sich bislang ohne Einwände unterzogen hat, und verlangt nur Abführmittel. Der leidenschaftliche Jäger und glänzende Reiter kann nicht mehr in den Sattel – ihn quält eine Mastdarmfistel, über die das im Jahre 1672 gegründete und der begierigen Öffentlichkeit Ereignisse vom Hof servierende Blatt *Mercure galant* regelmäßig berichtet. Der König verhält sich jedoch tapfer. Als sich die konservative Behandlung nicht bewährt, stimmt der König im Jahre 1686 – nach Jahren der Qual – einer Operation zu, die von dem Chirurgen Félix mit einem Spezialinstrument durchgeführt wird, das später »bistouri à la Royal« (königliches Skalpell) genannt wird. Dreißig Edelherren baten inständig, sich aus Sympathie der gleichen Operation unterziehen zu dürfen, obwohl ihre entsprechenden Teile des Verdauungstraktes völlig in Ordnung waren. Bei der Operation assistierten außer den Ärzten Daquin und Fagon auch der Beichtvater la Chaise und der Minister Louvois, und den gewiß benötigten zärtlichen Zuspruch (Narkose und örtliche Betäubung waren unbekannte Begriffe, und auch Félix Erfindung linderte nicht die Schmerzen des Operierten) gewährte dem König die anmutige Madame de Maintenon. Die gelungene Operation wurde im Auftrag der Stadt Paris in einem pompösen Kupferstich verewigt, und in den Staatsakten wurde künftig das Jahr 1686 »l'année de la fistule«, das Jahr der Fistel genannt.

Auffallend ist, daß sich der König ungewöhnlich standhaft verhielt, bei der Operation nicht muckste (jeder von uns hätte wie ein Stier gebrüllt), ja daß er sich vor der Operation alle Instrumente und den Operationsvorgang erklären ließ, was in den zwanzig Jahren meiner ärztlichen Praxis kein einziger Patient getan hat. Ebenso standhaft war der König, falls wir den Quellen glauben dürfen, was offenbar der Fall ist, da man sie mit intimen Memoiren und Tagebüchern konfrontieren kann) bei der außerordentlich gefährlichen operativen Entfernung eines Karbunkels am Nacken, einer in der Zeit vor Einführung der Antibiotika nicht selten tödlichen Krankheit. Die Wunde war »groß wie eine Hand« (Brief der Madame de Maintenon) und »ganz Europa erwartete mit Spannung Berichte« (Erinnerungen von Saint-Simon).
Eine solche Tapferkeit würden wir eher bei dem Abenteurer Eustache vermuten als bei dem Prinzen aus dem Glashaus ...
In die historische Literatur über Ludwig XIV. werde ich mich nicht wagen. Ich würde mich im Dschungel widersprüchlicher Angaben verirren. Vielleicht könnten die Fachleute sagen, ob man auch hier einen Umbruch oder Anzeichen dafür um das Jahr 1669 und danach finden kann, ob der Sohn des Knausers und Weiberfeindes Ludwig XIII. schon vor diesem Datum der strahlende Sonnenkönig war oder nicht. Sicher ist, daß alle Nachkommen Ludwigs XIV. (mit Ausnahme des späteren Ludwig XV.) noch zu seinen Lebzeiten starben, oft unter sonderbaren und vom ärztlichen Standpunkt recht verdächtigen Umständen, sicher ist auch, daß nach diesen Todesfällen der König von krankhaftem Mißtrauen ergriffen wurde und daß ihn die ständige Furcht verfolgte, er könne vergiftet werden. War das nur Senilität? Wer weiß ...
Mir bleibt noch übrig, auf die Frage zu antworten, ob ich selber an meine Hypothese glaube. Ob ich glaube, daß sich unter der seidenen Maske Ludwig XIV. selber verbarg und daß die durch das Gemach des Königs schreitenden Höflinge wie vor einem Altar (was historische Wirklichkeit ist) vor dem Bett des Erzgauners Eustache d'Auger niederknieten.
Ich glaube es nicht. Das riecht zu sehr nach Dumas.

Ein Kaiser stirbt

Auf Sankt Helena am 7. Mai 1821. Bonaparte starb am Sonntag, dem 5. Mai um 6 Uhr nachmittags nach sechswöchiger Krankheit, die erst in den letzten 14 Tagen gefährlich zu werden begann. Bei der Leichenöffnung zeigte es sich, daß seine Krankheit von Magenkrebs und vielen inneren Eitergeschwüren herrührte ...

Anhängsel an die k. und k. Wlastenske Nowiny (Vaterländische Zeitung) vom 29. Juli 1821

Große historische Persönlichkeiten sterben gewöhnlich, wenn wir es so ausdrücken dürfen, in Fortsetzungen, und ihr physischer Tod muß sich nicht immer mit dem politischen und gesellschaftlichen, wissenschaftlichen oder künstlerischen decken. Bonaparte war zweifellos eine große historische Persönlichkeit und wäre es geblieben, auch wenn es die Hunderttausende begeisterter Bewunderer nicht gäbe, die sorgfältig alle Andenken an ihn und seine Zeit sammelten. Ihre Existenz ist schmeichelhaft für den Schatten dieses genialen Heerführers, der nach den sanften Äußerungen ebendieser Bewunderer »die beweglichen Grenzen« seines Großreichs durch immer neue Eroberungen erweiterte. Nüchterne Historiker sehen in Napoleon den Totengräber der Französischen Revolution und Exponenten der Handels- und Industriebourgeoisie, der den Kontinent versklavte und Frankreich unterjochte, indem er ihm jede Spur von Freiheit nahm. Unumstritten bleibt jedoch die Tatsache, daß er in großen Teilen Europas den feudalen Absolutismus so gründlich zerschmetterte, daß dieser sich trotz allen Bemühens nie mehr von den erlittenen Wunden erholte.

Kurz und gut, Bonaparte war eine widersprüchliche Persönlichkeit, die die Phantasie von Historikern und Laien schon mehr als anderthalb Jahrhunderte lang beschäftigt.

Zum Glück ist es nicht unsere Aufgabe, uns mit dieser Widersprüchlichkeit auseinanderzusetzen. Wir bemühen uns nur, die sonderbaren und ungeklärten Umstände seines Todes aufzudecken.

Der Ruhm des Heerführers und Todfeindes der Heiligen

Allianz der europäischen Monarchien verblaßte nach und nach in dem schrecklichen Gemetzel bei Borodino, bei den Hekatomben, die den unbegreiflichen und angesichts der operativen Kunst von Napoleons Kommandeuren fast kurios kläglich durchgeführten Übergang über die Beresina begleiteten. Er verbrannte in den Flammen der Kosakenfeuer, die nach der Schlacht bei Fère-Champenoise am 25. März 1814 in den Pariser Vorstädten loderten. Der Löwe war geschlagen, die Armee vernichtet, Frankreich entvölkert und erschöpft, ohne Reserven an Menschen und Material. Die letzten Einheiten setzten sich überwiegend aus Greisen und Kindern zusammen.

Zur allgemeinen Unlust auch der Alliierten hatten die restaurierten Bourbonen in der Emigration nichts dazugelernt, aber auch nichts vergessen. Die Arbeiter in den Vorstädten von Paris, obwohl durch die endlosen Kriege gelichtet, durch die Blockade, deren Last sie zu tragen hatten, ausgehungert und verarmt und durch die Erlasse Napoleons auf das Niveau von Leibeigenenkolonien herabgedrückt, erinnerten sich dennoch an Bonaparte, an das Kind der Revolution, zwar kein wohlgeratenes Kind, aber dem Volk eben doch näher als die verhaßte Dynastie, die mit dem Blute so vieler Opfer befleckt war, daß die von allen Monarchien heuchlerisch und mit Krokodilstränen beweinten Opfer des revolutionären Terrors nur eine geringfügige Abzahlung jahrhundertealter Schulden darstellten. In einem Lied des Volksdichters Béranger »Erzähl mir von Ihm, Großmutter ...« lebte ER noch, noch nicht befleckt durch die Kaiserkrone, der Konsul der Revolution, der unbesiegbare General, der Sieger der italienischen Kampagne, für eine gewisse Zeit nur im Adlerflug gestoppt durch die Bajonette von Suworows Soldaten, der Unterwerfer Ägyptens, der Retter der Republik.

ER, mit Großbuchstaben, der korsische Menschenfresser Napoleon, lebte noch physisch auf der Insel Elba, streng und sorgsam geschützt von seinen getreuen »Grognards« (Haudegen), die sich entschlossen hatten, das Schicksal der Verbannung mit ihm zu teilen. Er schreckte nach wie vor die Mächtigen der Welt. Man mußte das Spiel zu Ende spielen und auch mit dem Leben des besiegten Kaisers abrechnen.

Der von Anfang bis Ende im Hintergrund wirkende englische Geheimdienst machte sich keine Illusionen über die damit verbundenen Schwierigkeiten. Eine Reihe von Anschlägen war nämlich gescheitert. Nicht bewährt hatte sich der französische Offizier Fouré, der gegen Napoleon als dem angeblichen (oder vielleicht wirklichen) Verführer seiner schönen Frau gehetzt wurde. Der Chef des englischen Geheimdienstes, John Bernett, aber ließ sich nicht entmutigen. Er hatte schon im Jahre 1800 ein Bombenattentat vor der Oper organisiert, die Napoleon besuchen sollte. Die wirksame Ladung explodierte dicht hinter der Kutsche, tötete einige Dutzend Menschen und beschädigte ein halbes Hundert Häuser – der Kaiser jedoch blieb unverletzt. Mißerfolg hatte auch ein weiterer Trumpf der Engländer, der Riese Cadoudal, Führer der bretonischen katholischen Opposition und fanatischer Anhänger der Bourbonen. Ein Mann mit der Kraft eines Stiers und dem Hirn eines nicht allzu grüblerischen Kindes, der auf Bernetts Weisung und mit dem Versprechen garantierter Vergebung aller Sünden und ewiger Freuden auf den Stufen des himmlischen Thrones im Jahre 1803 aus England über die Normandie nach Paris kam, um sein Leben gegen das des gehaßten Antichrist einzutauschen. Auch auf Elba hatten die Mörder keinen Erfolg – dort wurde Bonaparte noch sorgsamer, zuverlässiger und vor allem leichter bewacht als in der Millionenstadt Paris oder im Feldlager. Es war nicht daran zu denken, daß sich der schicksalhafte Schlaganfall wiederholen könnte, der im Petersburger Michail-Palais im Jahre 1801 den Zaren Paul I. in der Blüte seines Lebens dahinraffte. Er strotzte zwar vorher von Gesundheit, hatte es aber abgelehnt, russische Soldaten für englische Interessen auf Napoleons Schlachtfelder zu schicken. Der Herzschlag befreite den englischen Gesandten Withworth, die unzufriedene Palastgarde (Graf Pahlen, Benningsen und Platon Subow), in deren geschlossener Gesellschaft sich der traurige medizinische Fall abspielte, von der peinlichen Pflicht, »die Abdankung des Zaren vorzuschlagen«.

Paul machte durch seinen Tod dem kampfesgierigen Alexander I. den Weg zum Thron frei, und dieser schlug sogleich einen scharfen antifranzösischen Kurs ein ...

Man mußte einfach das korsische Ungeheuer aus seiner Höhle locken. Zu diesem Zweck wurde eine der wenig bekannten, vom englischen Geheimdienst inszenierten Intrigen des geheimen Krieges angezettelt.
Auf Elba wurde der österreichische Kommissar General Koller mit der unwürdigen Rolle des Provokateurs betraut. Er deutete Napoleon an, daß entscheidende Stellen in Österreich und England, beunruhigt (übrigens ganz zu Recht) über die untaugliche und unelastische Politik der Bourbonen, die zum erneuten Ausbruch einer Revolution zu führen drohe, nichts gegen die Herrschaft einer starken Hand in Frankreich einzuwenden hätten. Und diese starke Hand, die auch das kontinentale Gleichgewicht gegen Rußland wahrte, das urewige Ziel der englischen Politik, könne nur Napoleon sein. Koller untermauerte seinen Bericht mit der Mitteilung, daß die Elba bewachenden englischen Kriegsschiffe abgezogen worden seien, so daß nur französische Schiffe dort lägen, deren Ergebenheit den Bourbonen gegenüber man füglich bezweifeln könne, ebenso wie die Kampfqualitäten der Besatzungen. Zum Beweis, daß er die Wahrheit sprach, verriet er Napoleon außerdem, daß die englische Regierung über Napoleons geheime Korrespondenz mit dem König von Neapel, Murat, dem ehemaligen Marschall Napoleons, informiert sei, daß sie es aber nicht für nötig halte, diese Kenntnis mit König Ludwig XVIII. zu teilen.
Kollers Besuch beschleunigte Napoleons Entschluß. Über die Situation in Frankreich war er gut informiert: Im Februar 1815 hatte ihn auf Elba ein Emissär des ehemaligen Außenministers, des Herzogs de Bassano, besucht, ein gewisser Fleury de Chaboulon, der ausführliche Nachrichten mitbrachte. Am wichtigsten für Napoleon waren die Berichte über die Armee. Ein beträchtlicher Teil der Offiziere war in die Reserve versetzt worden, mit halber Pension vegetierten sie dahin, die restlichen dienten nur mit Widerwillen unter dem weißen Bourbonenbanner, das für sie ein Symbol der verräterischen Emigration war, gegen die sie so viele Jahre siegreich gekämpft hatten. Auch eine Reihe von Marschällen, die die Stützpfeiler von Napoleons militärischer Macht gebildet hatten, waren ihm treu geblieben.

Die Tragödie des Kaisers bestand darin, daß er die Situation nicht real einschätzte und Kollers Provokation nicht durchschaute. Hätte er seinen »Kaiser der Kundschafter« bei sich gehabt, den einzigartigen und unersetzlichen Charles Louis Schulmeister, einen wirklichen Meister in der Anzettelung von Intrigen und deren Entlarvung, dann hätte er sicher anders gehandelt. Aber Schulmeister war damals von der bourbonischen Polizei verhaftet worden, hatte sich gegen einen immensen Betrag freigekauft und endete viel später als Tabakhändler in der Rue de la République in Straßburg. Aber da war der Kaiser des Kundschafters schon lange tot ...

Am 1. März 1815 landete Napoleon mit elfhundert Soldaten, einigen Offizieren und drei Generalen (Bertrand, Drouot und Cambronne) in Frankreich unweit des Kaps Antibes. Wie Koller versprochen hatte, erschienen keine englischen Kriegsfregatten, und gemäß der hellseherischen Vorhersage desselben Herrn begnügte sich der Kommandeur des französischen Kriegsschiffes, das Napoleons Miniflotille begegnete, mit der hochverräterischen Frage, wie es dem Kaiser gehe. Als ihm der Kapitän der Brigg, die Napoleon aus dem Exil übersetzte, versicherte: hervorragend, hielt er seine Aufgabe für erledigt und kümmerte sich nicht weiter um die Miniaturflotte, die nach Frankreich strebte.

Die Zeitungen berichteten Tag für Tag über Napoleons Vormarsch mit den bezeichnenden Schlagzeilen:

Das korsische Ungeheuer hat sich in der Bucht von Juan ausgeschifft
Der Menschenfresser zieht gegen Grasse
Der Usurpator hat Grenoble betreten
Bonaparte hat Lyon besetzt
Napoleon nähert sich Fontainebleau
Seine kaiserlich Majestät wird heute erwartet in seinem treuen Paris

Und dann kam der neblige, regnerische Tag, der 18. Juni 1815, da zweiundzwanzig Kilometer von Brüssel auf der Hochebene des Mont St.-Jean, südlich von dem bedeutungslosen Dorf Waterloo Napoleon und Wellington einander gegenüberstanden. Ihre Kräfte waren ausgeglichen, und es ging darum, wer auf dem Schlachtfeld früher eintreffen würde:

Blücher mit den Resten seiner unlängst geschlagenen Armee oder der Marschall Grouchy.
Grouchy traf nicht ein. Wie wir heute wissen, kam eine atmosphärische Anomalie den Engländern zu Hilfe, sie verwehrte es Grouchy, den Kanonendonner der unweit stehenden Artillerie zu hören. Auf dem Schlachtfeld blieben fünfundzwanzigtausend Franzosen und Napoleons gesamte Artillerie. Hunderttausende frische österreichische Soldaten marschierten zur französischen Grenze. Das Kaisertum war verloren – diesmal endgültig.
Die Historiker und Napoleons Fans übertreffen einander in sonst unzulässigen Konstruktionen, eingeleitet durch das Wörtchen »wenn«. Wenn Grouchy rechtzeitig gekommen wäre ... Wenn Napoleon nicht hysterisch voreingenommen gegen Ballons gewesen wäre und wenigstens einen benutzt hätte, dessen Besatzung fähig gewesen wäre, den nahen Blücher zu erspähen ... Wenn der Kaiser den Kampf am Morgen und nicht erst mittags eröffnet hätte ... Wenn er nicht gezögert hätte, die letzte Reserve, seine Garde, einzusetzen und beizeiten Wellington zerschmettert hätte, der schon glaubte, alles sei verloren ...
Nein, das alles hat keinen Sinn.
Napoleon schätzte selber eine Woche nach Waterloo sehr exakt die Situation ein: »Die Mächte führen keinen Krieg mit mir, sondern mit der Revolution. Immer haben sie in mir ihren Repräsentanten, einen Mann der Revolution gesehen ...«
Was kommen mußte, kam, obwohl die Arbeiter von Paris hinter Napoleon standen und gegen seine Abdankung waren – aber die Klasse, auf die sich Napoleon stets gestützt hatte, die Bourgeoisie, warf ihn nicht weniger entschlossen über Bord. Sobald er abgedankt hatte, verzeichnete die Staatsrente einen jähen Aufstieg ...
Napoleon gedachte auf den Rat seiner Brüder hin, nach Amerika zu fahren, doch der englische Geheimdienst, der das »korsische Ungeheuer« von dem sicheren Elba weggelockt hatte, schmiedete andere Pläne und ordnete eine Blockade der französischen Häfen durch britische Kriegsschiffe an. Kapitän Maitland, Kommandant des britischen Schiffes Bellerophon, versperrte Napoleon die Fahrt in die Vereinigten

Staaten. Napoleon hingegen lehnte den Vorschlag des Kapitäns und der Matrosen der französischen Fregatte Medusa ab, die in einem selbstmörderischen Kampf die Bellerophon blockieren und einer zweiten französischen Fregatte ermöglichen wollten, mit dem Kaiser aufs offene Meer durchzuschlüpfen.

Nach tagelangen Verhandlungen stieg Napoleon am Samstag, dem 15. Juli 1815 von der französischen Épervier auf die Bellerophon um. Der langjährige Traum John Bernetts hatte sich erfüllt, Bonaparte war in den Händen Englands, das entschlossen war, diese Beute nicht mehr loszulassen.

Mit den Bajonetten der Interventionsarmeen entfesselten die wiedereingesetzten Bourbonen einen wilden weißen Terror. Hingerichtet wurde Marschall Ney, der den Ruhm Frankreichs symbolisierte, ohne Gerichtsurteil wurden Marschall Brune, General Ramel und General Lagarde ermordet. Die Bonapartisten und alle Gegner der schwärzesten Reaktion wurden, wo man ihrer habhaft werden konnte, ermordet oder flohen ins Ausland, in die Schweiz, nach Italien, nach Amerika. Jetzt ging es darum, den Kaiser zu liquidieren.

Napoleon mußte sterben, und das so bald wie möglich. Der britische Geheimdienst wußte natürlich von den Plänen zu seiner Befreiung, ob es sich nun um reale Projekte handelte oder die phantastischen Einfälle romantischer Seelen. Die Gefahr lag vor allem in der Ergebenheit der französischen Soldaten ihrem Kaiser gegenüber. Nicht nur Ponet, der Kapitän der Medusa, sondern auch Hunderttausende anderer waren bereit, sich zu opfern und ihr Leben für das des Kaisers zu geben. Keine Küste der Welt war ganz sicher vor der Landung entschlossener französischer Seeleute. Und nicht nur französischer: unmittelbar nach Napoleons Inhaftierung begann in dem damals rein französischen Louisiana (USA) der leidenschaftliche Bonapartist Major Nikolaus Girod mit seinem Freund, dem Korsaren Angelo Bossière, das außerordentlich schnelle Schiff Séraphine auszurüsten, den Gipfel der damaligen Schiffsbaukunst, und eine Besatzung zu allem fähiger Abenteurer anzuheuern. Er verheimlichte keineswegs, daß er willens sei, Napoleon zu befreien, wohin auch immer die verdammten Engländer ihn verschleppen würden.

Noch gefährlicher für die englischen Kerkermeister Bonapartes war der bekannte Pirat, der Franzose Jean Lafitte, der sich im englisch-amerikanischen Krieg 1812–1814 als einer der erfolgreichsten Freibeuter Ruhm erworben hatte, als er mit einem amerikanischen Kaperbrief (der ihm nach einer Gefangennahme wohl wenig genutzt hätte) um ein Vielfaches stärkere und besser bewaffnete britische Schiffe überfallen hatte. Nach Napoleons Deportation heuerten Bonapartisten aus New Orleans Lafitte mit seinem Piratenschiff an, mit einer Besatzung zu allem entschlossener Halsabschneider, und betrauten ihn mit der Aufgabe, ohne Rücksicht auf Kosten, Napoleon zu befreien und in die USA zu bringen. Waren die regulären französischen Matrosen und Seeoffiziere gewöhnlich schlechter ausgebildet und weniger erfahren als ihre englischen Gegner, so galt das bestimmt nicht für die französischen Korsaren, die in seemännischer Beziehung die Elite der Meere darstellten. Lafitte, der weitere Männer anheuerte und mit einer ganzen Flotille auszulaufen beabsichtigte, konnte eine sehr reale Gefahr werden. Seine Vorbereitungen waren fast beendet, als Napoleon starb – es ist nicht ausgeschlossen, daß der Tod des Kaisers und Lafittes vorbereitete Aktion nicht ohne wechselseitigen Zusammenhang waren.
Napoleon hatte – so sonderbar es klingen mag – auch in England begeisterte Anhänger. In einem Museum über Schmuggel, das im Londoner Zollhafen eingerichtet und nur berufenen Fachleuten zugänglich ist, wird der detaillierte Plan eines Thomas Johnson aufbewahrt, des Konstrukteurs eines für seine Zeit technisch erstaunlich gut gelösten Unterseeboots, mit Behältern für Wasserlast, abnehmbaren Masten und einer hervorragenden Stabilität. Johnson nahm das amerikanische Angebot an, mit seinem Fahrzeug gegen eine Belohnung von 40000 Pfund (was damals eine horrende Summe war) Napoleon in die USA zu befördern. Er starb jedoch, bevor alle Vorbereitungen abgeschlossen waren. Sein Schiff diente dann lange Jahre als Segelschiff auf der Themse. Es fehlten übrigens auch nicht Pläne, Napoleon mit einem Ballon zu befreien.
Die englische Regierung entschloß sich, Napoleon an einen möglichst abgelegenen Ort zu verbannen, von dem eine

Flucht des gefürchteten Gegners aussichtslos war. Sie hatte gut gewählt – die Insel St. Helena, verlassen in der Weite des Atlantiks, zweitausend Kilometer von der nächsten (der afrikanischen) Küste entfernt. Vielleicht richtete sie sich nach dem Rat Pozzo di Borgos, der gleich nach der ersten Abdankung Napoleons die alliierten Regierungen beschworen hatte, den Kaiser auf diesem von Gott und den Menschen verlassenen Eiland inmitten des Ozeans unterzubringen, und der vor Elba gewarnt hatte. Dieser Borgo war eine interessante, aber sehr wenig bekannte Gestalt der Napoleonischen Epopöe – anfangs Bonapartes Gefährte, Landsmann und Freund, dann sein entschiedenster Gegner. Bonaparte und Borgo hatten einst in ihrer Jugend auf Korsika um die Gunst des Führers der Befreiungsbewegung Paoli gewetteifert – gesiegt hatte Pozzo di Borgo, der es schaffte, Bonaparte aus der Gunst ihres gemeinsamen Idols zu verdrängen. Das hatte Napoleon nie vergessen und verziehen. Er hatte Pozzo di Borgo aus Korsika vertrieben und ihn gezwungen, vor seinen Agenten durch ganz Europa zu fliehen. Trotzdem brachte es Pozzo di Borgo fertig, die Seele aller Verschwörungen gegen Napoleon, diplomatischer Kurier Englands, Rußlands und der Bourbonen und leidenschaftlicher Antibonapartist zu werden.
Die Sicherung war wirklich konsequent – wegen Napoleons Aufenthalt auf der 2400 km entfernten Insel St. Helena wurde zur Sicherheit durch die Regierung Seiner Majestät am 14. August 1816 auch Tristan da Cunha annektiert, die »einsamste Insel auf der Erdkugel«, 2845 km vom Kap der Guten Hoffnung und 3700 km von der Mündung des La Plata entfernt. Auf dem öden Vulkankegel mit einer Fläche von 104 km^2 und dem 2060 m hohen Vulkan wurden an diesen Tagen einundvierzig Soldaten nebst Familien und einer Geschützbatterie ausgesetzt. Sie waren die ersten Ansiedler auf diesem Inselchen am Ende der Welt, und sie blieben auch dort, nachdem die überflüssig gewordene englische Garnison ein Jahr später abgezogen wurde.
Ein zweites Argument für St. Helena war das abträgliche Klima der Insel, das früher oder später (aber eher früher) Bonaparte, dessen Gesundheitszustand sich seit dem russischen Feldzug laufend verschlechtert hatte, töten würde.

Wir können in dieser Beziehung nicht dem hervorragenden Kenner der napoleonischen Problematik J. V. Tarle zustimmen, der eine solche Behauptung der »romantischen Poesie und französischen patriotischen Historiographie« zuschreibt und sagt: »Das Klima der Insel St. Helena ist sehr gesund. Im wärmsten Monat bewegt sich die durchschnittliche Tagestemperatur um 24° C, im kältesten um 18,5° C, die durchschnittliche Jahrestemperatur beträgt 21° C. Heute gibt es dort verhältnismäßig wenig Wald, aber vor hundert Jahren noch viel. Das Trinkwasser ist schmackhaft und gesund, Feuchtigkeit ist genügend vorhanden, so daß dort nicht nur Gras wächst, sondern auch eine üppige Vegetation mit vielen Tieren und Vögeln vorhanden ist ...«
Unbestreitbar können romantische Poesie und patriotische Historiographie vieles deformieren und zum Beispiel aus dem lieblichen und für Lungenkrankheiten geradezu idealen Bressanone (Brixen) etwas in der Art des Brünner Spielbergs schaffen, aber in diesem Falle haben sie nicht übertrieben. Hören wir uns das Zeugnis eines britischen Offiziers an, der, sicherlich keinen Grund zu Übertreibungen hatte: »Als Napoleon auf die Insel Sankt Helena verbannt wurde, war diese Insel durch ihr ungesundes Klima berüchtigt. Endemische Krankheiten, Ruhr, Leberentzündung und Fieber mähten die englischen Regimenter nieder, die dort als Besatzung dienten. Der ungesündeste Teil dieser Insel war die Longwooder Höhe, die man dem verbannten Napoleon als Wohnsitz zugewiesen hatte. Dort lösten sich rasch hintereinander Wolkenbrüche, Nebel, Wind und Feuchtigkeit mit tropischer Hitze ab. Trotz der Winde trocknete der sumpfige Boden nie völlig aus. Die Feuchtigkeit drang in das auf die Schnelle erbaute Haus ein, die Tapeten lösten sich bald von den Wänden. Ratten liefen durchs Haus und nagten alles an. Die Räume waren klein, das Schlafzimmer des Kaisers erwies sich als so winzig, daß dort nur ein Feldbett Platz fand. Lebensmittel waren nur schwer zu besorgen. Das Fleisch war oft von minderer Qualität, das Brot klitschig, und Wein konnte man nur mit Überwindung trinken. In der Nähe gab es keine Quelle, das Wasser mußte von weit hergebracht und abgekocht werden.«
Dieses Bild unterscheidet sich wesentlich von den Vorstel-

lungen einer klimatischen Sommerfrische und eines subtropischen Paradieses. In vollem Maße bestätigen das auch die zeitgenössischen englischen Lithographien und Zeichnungen, auf denen weder »viel Wald noch eine üppige Pflanzenwelt« zu sehen sind, sondern kaum ein Grashalm. Möglicherweise waren diese Bilder übertrieben im Bemühen, die Genugtuung der Sieger zu unterstützen, wie elend doch der Erzfeind endete, dennoch kann man ihnen den dokumentarischen Wert nicht absprechen.

Ein beredtes Zeugnis über die Vegetation der Insel bietet uns ein anderes Wissenschaftsgebiet, nämlich die Ökologie und ihre historischen Dokumentationen. Bekanntlich führte die portugiesische Karavelle Joao de Nova Castella, deren Besatzung am 21. Mai 1502 die namenlose, später St. Helena genannte Insel entdeckte, auch einige Ziegen mit, die auf der Insel ausgesetzt wurden, im Vertrauen darauf, daß ihnen die üppige Vegetation wohl bekommen würde. Das geschah auch ... Es wiederholte sich gewissermaßen die Geschichte Australiens und der Kaninchen, nur beobachteten den Fortgang der Verwüstung hier nur gelegentlich landende Robbenjäger und Walfänger. Ende des 18. Jahrhunderts war es schon zu spät. Die Herde der verwilderten Ziegen hatte den Pflanzenwuchs auf der Insel völlig vernichtet, so daß sich der Gouverneur beim englischen König beklagte, daß die letzten Bäume einschließlich der kostbaren, für die Insel einen wichtigen Exportartikel darstellenden Ebenholzbäume das Zeitliche gesegnet hätten. Aus London wurde ihm geantwortet, die Ziegen seien für die Ernährung der Inselbewohner wichtiger als die Bäume. Erst im Jahre 1810 erlaubte man, ohne Rücksicht auf Eigentumsansprüche, alle Ziegen auf der Insel abzuschlachten – der damalige Gouverneur bezeichnete jedoch diese Maßnahme als verspätet und nutzlos, weil von der ursprünglichen Vegetation auf der Insel nichts mehr da sei.

Es scheint, daß die erwähnten englischen Lithographien nicht übertrieben, sondern nur die traurige Wirklichkeit der Insel zu Beginn des 19. Jahrhunderts konstatiert haben.

Außer den klimatischen Bedingungen und der unzureichenden Versorgung des beschriebenen Haushalts, zu dem außer Napoleon der Marschall Bertrand, die Generale Montholon,

Gourgaud, Las Gases und einige Bedienstete (z. B. der Korse Santini) gehörten, war der Erzfeind der französischen Gefangenen der stumpfe und grobe Gouverneur der Insel, Sir Hudson Lowe (1769–1844). Er löste im April 1816 den Admiral Cockburn ab, dessen Gewissen eines Gentleman sich offensichtlich sträubte, die geheimen Befehle der britischen Regierung auszuführen. Lowe war formbarer, es machte ihm, wie es scheint, nicht allzu viel aus, sich die Hände schmutzig zu machen. Tarle irrt sich ebenfalls, wenn er meint, daß »... in Übereinstimmung mit den Instruktionen ... Napoleon völlige Freiheit genoß, spazierenging, wohin es ihm beliebte, ausritt, Besuche empfing oder zurückwies, je nachdem wie ihm jemand behagte ...« In Wirklichkeit durfte Napoleon das Haus nicht ohne Begleitung eines englischen Postens verlassen, abends keine Besuche empfangen, so daß er sich oft (laut Zeugnis von O'Meara) viele Tage allein in dem kalten und feuchten Raum aufhielt, von Rheumatismus und Kopfschmerzen geplagt.

Befremdlich ist, daß Napoleon nicht erlaubt wurde, einen seiner bewährten und gebildeten Leibärzte mit auf die Insel zu nehmen, vor allem den hervorragenden Chirurgen und Diagnostiker Jean Nicolas Corvisart (1755–1821), der Napoleons uneingeschränktes Vertrauen genoß und dem Kaiser gegenüber die richtige und psychologisch wirksame Beziehung gefunden hatte. Als ihm verwehrt wurde, seinen gekrönten Patienten nach Helena zu begleiten, traf ihn vor Aufregung ein Gehirnschlag. Abgelehnt wurde auch der allseitig gebildete Noël Hallé (1754–1822), Napoleons »médecin ordinaire«, obwohl der Kaiser Corvisart den Vorzug gab, weil »dieser zum Unterschied von Hallé nicht weiß, was ein gleichschenkliges Dreieck ist«, mit anderen Worten, er Napoleon als zuverlässiger Praktiker erschien. Auf St. Helena weilte auch nicht Napoleons Chirurg Alexis Boyer (1757–1833), ebensowenig sein Kollege Alexandre Urbain Yvan (1765–1839). Der Arzt Maingault hatte auf Corvisarts Empfehlung Napoleon nach Toulon begleitet, in der Meinung, die Reise führe in das gelobte Amerika. Als er jedoch erfuhr, daß das Ziel eine einsame Insel sei, lehnte er es ab, die Fahrt fortzusetzen ...

Diese Situation war noch prekärer, weil Napoleon trotz der

betonten und seiner Umgebung suggerierten »eisernen Gesundheit« von Kindheit an fast unaufhörlich krank war. Über Napoleons Krankheiten ist eine ganze Literatur entstanden, die sich zu einem beträchtlichen Teil auf unzureichende Unterlagen und Hypothesen stützt. Sicher ist, daß Napoleon als Kind schwach und unterernährt war, daß er infolge der mangelhaften Ernährung an Rachitis und gelegentlichen Krämpfen litt. Als junger Mann fiel er oft in Ohnmacht, was Anlaß zu Vermutungen über Epilepsie gab. Offenbar unbegründet; am Beginn von Napoleons Anfällen stand stets eine starke Erregung oder einfach Hunger in der Zeit, als er den jüngeren Bruder unterstützte und sich selber zu einer Ernährung nach »dem animalischen und vegetabilen Prinzip« verurteilte, die aus einem Ranft Brot und einem Krug Milch am Tage bestand (um drei Uhr nachmittags), was auf keinen Fall ausreichend sein kann, um den heranwachsenden Organismus des jungen Artillerieleutnants zu ernähren.
Es scheint, daß auch Napoleons Schilddrüse nicht in Ordnung war. Der unablässige Husten, verbunden mit eingefallenen Wangen, roten Flecken und einer übermäßigen Schweißabsonderung ließ erst nach dem ägyptischen Feldzug nach und deutet die Möglichkeit einer Lungentuberkulose an. Hautkrankheiten wurde Bonaparte nie völlig los – von Kindheit an bis zum Tode wurde er von hartnäckigen juckenden Ausschlägen gequält, die nach jeder Erregung auftraten und sich in lästig nässende Flächen verwandelten. In einem relativ jugendlichen Alter im Jahre 1797 traten schmerzhafte Hämorrhoiden auf, die ihm das Reiten verwehrten und ihm in den Schlachten, an denen er hoch zu Roß teilnehmen mußte, unaufhörliche Qualen bereiteten (die er z. B. Talleyrand anvertraute). 1802 traten zum erstenmal Symptome der Krankheit auf, die ihn niemals mehr verlassen sollte: Schmerzen im Bereich der Leber und Galle, vielleicht eine Folge der Malaria, deren erster Anfall ihn bei einem Ferienaufenthalt auf Korsika im Jahre 1784 heimgesucht hatte. Die Schmerzen waren so stark – der Sekretär Fauvelet Bourrienne bezeugte es –, daß selbst Napoleon, stets bemüht, seine Beschwerden vor der ganzen Welt zu verbergen, es nicht schaffte, den verzweifelten Aufschrei zu unterdrücken: »Comme je souffre – wie ich leide!«

Dieses Bündel von Schmerzen und Qualen, aufgedunsen, gelb im Gesicht und unablässig von Hämorrhoiden geplagt, war nun in ein denkbar ungünstiges Milieu ohne Arzt geraten. Ihn versorgte mit Ergebenheit, aber offenbar geringer Wirkung, der irische Feldscher Barry Edward O'Meara, der als Schiffsfeldscher auf der Bellerophon gewirkt hatte. Während der zweieinhalbmonatigen Seereise hatte Napoleon Gefallen an ihm gefunden und sich ihn von den englischen Bewachern, erbeten. O'Meara sorgte drei Jahre lang treu für Napoleon und protestierte immer wieder gegen die Bedingungen, unter denen sein Patient interniert war, so daß er im Jahre 1818 nach einer scharfen Auseinandersetzung mit dem Gouverneur Lowe von der Insel verwiesen wurde. Der schwerkranke Napoleon blieb volle fünf Monate lang ohne jedwede ärztliche Betreuung.
Schon ein Jahr nach der Ankunft auf St. Helena konstatierte O'Meara bei Napoleon eine schwere Entzündung des Zahnfleisches, das anschwoll und bei jeder Berührung blutete. Im Hinblick darauf, daß auch Anschwellungen der Füße und der Leistendrüsen hinzukamen, handelte es sich zweifellos um eine Gesamterkrankung. Ende September 1817 begann sich Napoleon über dumpfe Schmerzen und Hitzegefühle in der Lebergegend zu beklagen sowie über stechende Schmerzen im rechten Schulterblatt. O'Meara fand eine schmerzhafte Geschwulst und konstatierte eine Nierenerkrankung, offenbar nicht ganz richtig. Die Behandlung half nicht, dazu kamen jetzt Schlaflosigkeit, Herzklopfen und Erstickungsangst.
Nach O'Mearas Hinauswurf wurde Napoleons Zustand verzweifelt, er fiel häufig in Ohnmacht, und verschiedene Anzeichen sprachen für die Gefahr eines Schlaganfalls. Berichte darüber drangen nach Europa und Amerika und lösten Empörung aus, die sich in zahlreichen Flugblättern äußerte, auf denen der Gouverneur Hudson Lowe in wenig schmeichelhaften Gestalten abgebildet wurde, vor allem als Teufel mit Totenschädel und gekreuzten Gebeinen, beauftragt, Bonaparte grausam zu ermorden.
Unter dem Druck der öffentlichen Meinung und auf Drängen von Napoleons »Miniaturhof« erlaubte Lowe schließlich nach einem besonders bedrohlichen Anfall, daß sich der

Schiffsarzt John Stokoe (1755–1852) des verbannten Kaisers annahm. Er bereute jedoch seine »Gefälligkeit« umgehend. Stokoe war nämlich, wie sich herausstellte, ein Freund des Sünders O'Meara, und obendrein schrieb er konsequent in seinen Berichten nicht von General Bonaparte, wie ihm anbefohlen war, sondern von dem »Kranken«. Lowe erklärte, das könne auch der »kranke Kaiser« bedeuten, stellte Stokoe vor ein Kriegsgericht und setzte seine Entlassung aus dem Dienst durch. Seit dem 22. Januar 1819 war also Napoleon wiederum ohne Arzt.

Diese Behandlung veranlaßte seine Familie, die Entsendung eines Fachmanns nach St. Helena zu erwirken. Die Wahl fiel auf den Korsen Francesco Antommarchi (1780–1838), laut einigen Biographen Napoleons ein »betrügerischer Bader und Maulheld«, in Wirklichkeit ein gebildeter Theoretiker, Philosoph und Anatom, ein Schönling, absolut unfähig, die praktische Medizin auszuüben. Das stellte übrigens Napoleon bald selber fest. Er äußerte, er würde Antommarchi mit Vergnügen und vollem Vertrauen ein Pferd zur Obduktion anvertrauen, niemals aber zur Behandlung seinen eigenen Fuß. Was die moralischen Qualitäten des schönen Korsen betrifft, so dürfen wir da sehr skeptisch sein – das bewies er später bei vielen Gelegenheiten, obwohl ihn Napoleon in seinem Testament mit einer Leibrente von 16000 Francs bedachte.

Es handelt sich um die letzte der Ungeheuerlichkeiten des korsischen Familienclans, den Napoleon sein Leben lang wie einen Klotz am Bein mit sich schleppte, dieser Ansammlung von stumpfen und feigen Individuen, die einander im Wettstreit um den Hermelin zu übertreffen suchten und danach gierten, ganz Europa in ein Familienunternehmen zu verwandeln. Obwohl über Napoleon viel geschrieben wurde, ist die Rolle dieses verderblichen Clans nicht aufgehellt, z. B. beim Beginn von Napoleons spanischem Abenteuer, das dem unfähigen Joseph den Thron sichern sollte.

(Eine rühmliche Ausnahme in dieser unersättlichen Meute bildete Napoleons Mutter, Laetitia Bonaparte, die die Triumphe des Sohnes ohne jede Erregung aufnahm und häufig ihre Sorge öffentlich äußerte: »Wo nimmt er das Essen her, um alle diese Kaiser und Könige zu füttern, wenn die Herrlichkeit einmal vorbei ist?« Napoleon tobte natürlich, aber nur innerlich oder unter vier Augen. Er bemühte sich, die Mutter möglichst außerhalb des tratschsüchtigen Hofes zu halten, was ihm insgesamt gelang. Die kluge Frau vom Lande sehnte sich ohnehin nicht nach pompöser Gesellschaft.)

Die Tatsache, daß all diese Herrschaften es nicht schafften, dem Manne, dem sie im wahrsten Sinne des Wortes alles verdankten, einen anständigen Arzt zu besorgen, spricht für sich. Zum erstenmal untersuchte Antommarchi den Kaiser am 23. September 1819. Es war keine ermunternde Untersuchung. Die Haut des Kaisers war grau, die Augen waren trüb, der Leib gedunsen, der Bereich der linken Niere verhärtet und druckempfindlich. Antommarchi verordnete dem Patienten körperliche Bewegung, heiße Bäder, Salben und Pflaster. Für kurze Zeit schien sich der Zustand, zu bessern – doch im August 1820 kam es zu einer plötzlichen Wende. Heftige Schmerzen im Oberbauch stellten sich ein, die bis zur Bewußtlosigkeit führten. Wie gewöhnlich war Antommarchi nicht greifbar – er unternahm Ausflüge in die weitere Umgebung oder amüsierte sich im Bordell des Städtchens Jamestown mit Einverständnis des Gouverneurs Lowe, der erfreut war, daß der Patient nicht verhätschelt wurde. Napoleon bemühte sich, in Augenblicken der Erleichterung die gedrückte Stimmung seines Gefolges zu heben. Er führte selbst seine Diagnose durch – wie wir sehen werden, eine falsche. Er meinte nämlich, er habe Krebs, an dem im Alter von nicht ganz vierzig Jahren sein Vater Carlo Bonaparte gestorben war. »Krebs, das ist das Waterloo, das im Inneren eingetreten ist ... «, witzelte er.

Der Zustand Napoleons verschlechterte sich täglich. Im April 1821 entschloß sich Antommarchi, Weinstein als Brechmittel auszuprobieren, unter den gegebenen Umständen die unsinnigste und schlimmste Arznei, die ihm überhaupt einfallen konnte. Die Wirkung stellte sich ein. Bonaparte litt an konvulsivischem Erbrechen, fiel in Ohnmacht, ihn quälten unerträgliche Schmerzen. Der ansonsten nicht allzu besorgte Antommarchi bekam nun doch Angst und ersuchte um die Konsultation eines weiteren Arztes, des britischen Regimentschirurgen Archibald Arnott (1771–1855).

Es geschah etwas Unglaubliches, was für eine organisierte Verschwörung spricht: Arnott untersuchte Napoleon erstmalig am 21. April 1821, hörte sich seine Klagen über unerträgliche Schmerzen an, die ihn wie Messer durchschnitten, und fand bei ihm – eine unheilbare Hypochondrie. Er lehnte jedwede körperliche Krankheit ab, fand keinerlei krankhafte Symptome, teilte dem Gouverneur und den Offizieren mit, es drohe absolut keine Gefahr. Napoleon war seiner Meinung nach nur ein Simulant.

Diese Episode ist erstaunlich, Napoleon näherte sich damals schon seinem Tode, und die Krankheitssymptome mußten selbst einem Blinden offensichtlich sein. Es ist jedoch charakteristisch, daß Antommarchi die »Diagnose« von Arnott erleichtert als die seine übernahm.

Am 27. April erbrach Napoleon eine schwarze Flüssigkeit, offenbar vergiftetes Blut. Er lehnte jedoch bereits jede ärztliche Hilfe ab. An den folgenden Tagen schlief er zumeist oder phantasierte.

Am 4. Mai fiel er mit kaum fühlbarem beschleunigtem Puls in Bewußtlosigkeit. Am 5. Mai 1821 um 18.00 Uhr starb er. Die Augenzeugen bestätigten, daß die Weste des Toten in der Lebergegend mit Blut getränkt war, das offenbar aus einem durchgebrochenen Abszeß stammte. Auch das wurde nicht untersucht. Seine letzten Worte sollen gewesen sein: »Frankreich ... Armee ... Vorhut ...«

Napoleon hatte zu Lebzeiten ausdrücklich verlangt, seziert zu werden. Was sein Gefolge sehr überraschte – auf Korsika war eine Obduktion damals etwas ganz Ungewöhnliches, wenn nicht Unmögliches, und Napoleon war bis zu seinem Ende gefühlsmäßig Korse geblieben. Die Erklärung bietet jedoch ein Satz in seinem Testament, das er am 13. April dem Grafen Montholon diktiert und am 15. April eigenhändig umgeschrieben und unterschrieben hatte: »Ich sterbe vorzeitig, ermordet durch die englische Oligarchie und ihre gedungenen Mörder. Das englische Volk wird mich bald rächen.«

Das ist eine harte Beschuldigung, um so bitterer, da er sich nach kurzem Zögern freiwillig in die Hände seiner grimmigsten und, wie er sich bald überzeugen sollte, unversöhnlichsten Feinde begeben hatte, wenn auch unter dem Druck der

Umstände. Am 13. Juli 1815 hatte er aus Rochefort in einem an den Prinzregenten adressierten Brief seine Entscheidung mitgeteilt, worin er u. a. anführte: »Wie Themistokles suche ich Asyl beim britischen Volk ... «

War Napoleon so schwach in Geschichte oder drückte dieser Satz zugleich auch einen politisch recht naiven und mehr von der Erregung als von rationalen Erwägungen diktierten Wunsch aus? Schließlich wurde das Asyl des Themistokles beim persischen König Artaxerxes nach der Verurteilung durch den Athener Ostrakismos *(471 v. u. Z.; Ostrakismos – eigtl. Scherbengericht; altathenische Volksabstimmung über die Verbannung eines Bürgers mit Tonscherben als Stimmtafeln)* mit der Ernennung zum Satrapen von Magnesia vergoldet, wo er als zwar untergeordneter, aber mächtiger Herrscher bis zu seinem Tode im Jahre 459 herrschte ... Erwartete Napoleon etwas Ähnliches? Hoffte er, die bis zur Weißglut erhitzten Bourbonen würden untätig zuschauen? Bildete er sich wirklich ein, er werde in die Hände des »britischen Volkes« fallen, das Helden geneigt und von dem durchdrungen ist, was wir heute Sportgeist nennen, nicht aber der kühl berechnenden und anonym grausamen Herrschaft des Geheimdienstes und der Kapitalgruppen, die sich anschickten, wie ein Geierschwarm über das ausgehungerte und dank der Kontinentalsperre verarmte Europa herzufallen?

Der letzte Satz des Testaments zeugt von der Desillusionierung und den aus sechs Jahren Verbannung gezogenen Lehren. Schwer zu sagen, ob Napoleon Lowes Schikanen und die mörderischen Bedingungen auf Helena im Sinn hatte (gerade als er im Sterben lag, tobte dort einer der Stürme, die Bäume knickten und Häuser zerstörten) oder – und dieser Ansicht neige ich persönlich zu – einen vorbedachten Mord durch Vergiftung, deren Spuren er durch die Obduktion aufzudekken hoffte, um so noch nach dem Tode seinen Gegnern einen zweifellos wirksamen moralischen Schlag zu versetzen.

Das geschah nicht infolge der sehr sonderbaren, die Obduktion begleitenden Umstände. Sie wurde von Antommarchi im Beisein von sechs britischen Militärärzten und des unerläßlichen Sir Hudson Lowe durchgeführt, der ständig ins Protokoll eingriff und einige Angaben, wie z. B. die starke

Vergrößerung und Verhärtung der Leber, wegzulassen befahl. Diese unverhüllte Einmischung bekräftigt nur den Verdacht, daß hier etwas faul war, zumal das Obduktionsprotokoll nicht freigegeben wurde und bis heute unauffindbar ist. Der schöne Antommarchi veröffentlichte nach der Rückkehr zwei völlig gegensätzliche und sich gegenseitig ausschließende Berichte. Bei der Obduktion wurde, wie wir heute mit Sicherheit wissen, der Magen des Toten mit vergiftetem Blut gefüllt gefunden und auf der Schleimhaut des Pylorus (des Magenausgangs) ein Geschwür. Antommarchi diagnostizierte Magenkrebs, der den durchgebrochenen Leberabszeß, die Lebererkrankung überhaupt, die Schwellungen im Nierenbereich bewirkte, und alle übrigen pathologischen Veränderungen erwähnte er mit keinem Wort.

Zweifel an der eigentlichen Ursache von Napoleons Tod und der klinischen und Obduktionsdiagnose von Antommarchi tauchten gleich nach dem Tode des Kaisers auf, und sie sind bis heute nicht verstummt. Damit beschäftigen sich medizinische Zeitschriften und die populäre Presse. Die letzten zusammenfassenden Betrachtungen veröffentlichte meines Wissens der traditionsbewußte Brite Lancet (1966).

Magenkrebs als Todesursache können wir mit Sicherheit ausschließen. Napoleon war am Ende seines Lebens krankhaft dick – bei der Obduktion fand man über dem Brustbein eine halbzollstarke Fettschicht –, während an Krebs Erkrankte, und um so mehr an Magenkrebs, sehr abgemagert sterben. Es ist sonderbar, daß Antommarchi überhaupt eine so offensichtlich unstimmige Diagnose stellen konnte, im Beisein von sechs Ärzten, die mit den Krankheiten vertraut waren, wie sie die Insel St. Helena heimsuchten, und deren klinisches Bild auf Napoleons Zustand entschieden besser gepaßt hätte.

Auf Helena grassiert z. B. die endemische infektiöse Hepatitis (Leberentzündung), die ernste und dauerhafte Schäden hinterlassen kann, vor allem eine Leberzirrhose und die daraus hervorgehende krampfadrige Erweiterung der Speiseröhrengefäße, aus denen es dann leicht zu Blutungen kommt.

Es bot sich auch die Diagnose einer amöbischen Ruhr an, die massenweise die englischen Truppen und die Einwohner befiel. Die davon Betroffenen leiden an Leberabszessen, und

denen entsprechen Napoleons vergrößerte Leber und der von Antommarchi nicht beschriebene Durchbruch eines Abszesses durch die Bauchwand. Es ist allerdings unwahrscheinlich, daß sich ein so großer Abszeß, der die Muskulatur und die starke Fettgewebsschicht perforierte, nicht weit eher in die Bauchhöhle ergoß oder über Verwachsungen in den Magen mit Blutungen der angegriffenen Gefäße gelangte. Zur Klärung dieser Frage haben auch die drei Stückchen von Napoleons Darm nicht beigetragen, die bei der Obduktion entnommen worden waren und in den Sammlungen des Hunterian Museums in London aufbewahrt wurden, unter der speziellen Aufsicht der britischen Regierung, die entschied, daß sie erst nach hundert Jahren untersucht werden dürften. Ist das nicht sonderbar, wenn wir uns vor Augen führen, daß der Beweis seiner ernsthaften Erkrankung – z. B. eben an dieser Amöben-Ruhr – mit einem Schlag allen Verdacht und die davon herrührenden Angriffe auf England allgemein und den unsympathischen Gouverneur Hudson Lowe insbesondere zerstreuen könnten?
1927 untersuchte der französische Chirurg Leriche dieses einzigartige Präparat. Er fand es in einem sehr schlechten Zustand vor, was im Hinblick auf das Alter und die veraltete Konservierungsmethode nicht verwunderlich ist. Er meinte, auf der Darmschleimhaut ein ruhrartiges Geschwür entdeckt zu haben. Das konnte jedoch auch von einer zusätzlichen Infektion stammen, an denen auf St. Helena kein Mangel herrschte. Die weitere Untersuchung wurde untersagt, und das Präparat wurde schließlich bei einem Luftangriff im 2. Weltkrieg vernichtet. Erhaltengebliebene Fotografien davon erlauben keine belegbaren Schlußfolgerungen.
Die sonderbaren Umstände von Napoleons Tod und Obduktion und vor allem natürlich die Symptome von Napoleons Krankheit selber – schwellendes und blutendes Zahnfleisch, Schwäche, gelegentliches Erbrechen und Durchfall sowie Leberstörungen – weisen, ganz abgesehen vom unbestreitbaren Bemühen des englischen Geheimdienstes um die physische Liquidierung des Kaisers, eindeutig auf die Möglichkeit einer chronischen Vergiftung hin. Das Gift, das fähig war, ein solches Krankheitsbild zu erzeugen, brauchen wir

nicht lange zu suchen. Es ist das »Gift aller Gifte«, das älteste der Menschheit bekannte metallische Gift Arsen, genauer gesagt seine Verbindungen, vor allem das Arsentrioxid, das Arsenik. (Arsen selber löst sich in Wasser nicht auf und ist deshalb nicht als Gift verwendbar.)

In der Zeit Napoleons war es fast unmöglich, mit medizinischen oder toxikologischen Mitteln eine akute Arsenvergiftung von der Cholera zu unterscheiden. Die überwiegende Mehrzahl der Giftmischer blieb unbestraft. Kein Wunder, daß der »Urvater der Toxikologie«, Matthieu Joseph Bonaventura Orfila, einen bedeutenden Teil seines zweibändigen Werkes »Traité des poisons, ou Toxicologie générale« (Abhandlung über die Gifte oder allgemeine Toxikologie) aus dem Jahre 1813 vor allem der Problematik der Vergiftung durch Arsenpräparate widmete. Eine zuverlässige Methode, sie nachzuweisen, konnte er jedoch nicht finden. Dies gelang erst im Jahre 1836 dem Engländer James Marsh. Ein Giftmischer konnte also bei Einhaltung minimaler Vorsichtsmaßnahmen sicher sein, nicht entlarvt zu werden.

Die moderne Zeit bescherte der Gerichtsmedizin allgemein und der Toxikologie im besonderen viele Erfolge. Nachweise von Arsenik und anderen Arsenverbindungen in Geweben, auch lange nach dem Tode ihrer Träger sind vor allem dank den Fortschritten der Nuklearphysik präzise und zuverlässig. Das Gewebe, in dem man einen gewissen Gehalt von Arsenverbindungen vermutet, wird mit Neutronen beschossen, und die entstandenen radioaktiven Isotope des Arsens werden dann mit den üblichen Methoden der Aktivierungsanalyse festgestellt, ihre Menge und Plazierung werden genau bestimmt.

Englische Wissenschaftler aus dem Atomforschungszentrum in Harwell entschlossen sich nach dem 2. Weltkrieg, endlich Schluß zu machen mit den endlosen Verleumdungen und Vermutungen und diese Methode anzuwenden. Sie untersuchten nach einer Neutronenbombardierung vier von Napoleons Haaren, die ihm nach dem Tode von seinem Diener Louis Marchand abgeschnitten worden waren, und zur Kontrolle stellten sie ihren Kollegen in Schweden vier weitere Haare zur Verfügung.

Das Ergebnis war niederschmetternd.

Napoleons Haare enthielten eine zehnmal höhere Menge Arsen als die Haare eines Menschen, der den Einwirkungen dieses Giftes nicht ausgesetzt war. Das Arsen ist in Napoleons Haaren so verteilt, daß eine allmähliche Vergiftung durch kleine, aber dennoch toxische und schließlich verhängnisvolle Dosen in der der jähen Verschlimmerung der klinischen Symptome vorhergehenden Zeit offensichtlich ist.
Die britischen und schwedischen Ergebnisse sind völlig dekkungsgleich. Obwohl die Kernphysiker aus Harwell über ihre Entdeckung nicht sonderlich begeistert waren, publizierten sie sie als redliche Fachleute im Jahre 1961 in der Zeitschrift »Nature«.
Die britischen Blätter stimmten ein Geschrei an und brachen eine Lanze für den makellosen Charakter von Sir Hudson Lowe und alle seine Vorgesetzten und Untergebenen, denen es nicht im Traum eingefallen wäre, sich mit Giftmischerei zu beflecken.
Napoleons chronische Vergiftung durch Arsen, und zwar mit sehr wirksamen Dosen, steht jedoch außer Zweifel, zumal die Haare nicht die einzigen, ja nicht einmal die wichtigsten Beweisstücke sind. Ihre geringe Menge von 1,72 mg schloß nämlich die Durchführung einer vollständigen Aktivierungsanalyse aus, und die englischen Verteidiger der Makellosigkeit des Gouverneurs Lowe und der weiteren Bewacher auf Helena nutzten das auch weidlich aus.
Ein weiterer Angriff kam aus der Schweiz. Als die sensationelle Entdeckung von Harwell in der Tagespresse veröffentlicht wurde, erinnerte sich der Schweizer Fabrikant M. Clifford Frey, daß er von seinem Vater einen Brief mit einer Strähne von Napoleons Haaren geerbt hatte. Der Umschlag trug die Aufschrift »Cheveux de l'immortel Empereur Napoléon« (Haare des unsterblichen Kaisers Napoleon), Absender war Napoleons Diener Abraham J. Noverraz, Poststempel vom 9.7.1838, und außer den Haaren enthielt der Umschlag eine Mitteilung: »Ich habe heute die Freude, Herr Mons-Riss, Ihnen ein paar Haare des Kaisers Napoleon schicken zu können, die ich nach seinem Tode von seinem Haupt abgeschnitten habe, und zwar am 6. Mai 1821.« Von der Familie Mont-Riss hatte Cliffords Vater die Reliquie erworben.

Am 6. November 1961 legte Herr Frey junior die Haare, die jetzt für eine Analyse ausreichten, persönlich Wissenschaftlern aus dem Institut für Gerichtsmedizin in Glasgow vor, wo eine Aktivierungsanalyse durchgeführt wurde. An der Herkunft der Haare bestand kein Zweifel – Noverraz war beauftragt worden, Napoleon die Totenmaske abzunehmen, und deshalb hatte er einen Teil der Haare abrasiert, damit sich der Gipsabdruck besser löste.
Die Haare wurden im Harweller Kernreaktor 24 Stunden lang mit Neutronen bestrahlt. Das Ergebnis bestätigte die erste Untersuchung: In den letzten vier Monaten seines Lebens hatte Napoleon abnorm hohe Arsengaben erhalten. Die Periodizität der Gaben stimmte mit dem klinischen Verlauf von Napoleons Krankheit überein, und ihre Höhe überstieg um das Mehrfache mögliche Dosen einer Arsenkur, soweit der Kaiser – was nicht nur nicht erwiesen, sondern nach dem Krankenblatt mit großer Wahrscheinlichkeit ausgeschlossen ist – nicht irgendwelche Arsenpräparate als Arznei gebrauchte.
Gegen das dreifache übereinstimmende Ergebnis konnte man freilich keine Einwände erheben, doch die britischen Patrioten meinten, nicht schweigen zu dürfen. Ihren Gegenangriff führten sie in zwei Richtungen. Vor allem bemühten sie sich nachzuweisen, daß Napoleons Vergiftung durch Arsenpräparate nicht absichtlich herbeigeführt wurde, sondern durch einen unglücklichen Zufall, da Arsen zur Vertilgung der zahllosen Ratten, dieser Inselplage, und zur Desinfektion des schlechten Trinkwassers angewendet wurde. Wie man sieht, wurde die Behauptung vom »irdischen Paradies« in der Not über Bord geworfen.
Diese Vermutungen sind zu verkrampft, um bestehen zu können. Auch wenn die Ratten vielleicht wirklich mit Arsenik vergiftet wurden, ist es unwahrscheinlich, daß Napoleon von sich aus gelegentlich einen Giftköder verschluckt haben könnte. Und was das Wasser betrifft, so gehört seine Verbesserung durch Arsen, das heißt durch lösliche, giftige Verbindungen (z. B. Arsenikkupfer oder das sogenannte Schweinfurter Grün, durch Arsentrichlorid und anderes) eher in das Reich der Märchen. Das Wasser auf St. Helena war miserabel,

daran besteht kein Zweifel, doch authentische Berichte sprechen nur davon, daß man es abkochte.
Es ist interessant, daß die Verteidiger der Ehre der englischen Bewacher niemals ein Argument benutzten, das sich direkt anbot, nämlich Napoleons Heilbehandlung mit Arsenpräparaten, die damals bei der Therapie von Geschlechtskrankheiten üblich waren und auch bei Krebs benutzt wurden, von dessen zerstörerischer Wirkung im eigenen Körper Bonaparte selber überzeugt war. Es wurde jedoch nachgewiesen, daß keiner von Napoleons Ärzten Arsenpräparate verordnete und daß sie nicht angewandt wurden.
Begreiflicher ist die Zurückhaltung der Verteidiger hinsichtlich einer zufälligen Vergiftung, obwohl man auch diese Möglichkeit nicht ausschließen kann. Um das Jahr 1900 erkrankten z. B. in Manchester 6000 Menschen an Arsenvergiftung infolge einer versehentlichen Verunreinigung der in den Brauereien verwendeten Glukose durch Arsenverbindungen. Außerdem waren beträchtliche Mengen giftiger Arsenverbindungen über einen längeren Zeitraum in weitere Lebensmittel und in eine besondere grüne Tapetenfarbe geraten, was beim Aufenthalt in den damit versehenen Räumen nachweislich eine Vergiftung hervorrief.
Der Fall von Manchester beweist, daß durch den Genuß von vergiftetem Wasser oder solchen Speisen bestimmt mehr Personen erkrankt wären, so daß es unwahrscheinlich ist, daß eine zufällige Vergiftung zum tragischen Ende Napoleons geführt haben könnte, zumal in Manchester niemand starb und alle Giftquellen rechtzeitig entdeckt wurden.
Schließlich bewies die Aktivierungsanalyse der Haare, daß das Arsen in Napoleons Haaren unregelmäßig plaziert war, auf eine Art, die dem wiederholten Genuß toxischer Gaben entspricht. Im Falle eines ständigen Kontakts mit einer giftigen Arsenverbindung wären die Haare gleichmäßig durchsetzt gewesen – was auch für den physiologischen Gehalt gilt, der nur den hundertmillionsten Teil des Gewichts der Haare betrug.
Ausgeschlossen ist auch eine postmortale »Tränkung« der Haare mit Arsen, wozu es zuweilen in einem arsenhaltigen Boden kommt. Die Haare lassen sich in diesen Fällen stets

waschen, und Napoleons Haare waren sofort nach seinem Tode abgeschnitten und als kostbares Andenken aufbewahrt worden.

Eine andere Tatsache allerdings ist die – und darauf stützt sich eine weitere Richtung der Verteidigung der Bewacher –, daß Arsen auf der Insel offenbar jedermann zur Verfügung stand und daß also der potentielle Mörder eine ideale Möglichkeit hatte, es sich jederzeit und gefahrlos zu besorgen. Englische Zeitungen beschuldigten den General Graf de Montholon des Mordes, den persönlichen Sekretär und Vertrauten Napoleons, neben dem Grafen Bertrand der einzige Mensch, mit dem der Kaiser in seinen letzten zwei Lebensjahren verkehrte und aus dessen Erinnerungen (herausgegeben im Jahre 1847) und Verhalten auf St. Helena eine absolute, ja fast exzentrische Ergebenheit Napoleon gegenüber offensichtlich wird. Sogar in der Verbannung noch hätte er sich mit Gorgaud um die Entscheidung duelliert, wer von ihnen den Kaiser mehr liebte, wäre nicht Napoleon persönlich eingeschritten. Das war den Autoren der scharfsinnigen Hypothese bekannt, und deshalb bezeichneten sie die vermutete Tat Montholons als einen »Akt des Mitleids«.

Psychologisch ist ein solches Handeln unannehmbar und unwahrscheinlich. Montholon kam die Möglichkeit eines Attentats auf den geliebten Kaiser ganz bestimmt nicht in den Sinn, und wenn, dann hätte er sicher humanere Mittel gewählt als eine chronische Arsenikvergiftung, die stets mit unaussprechlichen Qualen verbunden ist.

Übrigens war Napoleon zu Beginn des Aufenthalts auf St. Helena kein bedauernswerter armer Teufel, wohlüberlegt begann er die »Napoleonlegende« zu schaffen, er war dauernd beschäftigt, diktierte seine Memoiren, zwar nicht allzu objektiv, sondern sehr persönlich und manchmal ungenau, dennoch aber richtig die meisten Fehler nennend, die er während seiner Herrschaft begangen hatte. Für einen der größten und beschämendsten hielt er den Krieg gegen Rußland. Er las sehr viel. Den Verdacht gegen den Grafen Montholon als einen sentimentalen Giftmischer, der aus Liebe und Trauer über Bonapartes Schicksal mordete, können wir ohne Bedenken streichen.

Etwas ernsthafter ist die Andeutung, die ebenfalls in der Presse auftauchte, der Giftmörder könne auch ein »sich langweilender britischer Offizier« gewesen sein. Sich langweilende britische Offiziere gab es auf St. Helena übergenug. Sie befehligten ein starkes Truppenkontingent, das nach Jamestown zum Schutz der Insel und ihres gefährlichen, wenn auch erlauchten Gefangenen abkommandiert war. Der Dienst auf diesem verlorenen Posten muß sehr unangenehm gewesen sein, zumindest entsetzlich langweilig und infolge des völligen Mangels an Aussichten auf einen militärischen Erfolg und die damit verbundene Karriere deprimierend. Napoleons Tod bedeutete sicherlich für viele Offiziere die Befreiung und Rückkehr ins Vaterland oder wenigstens in freundlichere Gefilde, die mehr Hoffnung auf die ersehnten Lorbeeren boten. Trotz aller für die Schuld eines unbekannten gelangweilten Offiziers sprechenden Argumente ist auch diese Variante unwahrscheinlich. Die Beziehung der Offiziere und Soldaten der englischen Garnison Napoleon gegenüber war bemerkenswert: »... Sie verhielten sich zu Napoleon, dem Todfeind Englands, respektvoll, ja sie bekundeten manchmal auch gewisse sentimentale Gefühle. Die Soldaten brachten ihm Blumensträuße, baten Napoleons Begleiter wie um eine Gnade, ihn wenigstens flüchtig sehen zu dürfen. Die Offiziere äußerten noch nach vielen Jahren, wenn sie von dem Gefangenen sprachen, mit dem sie einige Jahre auf der entlegenen Insel verbracht hatten, ihre Sympathie mit einer dem englischen Temperament fast unangemessenen Lebhaftigkeit.« (Tarle).

Der russische Kontrollkommissar Graf Bolmanin (den, ebenso wie seine Kollegen aus Preußen und Österreich, Napoleon nie empfing) referierte darüber halb warnend, halb erstaunt: »... Die Franzosen sind tiefbewegt, wenn sie ihn erblicken, und halten sich für unsagbar glücklich, daß sie ihm dienen dürfen ... Die Engländer nähern sich ihm nur mit frommer Hochachtung. Ja selbst seine Wachposten lauern begierig auf einen Blick von ihm und bemühen sich, von ihm wenigstens ein Wörtchen zu erhaschen ... «

Aus beiden Zitaten, denen wir noch viele hinzufügen könnten, geht hervor, daß sich die englischen Offiziere zwar langweilten, daß sie aber die Schuld an ihrem Zustand nicht

Napoleon gaben und unter ihnen keinerlei Haß auf den abgesetzten Kaiser herrschte. Einen Giftmord hätte also nur ein einzelner begehen können, dessen Moralkodex im schroffen Gegensatz zu den Begriffen der Offiziersehre stand, auf die die Briten (vielleicht außer dem Gouverneur) stets bedacht waren, und dessen Denken sich scharf von der allgemeinen Stimmung in Jamestown unterschied.

Außer diesen psychologischen Einwänden gibt es auch gewichtigere sachliche gegen die angeführte Hypothese. Jamestown liegt entgegengesetzt zu dem Napoleon angewiesenen Wohnsitz, der Höhe von Longwood, und der Kontakt englischer Offiziere mit Bonaparte und seinem Gefolge war eher die Ausnahme als die Regel. Im Hinblick auf Napoleons immer wieder (auch auf St. Helena) aufflammenden Haß gegen die Engländer der herrschenden Klasse hatte keiner der Offiziere die Möglichkeit und Gelegenheit, sich so nahe an Napoleon heranzudrängen, daß er ihn hätte wohlüberlegt schrittweise vergiften können.

Schließlich haben wir allen Grund zu der Annahme, daß die chronische Vergiftung, nach den klinischen Symptomen zu urteilen, bald nach Napoleons Eintreffen auf der Insel begann und sich unablässig mit sich steigernden Dosen fortsetzte, wie sie in solchen Fällen nötig sind. In dieser Zeit wäre jeder englische Eindringling, der Napoleons Haus oder seine Lieferanten aufgesucht hätte, verdächtig gewesen. Streichen wir also die Hypothese von den sich langweilenden Offizieren. Bleibt die letzte und wahrscheinlichste Variante, für die das klinische Bild von Napoleons Krankheit und die Umstände auf der Insel sprechen.

Napoleon irrte sich nicht in seiner Ahnung, daß er einen vorzeitigen und gewaltsamen Tod finden werde, auch wenn es heute schwierig ist zu sagen, ob der Mörder aus der englischen Oligarchie oder vom Geheimdienst kam, der sehr oft ohne Wissen der Regierung, sogar gegen ihre Weisungen handelte. Es scheint, daß über Napoleons Schicksal im April 1816 entschieden wurde, als Admiral Cockburn als Inselgouverneur von Sir Hudson Lowe abgelöst wurde, einem nicht nur stumpfen und beschränkten, sondern vor allem sprichwörtlich ängstlichen Mann, völlig unfähig, sich in irgendeiner

Weise querzustellen, einerseits aufgrund seines eigenen Naturells, andererseits aus der lebenslänglichen hysterischen Furcht um seine Karriere. Man kann sich kein willfährigeres Instrument jedweder Gaunerei vorstellen als gerade den Gouverneur Lowe. Sein Verhalten Napoleon gegenüber wird gekennzeichnet von der Furcht vor einem Arzt, der Napoleon zu ergeben wäre und überflüssige Fähigkeiten hätte, der die Erkrankung als chronische Vergiftung diagnostizieren und durch energische Maßnahmen die Gefahr bannen könnte. O'Meara verfügte nicht gerade über die umfassende Allgemeinbildung eines damaligen Feldschers – bei ihm war die allzu große Ergebenheit das Hindernis. Antommarchi war genau der Richtige. Seine praktischen Kenntnisse waren minimal und seine ärztliche Moral miserabel. Ein sehr überzeugendes und suggestives Argument für die Vermutung, daß Lowe in das wahre Wesen von Napoleons Krankheit eingeweiht war, ist seine unbegreifliche, peinliche und undiplomatische Einmischung in das Obduktionsprotokoll. Wahrscheinlich war er über den Obduktionsbefund informiert, der eine chronische Arsenvergiftung nachwies, und bemühte sich, aus dem Protokoll alles auszumerzen, was mit diesem Befund übereinstimmte – vor allem die Schädigung des Lebergewebes. Vielleicht wußte er auch nur vom Treiben eines Giftmischers und handelte nach eigenem Gutdünken.
Die ganze Angelegenheit wurde zusätzlich durch das Ergebnis der Analyse von Napoleons Haaren kompliziert, die angeblich kurz vor der Abfahrt nach St. Helena abgeschnitten worden waren – sie enthielten nämlich das meiste Arsen von allen untersuchten Proben. Der Arsengehalt im Haar erlaubt den Schluß, daß die erste starke toxische Dosis dem Kaiser höchstwahrscheinlich kurz vor der Schlacht bei Waterloo verabreicht wurde. Das würde auch einen Vorfall erklären, dem einige Biographen eine Schlüsselstellung zumessen: In der entscheidenden Phase der Schlacht, als sich Wellington nach der Eroberung des Gutshofes La Haie Sainte durch die Franzosen bereits für geschlagen hielt, wurde Napoleon von grimmigen Schmerzen und Magenkrämpfen befallen, so daß er seinen Befehlsstand verlassen und in die nahe Mühle flüchten mußte, wo er sich vor Schmerzen wand. Inzwischen kam

es durch Neys Schuld zu einem ungeschickten Angriff der französischen Reiterei ohne Infanterieunterstützung auf die Karrees der englischen Schützen, die dem Ansturm standhielten und Napoleons Kavallerie dezimierten. Das entschied über das Ergebnis der ganzen Schlacht, trotz des Heldentums der von General Cambronne geführten Garde sowie der Tapferkeit der Reserven bei Placenoit unter dem Kommando des Marschalls Lobau. Die dreißigtausend Soldaten Blüchers entschieden das Gemetzel.
(Napoleons Abwesenheit vom Feldherrnhügel in der entscheidenden Phase der Schlacht erregte begreiflicherweise nicht nur die Aufmerksamkeit von Historikern, sondern auch die von Ärzten. Gewöhnlich diagnostizierten sie Epilepsie, die sich in der frühen Jugend Bonapartes in Anfällen gezeigt hatte – einige Autoren meinen, auch später, da wurden sie jedoch als eines der sorgsam gehüteten Staatsgeheimnisse streng geheimgehalten. Später dann in explosiven Zuständen von Aggressivität, abgelöst durch Zustände von Apathie und Abulie, ähnlich wie beim Kaiser Perioden geringen Schlafbedürfnisses solche krankhafter Schlafsucht folgten. Einige Psychiater meinen, daß es während der Schlacht bei Napoleon zu einem ohnmachtsähnlichen Zustand gekommen sei, der von der Epilepsie herrührte.)
Es ist nicht sicher, ja meines Erachtens auch nicht wahrscheinlich, daß die untersuchten Haare wirklich Napoleon gehört hatten. Zwischen Waterloo und der Deportation hatte er für den Friseur und die Verteilung von Andenken wohl kaum Zeit und Laune. Wenn es jedoch wirklich so war, dann spricht Napoleons Anfall in dem entscheidenden Augenblick der Schlacht für eine akute Vergiftung, und seine Bewacher auf St. Helena stünden außer Verdacht – nicht jedoch der britische Geheimdienst.
Das würde bedeuten, daß der Giftmörder jemand aus Napoleons nächster Umgebung war, vielleicht ein Diener oder der Koch, wer weiß ... Und wer weiß, von wem und aus welchem Fonds er bestochen war.
Der Kreis der Argumente, die für eine absichtlich und raffiniert durchgeführte schrittweise Vergiftung Napoleons sprechen, schloß sich durch die Entscheidung der englischen

Regierung, das Obduktionsprotokoll nicht zu veröffentlichen (bis heute!) und volle hundert Jahre die Untersuchung der Organteile zu verhindern, die bei der Obduktion durch unparteiische Fachleute entnommen worden waren. Man muß einräumen, daß das eine vom englischen Gesichtspunkt sehr kluge Entscheidung war: die Publikation der Kernwissenschaftler aus Harwell wurde als journalistische und kulturhistorische Interessantheit aufgenommen, regte jedoch niemanden sonderlich auf. Die Säbel blieben in den Scheiden, und die französische Flotte rauschte nicht zu den britischen Gestaden, um dort voller Rachgier zu landen.

Es kursiert eine sonderbare Geschichte, die nach Napoleons Tode kolportiert wurde. Getreu dem Grundsatz, auch derartigen Indizien nicht auszuweichen, wollen wir sie dem Leser mitteilen.

Es ist eine historische Tatsache, daß Napoleon einen Doppelgänger aushielt und bezahlte, einen Dörfler namens François Eugène Rabeau. Das wäre an sich nichts Besonderes und Überraschendes. Sonderbar jedoch ist, daß dieser Rabeau nach Napoleons Deportation von einem Sonderagenten der königlichen Polizei sorgsam überwacht, im Herbst des Jahres 1818 rätselhaft, spurlos und für immer verschwand. Die umfassende Fahndung nach ihm blieb ergebnislos – nach einigen Jahren erschien jedoch in der Kirchenmatrikel seiner Heimatgemeinde eine Notiz, die lautete, daß Napoleons Doppelgänger »in dieser Gemeinde geboren ist, gelebt hat und schließlich auf der Insel St. Helena gestorben ist«.

Die Phantasie lief auf vollen Touren, und aus den zarten Andeutungen entstand ein festes Gespinst um Napoleons romantische Flucht aus der Deportation. Einiges spielt dieser kühnen Version zu: So existiert zum Beispiel ein unverständlicher Brief des unseligen Gouverneurs Lowe vom Herbst des Jahres 1818, in dem dieser vertraulich mitteilt, daß Bonaparte die Insel verlassen habe. In den Erinnerungen der Angehörigen von Napoleons Miniaturhof können wir zwischen den Zeilen und stellenweise auch offen lesen, daß sich Napoleon gerade seit dem Herbst 1818 auffällig verändert habe, ob es sich nun um sein Verhalten oder seinen Gesundheitszustand handelte, daß sich auch seine Schrift verändert habe, daß er plötzlich viele Fakten nicht mehr kannte, die ihm unlängst geläufig waren, daß er sein glänzendes Gedächtnis verloren habe, das es ihm ermöglichte, sich der Namen alter Unteroffiziere und sogar mancher Soldaten der Großen Armee zu entsinnen. Ein begreifliches Ergebnis dieser Gerüchte war die Fama von einem weit späteren Tode Napoleons in Ruhe und Sicherheit in den Weiten Amerikas.

Dorthin waren übrigens viele Bonapartisten emigriert – es scheint, daß ihre Unterbringung vorbereitet, organisiert und finanziell reichlich gesichert war. Ein interessantes Kapitel ist die Geschichte des berühmtesten Marschalls Napoleons: Michel Ney, Herzog von Elchingen und Fürst von Moskau, der sich nach der Rückkehr Napoleons von Elba nach einigem Zögern dem Kaiser anschloß und an seiner Seite, statt ihn nach seinem Versprechen Ludwig XVIII. gegenüber in einem Käfig als Gefangenen zu bringen, an der Spitze des Heeres in das begeisterte Paris einzog. Dafür wurde er am 7. Dezember 1815 im Jardin du Luxembourg von einem Hinrichtungspeloton füsiliert. Das behauptet wenigstens die offizielle Version über den »Tapfersten der Tapferen«, einen Böttchersohn aus Saarlouis (geb. am 10. Januar 1769), der als letzter Offizier der Grande Armée bei dem katastrophalen Rückzug die russische Grenze überschritt. Sicher ist, daß um Mitternacht des 6. Dezember 1815 der Fürst de Broglie in seine Zelle trat, zwar ein Royalist, aber zugleich das einzige Mitglied des Kriegsgerichts, das für Freispruch gestimmt und seinen Standpunkt mit der Behauptung begründet hatte, in Frankreich werde sich kein Soldat finden, der bereit sei, auf das Symbol des Ruhmes zu schießen ...

Fand sich einer? War nicht vielleicht in den Gewehrläufen nur Pulver und täuschte nicht vielleicht der zu Exekutierende vor, daß er tödlich getroffen zu Boden stürzte? Es fanden sich Notizen über eine geheimnisvolle Kutsche, die vom Jardin du Luxembourg in Richtung Le Havre fuhr, zum Hafen und zu den Schiffen, die in alle Weltgegenden ausliefen.

Belegt ist ferner, daß vier Jahre nach diesem Ereignis in North Carolina ein Französischlehrer einer kleinen Schule in Georgetown auftauchte, ein gewisser Peter Steward Ney. Die bonapartistischen Emigranten respektierten sein Inkognito, allgemein glaubten sie jedoch, es handle sich um den Marschall. Als eines Tages dem Lehrer Ney der polnische Oberst a. D. Lechmanowski begegnete, ein Veteran der napoleonischen Armee, warf er sich ihm unter Tränen an die Brust und begrüßte gerührt seinen ehemaligen Befehlshaber. Peter Ney protestierte nicht, bestätigte jedoch auch nicht seine Identität mit dem Marschall. Ein zweites Mal erkannte seinen Kommandeur einer der alten Grognards, der Sergeant Louis Lefevier, der einst in der Leibwache des Marschalls gedient hatte. Am Tage darauf war Peter Steward Ney ohne jede Erklärung verschwunden – er tauchte erst im Jahre 1830 in Davidson wieder auf. Dort unterrichtete er nicht mehr, verbrachte als Privatier die meiste Zeit in der Bibliothek, wo er die französische Geschichte studierte.

Der Lehrer Ney wurde im Jahre 1836 auf dem örtlichen Presbyterianerfriedhof beigesetzt, unter einem mit einer bescheidenen Inschrift versehenen Grabstein, die sich von der recht bombastischen Lobpreisung des Marschalls auf dem Pariser Friedhof Père-la-Chaise unterschied. Erst jetzt meldeten sich die Bonapartisten zu Wort und verkündeten voller Freude, wie die bourbonische Polizei und ihre Häscher in Amerika getäuscht worden waren. Unter dem Druck dieser Gerüchte wurde das Grab in Davidson 1887 amtlicherseits geöffnet. Eine Identifizierung der sterblichen Überreste war jedoch nach den Gutachten der beiwohnenden Ärzte nicht möglich. Für dieses sonderbare Histörchen interessierte sich der französische Kriminalexperte David Carval, der sich in der Dreyfus-Affäre rühmlich hervorgetan hatte. Er besorgte sich authentische Briefe und eigenhändig geschriebene Befehle des Marschalls Ney sowie Schulzeugnisse und Notizen, die Peter Steward Ney geschrieben hatte – und nach Konsultationen mit Graphologen erklärte er die Schrift für absolut und zweifelsfrei identisch. Das ist ein sehr starkes Argument, wenn nicht ein Beweis – dennoch halten die meisten Historiker Neys Hinrichtung für erwiesen.

Zum Abschluß der Erzählung über Napoleon auf St. Helena, das Arsenik und das Establishment noch ein kleines trauriges Nachspiel: Die Ausmerzung der gefährlichen Familie Bonaparte endete nicht bei dem des Thrones beraubten Kaiser.

Getötet, wenn auch nicht direkt, wurde auch sein 1811 geborener Sohn Napoleon II., der bereits in der Wiege zum König von Rom gekürt wurde. Noch vor dem Fall von Paris im Jahre 1814 entsagte Bonaparte zu seinen Gunsten dem Thron, die Großmächte jedoch erkannten auf Drängen der Bourbonen begreiflicherweise diesen Akt nicht an. Der kleine Franz Joseph Karl, seit dem Jahre 1818 Herzog von Reichstadt (in Böhmen), wurde von seinem Großvater, dem österreichischen Kaiser Franz I. aufgezogen. Die Bonapartisten unternahmen 1815 und 1831 angestrengte Versuche, ihn wieder auf Frankreichs Thron zu setzen.

Der Adler (wie Napoleon II. nach dem gleichnamigen Stück von Rostand – L'aiglon – genannt wurde) kam seinen liebevollen österreichischen Verwandten entgegen. Er hatte vom Vater die zarte Konstitution geerbt, offenbar für Tuberkulose anfällig, doch im Unterschied zu ihm sehr aufnahmebereit für die Freuden der Welt, in die ihn in einem auffallend jugendlichen Alter seine ihm zugeteilten Gesellschafter einführten. Der kaum erwachsene Offizier, schmächtig und mager, verbrachte die Nächte bei Saufgelagen und in leichter Damengesellschaft. Unter diesen Umständen brach die Familientuberkulose bald aus, und der Adler hauchte im Jahre 1832 zur allgemeinen Erleichterung der österreichischen und europäischen Reaktion seine Seele aus. Dazu bedurfte es keines Giftes, es genügte, dem jungen Herrn nicht beizeiten eine Maulschelle zu verpassen und die Ausgaben der Bonvivants zu ersetzen, die sich bei der systematischen Zerstörung der Gesundheit des jungen Herzogs ablösten.

Anmerkung des Verlages: Wissenschaftler konnten 2003 die Theorie von der Arsen-Vergiftung widerlegen. Untersuchungen im Hahn-Meitner-Institut ergaben, daß Haarproben Napoleons von 1814, als er sich bester Gesundheit erfreute, eine höhere Arsenkonzentration aufwiesen als die Haare, die nach seinem Tod entnommen wurden. US-amerikanische Forensiker warten mit einer neuen Theorie auf: Die übertriebene Fürsorge seiner Ärzte habe Napoleon umgebracht, behauptet der Pathologe Steven Karch. Er glaubt, die wahre Todesursache gefunden zu haben. Napoleon sei an Kaliummangel gestorben, der zu einer Unterversorgung des Gehirns mit Blut geführt habe. Für den Salzmangel macht der Forscher die Einläufe und Abführmittel verantwortlich. Eine Überdosis Abführmittel habe Bonaparte schließlich umgebracht.

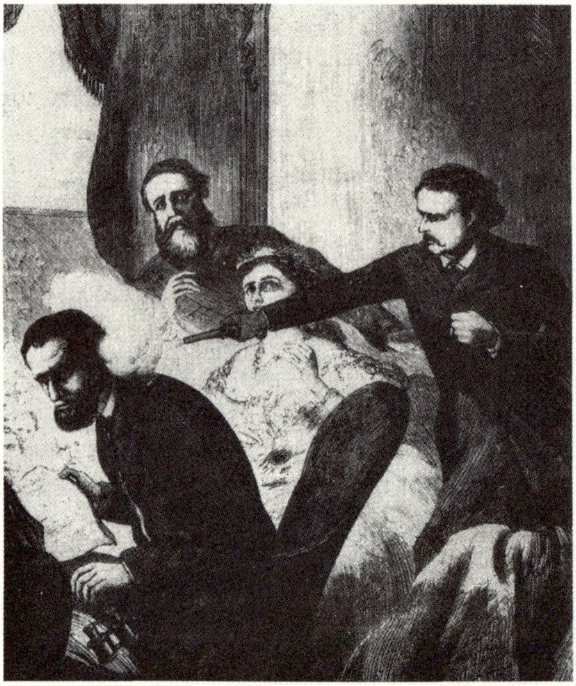

Der wohlverheimlichte Jago

An diesem dreistöckigen grauen Hause, 10. Straße, Washington, ist keine Glocke.
Ich klopfe ans Tor, nichts rührt sich.
Zum zweiten Male klopfe ich. Ein Mann macht mir auf.
»Ich möchte das Haus besichtigen.« – »Da ist nichts zu sehen.« – »Nun, so möchte ich das Nichts sehen.« – »Go in.« Da ist wirklich nichts zu sehen. Ein leerer Speicher mit drei Galerien rund um die Wände. Ein Warenaufzug mitten im Raum. Eine kleine Nebenkammer mit eingebauten Waschschüsseln. (Im Krieg hat hier eine Militärbehörde amtiert.) Der alte Pförtner ruft mir zu: »Dort, wo Sie stehen, war die Bühne, rechts oben die Loge.«

Egon Erwin Kisch, Paradies Amerika
(Kapitel: In einem Theater, das erschossen wurde)

Der rasende Reporter entdeckte wenigstens noch die Reste des umgebauten Ford-Theaters, einst eines der populärsten und besuchtesten Theater Washingtons, in dem am 14. April 1865 der Präsident der USA Abraham Lincoln ermordet wurde. Das Theater wurde später, nach dem Abriß der alten Mauern, wieder als Museum ausgebaut ... Der auch vom Gesichtspunkt der »Rächer des Südens« völlig sinnlose Mord ging also, wenn wir so sagen dürfen, aus dem Bereich materieller Andenken und aus dem Gedächtnis der nach und nach aussterbenden Augenzeugen in die mit mehr oder weniger geglückten Attentaten an Präsidenten reichgesegnete Geschichte der USA über.

Vor Lincoln wurde Andrew Jackson gewaltsam ins Jenseits geschickt, ihm folgten Charles Garfield, William McKinley, John Fitzgerald Kennedy und der Präsidentschaftskandidat Robert Kennedy. Die Attentate auf Präsidenten der USA waren einander nicht nur durch das Ergebnis ähnlich, das nicht den Absichten der Mörder entsprach (wie übrigens jeder individuelle Terror), sondern auch durch die interessanten Umstände, die dem Mord folgten und von dem Bemühen zeugten, unbequeme Zeugen zu beseitigen, den Mörder vor den Folgen der Tat zu schützen und damit seiner gefährlichen und unerwünschten Aussage vorzubeugen.

Die sonderbaren Begleiterscheinungen des Todes von J. F. Kennedy und die unglaubliche Kette von »Zufällen«, in deren Folge nicht nur der von der Polizei bezeichnete Mörder, sondern eine ganze Reihe möglicher Zeugen liquidiert wurden, sind sicherlich noch in guter Erinnerung. Seit der Ermordung Abraham Lincolns sind mehr als hundert Jahre vergangen, aber über dem Grab des Mannes, der sie nach allgemeiner Ansicht vollzog, schwebt immer noch das Fragezeichen, das seitdem viele Historiker und Laien anspornte, spekulative Bücher zu verfassen, die sich bemühten, die recht verwikkelte und an überraschenden Wendungen reiche Geschichte des Attentats aufzuhellen.

Versuchen wir, sie kurz zu schildern, mit den Umständen, die erst Jahrzehnte später offenkundig wurden und die in einigen Punkten von der modernen Gerichtsmedizin aufgeklärt wurden.

Der schicksalhafte 14. April 1865 war nicht gerade der passende Tag für einen Theaterbesuch, erst recht nicht in den bigotten Vereinigten Staaten – es war nämlich der Karfreitag. Noch unpassender war das Programm, welches das Ford-Theater an diesem Tage bot – die exzentrische und alberne Komödie von Tom Taylor »Der Vetter aus Amerika« in der tausendsten Wiederholung. Und auch die Umstände waren bei weitem nicht normal. Der grimmige Krieg der Nord- gegen die Südstaaten hatte mit dem Übertritt des Restes der konföderierten Truppen zu den siegreichen Einheiten des Generals Grant (wegen der Energie und Rücksichtslosigkeit seiner Operationen »Schlächter« genannt, der sich bis zum Überdruß rühmte, er zähle niemals seine Toten) geendet. Ebenfalls erfolgreich wurde der Flaggenstreit auf Fort Sumter beigelegt. Der ersehnte Frieden war angebrochen, ein Frieden ohne Sterben, ohne Quantrilles Verbrecherbanden, die die Anhänger des Nordens ohne Rücksicht auf Alter und Geschlecht wütender erschlugen als die Indianerstämme ihre Gegner (das Skalpieren ist übrigens eine Erfindung der Weißen, nicht der Indianer), ein Frieden ohne Hunger für die Kinder der durch die Blockade gewürgten Südstaaten, ohne brennende Waisenhäuser in den Staaten des Nordens, in denen die verbrannten kleinen Schwarzen für ihre Hautfarbe (als des

Grundes und Vorwandes des sehr unpopulären Krieges) büßen mußten.
Lincoln hatte kein allzu großes Verlangen nach einem Theaterbesuch, er fühlte sich nicht wohl und hielt den demonstrativen, ja provokativen Verstoß gegen die kirchlichen Regeln für eine politische Taktlosigkeit. Der »ehrliche Abe«, wie er sich gern nennen ließ, war ohnehin die Zielscheibe wütender Angriffe nicht nur des Südens und der Opposition des Nordens, sondern auch der eigenen Parteianhänger, die gegen seine politischen Absichten protestierten. Bei den Präsidentschaftswahlen von 1864 hatte er über den General McClellan mit 400000 Stimmen Mehrheit gesiegt, die Schimpfworte, mit denen er während der Wahlkampagne bedacht wurde (»Gorilla« und »Pavian« waren noch die gelindesten und schonendsten), waren jedoch in lebendiger Erinnerung geblieben, und Lincolns Gegner warteten nur auf einen Fehler des Präsidenten.
Frau Mary Lincoln aber wünschte entschieden, sich gemeinsam mit ihrer Freundin, der Tochter des Senators vom Staat New York, Harris, das dramatische Werk Taylors anzuschauen. Wenn auch ungern, stimmte Lincoln schließlich zu und bat den Nationalhelden General Grant, ihn zu begleiten. Aus politischen Gründen war das weitsichtig und logisch: die Anwesenheit des Generals würde den Theaterbesuch zweier siegreicher Helden zu einem Staatsakt weihen, der Bürgerschaft ermöglichen, ihren Idolen zu huldigen und damit den Verdacht ausschließen, es handelte sich nur um seichte Unterhaltung. General Grant sagte seine Teilnahme zu; wenn er auch eine der unsympathischsten Gestalten des ganzen Krieges war, so kann man ihm Verantwortungsbewußtsein und konsequente Erfüllung aller Aufgaben nicht absprechen. Es war deshalb eine Überraschung, als General Grant, der künftige Präsident, kurz vor Beginn der Vorstellung seine Teilnahme absagte, unter einem Vorwand, den er bislang noch nie gebraucht hatte: er wolle seine Kinder besuchen. Seinen Platz an der Seite des Präsidenten nahm Lincolns militärischer Adjutant und Verlobter des Fräulein Harris ein, Major Rathbone.
Zeitgenössischen Quellen zufolge war der Grund für Grants

Absage angeblich eine Mißhelligkeit zwischen den beiden Damen, die aus dem Haß der Frau Lincoln herrührte, weil sie die Gattin des Präsidentschaftskandidaten, Frau Grant, für ihre gesellschaftliche Hauptrivalin hielt. Vielleicht ist das wahr – Mary Lincoln, eine geborene Todd, war zu dieser Zeit bereits gemütskrank und endete später in einer Anstalt –, dennoch kann man nur schwerlich glauben, daß General Grant einer Marotte nachgegeben hätte, wenn es um einen politischen Akt ging, zumal er sich in der Öffentlichkeit in vollem Glanz als Gefährte und Freund des populärsten Mannes der USA produzieren konnte. Er gab jedoch nach. Als Lincoln erfuhr, daß ihn der stattliche und tapfere Grant nicht begleiten würde, forderte er am selben Nachmittag den Kriegsminister Stanton auf, ihm für den abendlichen Theaterbesuch als persönlichen Schutz seinen üblichen Begleiter und Adjutanten Major Eckert zuzuteilen, einen Athleten, Sportsmann und glänzenden Schützen. Stanton lehnte mit der Begründung ab, Eckert habe eine andere dringliche Arbeit.

Das war eine Lüge. Eckert wurde ohne Begründung beurlaubt, er saß zu Hause und ahnte nicht, daß ihn der Präsident, dem er treu ergeben war, angefordert hatte. Ihn ersetzte der Polizist John C. Parker. Und niemand fragte später Stanton jemals nach einer Erklärung für dieses sonderbare Intermezzo.

Parker, dessen selbstverständliche und eigentlich einzige Pflicht es war, den Eingang zur Präsidentenloge zu bewachen und sie vorher gründlich abzusuchen, erfüllte seine Aufgabe nicht. Entgegen seiner relativen Zuverlässigkeit begleitete er den Präsidenten mit Gattin und den zwei Verlobten lediglich bis ins Theater und begab sich sogleich in ein nahegelegenes Gasthaus, wo er sich in Gesellschaft der Prostituierten Lizzy betrank, obwohl er wissen mußte, daß er damit sein eigenes Urteil zum Rausschmiß unterschrieb. Er suchte nicht die Loge ab, so daß sowohl der vom Riegel durch eine Öffnung nach außen führende Bindfaden als auch ein frischgebohrtes Guckloch unbemerkt blieben. Seine rasche Trunkenheit ist ein Rätsel – er war ein kräftiger und an Alkohol gewöhnter Mann (obzwar kein notorischer Trinker, wie man gelegentlich lesen kann). Ein nicht kleineres Rätsel ist, daß er nicht nur nicht der Mitschuld am Attentat angeklagt wurde, sondern daß gegen ihn nicht einmal ein Disziplinarverfahren eingeleitet wurde. Bald darauf wurde er sogar außer der Reihe befördert.

Übrigens würden alle verwickelten Erwägungen um die Wächter des Präsidenten wegfallen, wenn der berühmte Pinkerton auf seinem Platz geblieben wäre, der Begründer der ersten und erfolgreichsten amerikanischen Detektivagentur, der mit seinen Männern während des Bürgerkrieges Lincoln bewacht und einige Male erfolgreich vor Attentaten gerettet hatte, da mochten sie noch so geheimgehalten und auf das sorgfältigste vorbereitet gewesen sein. Nicht lange vor Lincolns Tod hatte er seine Funktion mit der Begründung niedergelegt, er müsse sich seinem privaten Geschäft widmen, das er vor allem in den Diensten der Viehzucht- und Eisenbahngesellschaften betrieb. Dies geschah in der für Lincolns Sicherheit heikelsten Zeit, als die Fanatiker des unterliegenden Südens alle möglichen Wege zur Abwendung der unausweichlichen Niederlage suchten. Lincoln wurde damals geradezu überschwemmt mit Drohbriefen, die ihm seinen Tod ankündigten, mit anonymen und unterschriebenen warnenden Aufforderungen, sich vor einem Attentat zu schützen. Dennoch gab er Pinkerton frei, damit dieser nach verschwundenen Rinderherden und deren Dieben forschen konnte.

Die Theatervorstellung löste offenbar wahre Lachstürme aus, denn niemand hörte den Schuß, der aus der Präsidentenloge schallte, die von innen nicht ordnungsgemäß gesichert war. Dies geschah mitten im zweiten Akt, etwa zwanzig Minuten nach zehn Uhr. Der Mörder hatte ganz ruhig die Loge betreten, seinem Opfer den kurzen Lauf einer Perkussionspistole vom Kaliber 44, nach dem Hersteller Deringer genannt, in den Nacken gedrückt, ihm eine Kugel durch den Kopf gejagt und war nicht geflüchtet, wie man hätte erwarten können. Während Lincolns Begleiter erstarrt dasaßen und auch Major Rathbone sich zu keiner Gegenaktion aufraffen konnte, sprang der Attentäter an die Logenbrüstung vor und rief mit der klangvollen trainierten Stimme eines Theaterhelden: »Sic semper tyrannis!« (So ergeht es allen Tyrannen!) die römische republikanische Losung, eingeschrieben ins Wappen des Südstaates Virginia. Die Zuschauer erkannten wenigstens nachträglich bei den Verhören den Täter. Es war ein sehr populärer Schauspieler, der Star des Ford-Theaters, der bewährte und blendende Darsteller von Shakespeare-Helden (deshalb auch trat er in dem seichten Lustspiel nicht auf), ein Athlet, kühner Reiter und Fechter und laut allen übereinstimmenden zeitgenössischen Berichten der Liebling und das Idol aller Damen, John Wilkes Booth.

Es scheint, daß wir uns auch in diesem Fall mit den zugedrückten Augen Amerikas abfinden müssen, das bislang zu arm an Helden war, um sich erlauben zu können, allzu strenge Maßstäbe an sie anzulegen. Auf der zeitgenössischen Fotografie des Mister Brady (der mit einer prachtvollen Aufnahme auch zu Lincolns Wahl zum Präsidenten beitrug) ähnelt Booth eher einem nicht allzu erfolgreichen Handlungsreisenden in Galanteriewaren. Über Billy the Kid, den rücksichtslosen Lumpen und Gewalttäter, bewahrte der amerikanische Mythos einen Ruf, der ihm dämonischen Reiz und teuflische Unwiderstehlichkeit zuschrieb. Die einzige erhaltene Aufnahme zeigt jedoch Billy the Kid als einen Bauernlümmel mit einem so idiotischen Gesichtsausdruck, daß sich ein durchschnittlicher Dorftrottel ihm gegenüber wie die antike Plastik eines Weisen ausnimmt ...

Auch über Booths geistige Eigenschaften brauchen wir uns keinen Illusionen hinzugeben. Er war zwar intelligent, zugleich aber krankhaft eitel und offenbar psychisch nicht ganz normal, anfangs beherrscht von wahnsinnigem Haß gegen den eigenen Vater (einem zwar originellen, aber friedlichen Mann), später gegen den Präsidenten Lincoln. Er hatte schon früher zwei Entführungsversuche organisiert, beide peinlich und kindisch dilettantisch – er hoffte, damit den Norden zwingen zu können, gegen Lincoln so viele Soldaten und Offiziere einzutauschen, daß er zu einer weiteren Kriegführung nicht fähig war. Die Aktion scheint selbst der Polizei so lächerlich erschienen zu sein, daß sie von einer ernsthaften Untersuchung absah.

Lincoln sollte übrigens nicht das einzige Opfer sein. Booth

entschloß sich, zugleich auch den Vizepräsidenten Johnson und den Außenminister William Seward zu beseitigen. Weil das alles ein einzelner Held nicht geschafft hätte, nahm er in seinen Bund den ständig betrunkenen Stellmacher George Atzerodt, den Gewalttäter und Imbezilen Lewis Paine und den aus seiner Anstellung geworfenen Handlungsgehilfen David Herold auf.

Er war sich wie alle Psychopathen des Erfolges aller geplanten Attentate sicher, so daß er am selben Nachmittag einen langen pathetischen Brief schrieb, in dem er die Beweggründe seiner Tat erläuterte, und ihn an die Redaktion der Zeitung National Intelligence abschickte – dank ihm wurden umgehend ohne Schwierigkeit die in dem Brief genannten Paine, der Seward verwundet hatte, und Atzerodt, der überhaupt nicht an Johnson herangekommen war, festgenommen.

Das also sind unstrittige und heute schon historische Fakten. Hinter ihnen verbergen sich jedoch auch einige interessante Fragezeichen.

Booth war eine sonderbare Persönlichkeit, keine alltägliche Erscheinung. Er war ein leidenschaftlicher, ja hysterischer Anhänger der Konföderation, um so entschlossener, als seine Anhängerschaft unberechenbar war. Mit dem Süden war er durch keinerlei Bande verknüpft (er wurde in Baltimore geboren), auch durch keine Interessen oder Familienbeziehungen. Dennoch war er bereit, sich zugunsten des Südens in abenteuerliche Unternehmungen einzulassen und damit seine Millionengagen zu riskieren. Seine Pläne zur Ermordung oder Entführung Lincolns und weiterer höchster Repräsentanten der Union sehen heute vielleicht naiv aus, aber angesichts der fast völligen Unfähigkeit der Administration, wie sie unter Lincolns Präsidentschaft erreicht wurde, waren sie bei weitem nicht naiv. Und obendrein zeugen sie davon, daß Booth über die Bewegungen und Absichten des Präsidenten sowie weiterer Führer der Union bestens informiert war. Er, der Schauspieler und Playboy. Sonderbar ... Ebenso sonderbar ist die Gleichgültigkeit der Polizei, die sich doch wenigstens für die Quellen seiner Informationen hätte interessieren sollen. Sein berühmtester Skandal war eine Vorstellung im New Yorker Wintergarten, einige Monate vor dem Attentat. Drei

Brüder von Booth hatten die drei Hauptrollen in Shakespeares Julius Caesar besetzt, und John Wilkes Booth extemporierte in der Rolle des Antonius in dessen berühmter Rede an Caesars Leiche ganz unorganisch den Ausruf. »Sic semper tyrannis«, der in Verbindung mit seiner Person später Berühmtheit erlangte. Die Vorstellung wurde nicht beendet, sie wurde durch einen falschen Feueralarm unterbrochen, zur gleichen Zeit gingen jedoch in New York mit einem Schlage sechzehn Gebäude in Flammen auf. Brandstiftung selbstverständlich. Eine Verbindung mit den Booths konnte nicht nachgewiesen werden, fest steht jedoch, daß es sich um eine koordinierte Aktion handelte, sorgfältig vorbereitet von einem fähigen Apparat, der über umfassende Möglichkeiten verfügte, und daß die Losung »Sic semper tyrannis« eine Art Visitenkarte von Booth wurde.
Und die dritte interessante Tatsache: am Tag des Attentats soll Booth ganz zufällig ins Theater gekommen sein und ganz zufällig vom Direktor Ford erfahren haben, welcher hohe Besucher erwartet wurde. Durch reinen Zufall war er, der Elegant, mit einem ausreichenden Sortiment an Werkzeug ausgestattet, um den Mechanismus des Riegels und Schlosses der Loge zu knacken und ein Guckloch zu bohren, das alles während eines anderthalbstündigen Aufenthalts im Theater, wo obendrein die Loge für das Ehepaar Lincoln und die ebenfalls erwarteten Grants hergerichtet und erweitert wurde. Niemand bemerkte – durch reinen Zufall – seine Bastelei, so daß er ungestört wieder gehen, sich im Leihstall von James W. Pumphrey ein Reitpferd für vier Uhr nachmittags bestellen konnte – und dann etwas höchst Merkwürdiges tat.
Er setzte sich eine Perücke auf, klebte sich einen gewaltigen falschen Bart an und brach dann in die Washingtoner Straße auf, genauer gesagt in seine Lieblingslokale, wo er speiste und fast eine ganze Flasche Whisky leerte und sich jedermann zeigte. Seine Maskierung eignete sich eher für einen Clown. Als Stammgast wurde er natürlich überall sofort identifiziert und respektvoll mit Namen angesprochen. Seine Verkleidung erklärte er niemandem, obwohl er an diesem Abend nicht spielte und es sicher keinen Spaß machte, mit einem falschen Bart zu essen und zu trinken. Gegen Abend zeigte er sich in

dieser Aufmachung hinter den Kulissen des Theaters, beauftragte den Hilfskulissenschieber Joseph Burroughs mit der Bewachung des Pferdes am Hintereingang des Theaters, fragte die Kollegen nach der genauen Zeit (er, der reiche Liebling der Damen, deren Erinnerungsgeschenke Uhren waren; er muß eine ganze Kollektion besessen haben), kurzum, er bewies jedermann, daß er endlich völlig verrückt geworden war.
Dann verschwand Booth für ein paar Stunden, die Vorstellung – obendrein eine Vorstellung vor dem Staatsoberhaupt – war im Gange, und niemand hatte Zeit noch Grund, sich um den Mann zu kümmern, der an diesem Abend nicht spielte und sich nur herumtrieb.
Und plötzlich tauchte in Lincolns Loge ein Mann mit einer auffälligen Perücke und einem falschen Bart auf, womit den ganzen Tag und den Abend Booth herumstolziert war, schrie Booths spezielles Schlagwort, nachdem er zuvor den Präsidenten tödlich getroffen hatte, und floh – wie, das werden wir noch sehen.
Von Anfang an war klar, daß das Booth sein mußte, schließlich war er in dieser Perücke und mit diesem Bart durch Washington promeniert, Booth mit seinem theatralischen Ruf »Sic semper tyrannis«, der exzentrische Narr Booth ...
Aber war das wirklich so klar? Zur Tatzeit wurde Booth weder von ständigen Zuschauern, z. B. dem Polizeipräsidenten Major Richards und dem Advokaten Major Steward, der als einziger geistesgegenwärtig den Mörder verfolgte, ohne ihn jedoch zu schnappen, noch von den Schauspielerkollegen Hawk, der berühmten Laura Keene, die an diesem Abend zum letzten Male spielte, noch Fergusson, noch dem Dirigenten Withers, den er beinahe erdolchte, identifiziert. Doch die Perücke, der Bart plus das Schlagwort, das ergab: John Wilkes Booth.
Sonderbar. Halten wir uns jedoch an die offizielle Darstellung und kehren zu Booth in der Präsidentenloge zurück.
Er spielte seine große Rolle. Er steckte den einschüssigen und jetzt schon unnützen Revolver in die Tasche (aus der er ihm auf der Bühne herausfiel), zückte einen malerischen Dolch, stach überflüssigerweise den schreckerstarrten Major Rath-

bone in den Arm und schwang sich über die Logenbrüstung auf die Bühne zwischen die entsetzten Schauspieler. Der effektvolle Sprung wurde durch eine Kleinigkeit verdorben: Booth blieb mit einem Sporn des Reitstiefels an der amerikanischen Flagge hängen, die unter der Präsidentenloge angebracht war, und klatschte dröhnend auf die Bretter, die die Welt bedeuten. Der Sturz war so unglücklich, daß er sich den linken Fuß brach. Aber da er ein Mann mit guter Konstitution war, rappelte er sich rasch auf, humpelte in die Kulissen von dort auf die Straße, wo er sich, wie man gewöhnlich schreibt, auf das von Burroughs bewachte Pferd schwang und davongaloppierte, während die Schauspieler und Zuschauer mit Ausnahme des Majors Rathbone erst langsam aus der Erstarrung erwachten.
Selbst ein glänzender Reiter konnte nicht schneller sein als der unlängst eingeführte und in der Zeit von Lincolns Ermordung bereits zuverlässig funktionierende Telegraph. Der Kriegsminister Stanton übernahm mit der ihm eigenen Energie die Leitung einer großangelegten Fahndungsaktion, deren Ziel die Festnahme des wohlbekannten, populären und also schwerverwechselbaren Mörders war. Achttausend Soldaten, verstärkt durch sechshundertfünfzig Polizisten, die Heimwehr und zivile Freiwillige besetzten die Brücken und Straßen in der Umgebung Washingtons und schnitten die Hauptstadt hermetisch von der Welt ab. Mit einer Ausnahme. Auf Stantons speziellen Befehl erstreckte sich die Überwachung nicht auf die Navy Yard Bridge, die über den Fluß Potomac in das südstaatliche Maryland und zur Straße nach Richmond führte. Stanton erklärte es für überflüssig, da diese Brücke sowieso um neun Uhr abends für den gesamten Zivilverkehr gesperrt werde und im Augenblick des Attentats für Booth bereits längst unpassierbar sei – wenigstens nach Meinung des Herrn Ministers.
Booth passierte ungehindert ebendiese Brücke, nachdem er sich dem nichtsahnenden Kommandanten der dreiköpfigen Wache, dem Sergeanten Cobb gegenüber durch das richtige und für jenen Tag gültige Losungswort ausgewiesen hatte, das die damit vertrauten Personen berechtigte, jederzeit die Brücke zu passieren. Und wieder ein Fragezeichen, das des

Nachdenkens wert ist: ohne dazu aufgefordert zu sein, stellte sich Booth, diesmal schon ohne künstlichen Bart und Perücke, mit seinem vollen und richtigen Namen vor, obwohl ihm doch klar sein mußte, daß das Hafenareal, zu dem die Brücke gehörte, telegraphische Verbindung mit den Washingtoner Zentralbehörden haben mußte und daß Telegramme mit der Aufforderung, des Mörders habhaft zu werden, bereits nach allen Seiten geflogen waren, viel schneller als die feurigsten Rosse aus Pumphreys Leihstall. Er hinterließ also nicht nur eine Spur, sondern einen direkten Hinweis, daß er nach Süden gegen Richmond strebte, und zugleich bewies er, daß er die Kontrollen des Wachsergeanten Cobb nicht fürchtete. Er wußte, daß er durchkommen würde.
Die Behauptung, Cobb habe Booth sozusagen auf ein freundliches Wort und die Ausrede hin durchgelassen, er hätte sich in der Stadt verspätet, ist nicht stichhaltig. So etwas verbietet sich in einem Krieg und auch kurz danach, schon gar nicht erlauben sich so etwas längerdienende Sergeanten. Vor allem aber spielte sich an der Navy Yard Bridge eine Situation ab, die mehr als befremdlich ist: die von Stanton freundlicherweise unbewacht gelassene Brücke passierte nämlich in diesen späten Nachtstunden nicht nur Booth, sondern vor ihm der schwachsinnige Attentäter Paine, der im Hause des Außenministers Seward große Verwirrung gestiftet, den Minister aber nur verwundet hatte, und nach ihm David Herold, der Paine zu Sewards Haus geführt und ihm immer wieder seine Aufgabe eingebleut hatte. Auch Herold kannte offenbar das Losungswort, obwohl das später niemand dem Sergeanten Cobb glaubte. Dafür wurde der Stallmeister John Fletcher angehalten. Er hatte Herold um den Leihstall herumgaloppieren sehen und gemeint, dieser wolle das kostbare Eigentum des Stalles stehlen. Er ritt ihm also als der einzige ernsthafte Verfolger hinterher. Über die Brücke gelangte er allerdings nicht, da er das Losungswort nicht kannte.
Erstaunlich ist die Naivität einiger ernstgemeinter Rekonstruktionen des Attentats und der Schicksale seiner Protagonisten. Sie halten die gleiche Fluchtrichtung aller drei Attentäter für ein zufälliges Zusammentreffen von Umständen, sie halten es sogar für Zufall, daß sich Booth und Herold

in stockdunkler Nacht etwa zehn Meilen vom Tatort entfernt trafen und dann ihren Weg gemeinsam fortsetzten.
Die Soldaten und Polizisten hatten also umsonst gewacht. Booth war inzwischen unter dem Namen Thyson von Dr. Samuel Mudd in Bryantown versorgt worden. Dr. Mudd hatte keine Ahnung von dem, was vor einigen Stunden im Ford-Theater passiert war, auch wenn er vielleicht – das kann man nicht ausschließen – Booth von der Bühne kannte. Er tat nur seine ärztliche Pflicht. Die Verletzung erregte keinen Verdacht – gebrochene Beine von unvorsichtigen Reitern gab es übergenug, sie stellten für einen Arzt eine ständige und zuverlässige Einnahmequelle dar. Den Reitstiefel mußte er natürlich vor dem Anlegen einer Schiene aufschneiden, und Booth ließ ihn dem Doktor zum Andenken da.
Dann setzte er in Begleitung seines Mitverschworenen Herold ungestört die Flucht nach Süden fort. Die Verfolgung scheint nicht allzu eifrig betrieben worden zu sein. Es gelang erst in Virginia, Booth zu stellen, in der verlassenen Scheune der Garrett-Farm, am 26. April 1865, zwölf Tage nach der Tat.
Die aus fünfundzwanzig Polizisten bestehende Abteilung wurde von Leutnant Baker befehligt, einem engen Mitarbeiter des Ministers Stanton. Er verfolgte Booth aufgrund der Angaben des Gastwirts Lloyd, bei dem Booth seine Waffen deponiert hatte, und des Dr. Mudd, der zwar laut einigen Angaben nie das Theater besucht hatte und also Booth nicht kannte, dennoch aber sogleich nach Bekanntwerden des Attentats die Behörden über den verdächtigen Besuch zweier Fremder in seiner Praxis benachrichtigt hatte. Die ehrenwerten Behörden hatten jedoch diese Information erst am 18. April zur Kenntnis genommen. Direkt vor der Farm der Garretts gesellte sich Bakers fünfundzwanzig Polizisten unversehens, wie vom Himmel gefallen, der mysteriöse »Oberst Conger« hinzu. Er führte einen Trupp mehrerer Reiter, was Oberste gewöhnlich nicht tun. Conger, dessen Anwesenheit Baker um Verdienste und Beförderung zu bringen drohte, führte sich entschlossen auf und übernahm sogleich das Kommando. Die Polizisten umzingelten die Scheune und forderten – die strenge Weisung Bakers respektierend, daß die Verbrecher lebend gefangen werden sollten

(auf Booth war eine Belohnung von 50000 Dollar, auf Herold von 25000 Dollar ausgesetzt) –, die Männer in der Scheune auf, sich zu ergeben. Mit erhobenen Händen trat David Herold heraus, der behauptete, Booth sei nicht drin. Während Baker mit Herold verhandelte und ihn festnahm, verschwand der geheimnisvolle Oberst Conger, und gleich darauf schlugen zur allgemeinen Überraschung vom Scheunendach Flammen hoch, und es knallte ein Schuß. Oberst Conger, eine Fackel in der einen und die Pistole in der anderen Hand, spähte durch die Bretterspalten in die Scheune, wo sich mit durchschossener Kehle und verletztem Rückgrat in Agonie ein Mann wand, der bald darauf verschied. Den Polizisten gelang es, ihn aus der brennenden Scheune zu schleppen, bevor sie in einem Funkenregen zusammenstürzte und alle Spuren verdeckte. Der Brandstifter und Pistolenschütze Conger verschwand dann mit seinen Männern genauso rätselhaft, wie er aufgetaucht war. Weder an der Gerichtsverhandlung noch an der Leichenschau nahm er teil.

Bevor jedoch Oberst Conger verschwand, geriet er in einen heftigen Streit mit Baker, der ihn der Tötung des Delinquenten und der unsinnigen Auslösung des Scheunenbrandes beschuldigte. Conger erwiderte gelassen, er habe nicht geschossen, und lehnte es ab, über dieses Thema weiter zu sprechen.

Später, nach einigen Jahren, gab er sich als »Lincolns Rächer« und erfolgreicher Schütze ein Polizeiunteroffizier namens Boston Corbett aus, der ebenfalls bei Garretts Farm dabeigewesen war – offenbar zu Unrecht. Corbett, als religiöser Fanatiker bekannt, endete bald darauf als gefährlicher Irrer in einer Anstalt. Seine Schilderung der Ereignisse ist völlig unzuverlässig, zumal er sie ständig mit dem Ausspruch begleitete: »Der Allmächtige hat meine Hand bei der Vergeltung geführt ...«

Die über die gerechte Bestrafung des Präsidentenmörders jubelnde Presse beschrieb farbig, wie der halbtote Mann unter Schwierigkeiten aus der brennenden Scheune gezerrt und mit Wasser begossen wurde. Er habe sich einigermaßen erholt und begonnen, Monologe aus berühmten Stücken zu rezitieren. Dann schrie er hysterische Botschaften an seine Mutter

hinaus und hauchte schließlich seine Seele mit den Worten aus: »Alles war umsonst.«
Diese Darstellung ist ein typisches Produkt gesinnungsloser Journalisten, die die Realität bewußt verbiegen. Ein Mann mit durchschossener Kehle röchelt höchstens, rezitiert aber keine Monologe – Booth war aber Schauspieler, und deshalb mußte er angesichts des Todes rezitieren. Wäre er Akrobat gewesen, dann hätten ihm die Journalisten wahrscheinlich den Versuch eines letzten Saltos angedichtet. Und die Worte, daß alles umsonst war, sind gleichfalls Unsinn – dem Attentäter war doch sein Vorhaben geglückt. Nur die letzten Worte an die Mutter (natürlich nicht »hysterisch hinausgeschrien«) klängen vertrauenswürdig, wenn – wenn es sich nicht gerade um Booth gehandelt hätte.
Er stammte nämlich aus einer kuriosen Familie, neuntes Kind des berühmten Schauspielers Junius Brutus Booth, der aus England eingewandert und in Amerika der Schauspieler Nummer eins geworden war. Seine neun Kinder (John Wilkes war im Jahre 1838 geboren) hatte er mit neun Frauen, aber mit keiner einzigen hielt er eine Heirat für angebracht. Die Familie, die den USA einige hervorragende Schauspieler und Schauspielerinnen gab, gruppierte sich um den Vater – eigentlich ein Schwarm von Kindern verschiedenen Alters, die das Theaterhandwerk erlernten. Ihre Mütter kannten sie zumeist nicht, John Wilkes jedenfalls sprach nie von seiner Mutter.
Man kann auch nicht die reichlich strapazierte Version über den Selbstmord des Mannes in der Scheune akzeptieren. Einerseits ist die Kehle als Ziel einer selbstmörderischen Kugel so gut wie ausgeschlossen, andererseits hielt Booth selber, wie wir sehen werden, seine Straflosigkeit für garantiert.
Baker fing also Booth nicht lebendig, aber er hatte wenigstens eine Leiche.
Damit begannen die Komplikationen.
Der entsetzte, mit Repressalien rechnende Farmbesitzer Garrett versuchte, Baker zu überzeugen, und bekräftigte es einige Tage darauf eidesstattlich vor der Polizei, daß der durch einen Spalt zwischen den Scheunenbrettern erschossene Mann nicht Booth gewesen sei, sondern ein Deserteur aus der Armee des Nordens, wie sie zu Zehntausenden durchs Land streiften

und deren Zahl sich nach Beendigung des Krieges infolge des Zerfalls der Armeen noch vor der Demobilisierung täglich erhöhte. Er kannte auch den Namen: John Howard Boyd.

Die Ausrüstung des Toten, die übrigens keine Waffen enthielt (sie waren in Lloyds Gastwirtschaft deponiert) zeugte ebenfalls mehr für die Behauptung des Farmers als für die offizielle, später verbreitete Polizeiversion: Außer einem großen Klappmesser habe der Tote noch ein Bowiemesser (keinen Dolch) bei sich gehabt, zwei Perkussionscolts der Modelle Navy 1851 und Army 1860 und schließlich einen Spencer-Karabiner vom Kaliber 50, eines der ältesten und unzuverlässigsten amerikanischen Repetiergewehre. Das ist ein recht umfangreiches Arsenal für jemanden, der rasch verschwinden will, es paßt auch nicht zueinander und ist vor allem eine Sammlung ohne Qualität, wenn die Flucht sorgfältig und bis in alle Einzelheiten vorbereitet gewesen sein soll. Weit eher gleicht sie einer zufällig zusammengeramschten Kollektion, wie wir sie gerade bei einem Deserteur vermuten würden. Mit der goldbeschlagenen Deringer, mit der das Attentat ausgeführt wurde, kann man jedenfalls keine der gefundenen Waffen vergleichen.

(Es ist typisch amerikanisch, daß die Mordwaffe, eine kaum zehn Zentimeter lange Pistole mit Perkussionsschloß, wegen des großen Erfolgs zeitweise die am meisten begehrte Waffe in den USA wurde. An ihre Nachahmung machten sich alle Waffenfirmen, Colt nicht ausgenommen. Sogar der Name blieb – damit jedoch der ursprüngliche Hersteller nicht gerichtlich protestieren konnte, kam ein, weiteres R hinzu, und die kleine, heimtückische Waffe wurde im Handel als Derringer bezeichnet ...)

Baker, bald darauf zum Oberst befördert, raufte sich anfangs die Haare, daß er Booth nicht lebend gefangen hatte. Später änderte er offenbar seine Meinung. Als er nämlich Stanton meldete: »Wir haben Booth«, erstarrte laut Bakers eigenen Worten der Minister wie Lots Weib zur Salzsäule, erbleichte und war keines Wortes mächtig. Erst als Baker unglücklich hinzufügte: »... leider tot ...«, gewann Stanton die gesunde Gesichtsfarbe und die Sprache wieder.

Eine Erklärung bietet vielleicht Booths Tagebuch, das der

anstellige Baker angeblich aus der brennenden Scheune gerettet hat. Wie andere Größenwahnsinnige führte auch Booth ein sehr ausführliches und emphatisches Tagebuch, damit seinen Nachfahren nichts von seiner edlen Lebensbeschreibung entging. Selbst auf der Flucht und mit gebrochenem Fuß, also unter nicht gerade idealen Bedingungen für ein literarisches Werk, schrieb Booth volle achtzehn Seiten. Von dem Tagebuch, das natürlich ein ungemein wichtiger Gegenstand für die gerichtliche Untersuchung des Mordes gewesen wäre, erfuhr jedoch die Öffentlichkeit erst im Jahre 1867, dem Gericht hatte es überhaupt nicht vorgelegen. Übrigens wäre es auch nicht viel nütze gewesen – gerade die erwähnten achtzehn Seiten waren herausgerissen worden und fanden sich nie mehr wieder. Von der ganzen Geschichte um das Attentat blieb außer einigen weiteren Zeilen nur die recht sonderbare Bemerkung übrig: »Ich habe fast Lust, nach Washington zurückzukehren und meinen Namen zu reinigen. Ich glaube, das könnte ich gleich und leicht tun.«
Es stimmt, mit dunklen Andeutungen werfen alle Verbrecher um sich, sie versprechen eine sensationelle Wendung in der Untersuchung und deuten an, daß mit einem Schlage alles anders wäre, wenn sie nur den Mund aufmachten ... Das gehört offenbar zu ihren Charaktereigenschaften. Bei Booth kann man sich jedoch mit dieser Erklärung nicht zufrieden geben. An seiner Schuld bestand schließlich nicht der geringste Zweifel, das ganze Theater war Zeuge des Mordes gewesen, ausgeführt von einem Mann in Perücke und mit falschem Bart, so wie sich stundenlang vorher Booth in Washington bewegt hatte. Er schrie auch seinen berühmten Wahlspruch hinaus, was für alle Anwesenden ebenso beweiskräftig war, als wenn er mit blutigem Finger auf der Logentür unterschrieben hätte. Dann muß allerdings die Frage beantwortet werden: Warum diese Maskerade? Warum hat der Hysteriker und Gaukler Booth, der im Augenblick des Mordes in die bedeutsamste Rolle seines Lebens eintrat (wie er sich bestimmt einredete) und deshalb eine unbestreitbare Autorisierung seiner Tat anstrebte, solche Zirkusrequisiten benutzt, die sein von den Damen bewundertes Antlitz befleckten? Das war übrigens auch aus taktischen Gründen unsinnig – hätte

ihn zum Beispiel Major Rathbone energisch gefragt, was zum Teufel er in der Loge zu suchen habe, hätte sich der bekannte Schauspieler Booth zwar verlegen, aber dennoch akzeptabel mit der Bitte um ein Autogramm herausreden können. Ein maskierter Unbekannter natürlich nicht.

Unwillkürlich drängt sich der Verdacht auf, daß Booth vielleicht wirklich nicht der Mörder war. Daß er für den Mörder nur den Boden vorbereitete und die Verfolger auf eine sorgfältig vorbereitete falsche Spur führte. Das ist nicht ganz so unsinnig, wie es auf den ersten Blick scheinen mag. Die amerikanische Justiz hätte sehr gezögert, einen Menschen zu verurteilen, der zu guter Letzt für den Augenblick des Mordes ein hieb- und stichfestes Alibi nachweisen konnte, da mochte er sich mit Perücke und falschem Bart geschmückt und einen nächtlichen Ausflug nach Maryland unternommen haben. Weder das eine noch das andere ist strafbar. Und für den Mißbrauch seiner Figur und seines Lieblingswahlspruchs ist gleichfalls niemand verantwortlich zu machen.

Wenn Booth so kalkulierte, dann irrte er sich gewaltig – der grausam und rachsüchtig durchgeführte Prozeß beweist, daß es ihm so oder so schlecht ergangen wäre. Hoffen aber konnte er. Man hatte ihm schon mehr als genug Provokationen straflos durchgehen lassen.

Die andere Möglichkeit ist die Verbindung mit mächtigen und einflußreichen Verschwörern, auf deren Wink und möglicherweise auch direkten Befehl er handelte. Vielleicht beschäftigte sich das Tagebuch gerade mit diesen Umständen und mußte deshalb von den gefährlichen und kompromittierenden Stellen befreit werden. Diese zweite Version erscheint trotz aller Merkwürdigkeiten in Booths Verhalten vor und bei dem Attentat wahrscheinlicher.

Die Identifizierung von Booths Leichnam gestaltete sich zu einer tragischen Posse. Keiner der anwesenden Washingtoner Polizisten erkannte in der Leiche den berühmten Schauspieler, obwohl alle den lebenden Booth zumindest vom gelegentlichen Dienst im Theater kennen mußten. Ihnen wurde deshalb befohlen, freundlicherweise ihre Überlegungen für sich zu behalten, und man rief einen willfährigen Polizeifotografen hinzu, der Booth »erkannte«.

Als die Polizisten darauf hinwiesen, daß sich in der Scheune wahrscheinlich drei Männer versteckt hätten, deren einem es offenbar gelungen sei, durch den unbewachten Hintereingang zu flüchten, wo ein Pferd bereitgestanden haben könne, wurden sie zum Verstummen gebracht und Bakers Ersuchen um weitere Fahndung in der Umgebung wurde schroff abgewiesen. Der Wald rings um Garretts Farm wurde nicht durchgekämmt, nach Booths Pferd suchte niemand.

Der als Booth bezeichnete Mann trug die Uniform eines Soldaten des Nordens, obwohl Booth den Mord in schwarzer ziviler Reitkleidung durchgeführt und darin auch Dr. Mudd zur Versorgung seines gebrochenen Fußes aufgesucht hatte. Als nach einigen Jahren die Leiche der Familie ausgeliefert wurde, trug sie wie durch eine wundersame Schicksalsfügung wieder jenen schwarzen Anzug, obwohl er auf Garretts Farm nie gefunden worden war. Außerdem ist es sehr unwahrscheinlich, daß Booth, der hysterische Fanatiker des Südens, die verhaßte Uniform des Nordens angelegt hätte, die ihn übrigens der Verfolgung wegen Desertion ausgesetzt hätte.

Die Leiche wurde auf ein Flußkriegsschiff gebracht, wo sie durch eine Kommission besichtigt und definitiv identifiziert werden sollte. Während die Polizisten übereinstimmend aussagten, daß sie eine Leiche mit blondem oder rötlichem Haar an Deck getragen hätten, traf in Washington die Leiche eines schwarzhaarigen Mannes ein, der also zumindest der Haarfarbe nach Booth ähnelte ...

Der Vertreter der medizinischen Wissenschaft bei der Identifizierung, ein Dr. May, der als Theaterfan den Schauspieler Booth viele Male auf der Bühne und privat gesehen hatte, verneinte jedwede Ähnlichkeit der Leiche mit dem Idol Washingtoner Damen und Mädchen und teilte dem anwesenden General Barnes mit, er glaube nicht an die Identität des Toten mit Booth. Die Leiche hatte zwar ebenfalls einen Wadenbeinbruch, aber, wie Dr. May urteilte, erst postmortal und außerdem am rechten Bein, während Booth sich mit Sicherheit das linke gebrochen hatte. Booths ebenfalls hinzugerufener Hausarzt, der einst am Schauspieler eine kleine Operation durchgeführt hatte, stellte fest, daß die Narbe durch eine unerforschliche Schicksalsfügung auf die andere

Seite gewandert war, als hätte Booth eine Art höhere Dimension durchschritten.

Erst der strenge Befehl General Barnes' bewog die anwesenden Herren, Booth eben doch zu »erkennen«, allerdings mit dem ausdrücklich im Protokoll festgehaltenen Vorbehalt, daß »... sich kein menschliches Wesen mehr verändert hat als dieser Mann ...«, einschließlich des ganz unwahrscheinlichen, aber beschriebenen Wechsels der Haarfarbe.

Die Berichte über die Verlegenheit und Unsicherheit um die offiziell als sterbliche Überreste von John Wilkes Booth bezeichnete Leiche drangen bald an die Öffentlichkeit. Um die Zweifler zum Schweigen zu bringen, wählte die amerikanische Regierung einen Weg, der in den sogenannten zivilisierten Jahrhunderten und bei den sogenannten zivilisierten Völkern nicht seinesgleichen hat: Sie lieh den mumifizierten Leichnam einem Jahrmarktsschausteller, der den Protesten und Gesuchen von Booths Familie zum Trotz mit seinem Wagen die amerikanischen Städte abklapperte und auf Plakaten und durch Ausschreien jedem tausend Dollar bot, der nachweisen könne, daß der schreckliche, in der Bude ausgestellte Gegenstand nicht der Publikumsliebling Booth gewesen sei.

Nach Beendigung der Tournee wurde die Mumie in eine leere Munitionskiste gepackt und im Keller des Washingtoner Zeughauses deponiert.

Während sich diese Geschmacklosigkeit abspielte, wurde ein Prozeß geführt, der Schuldige und Unschuldige grausam traf, damit die öffentliche Meinung beruhigt würde und die Wahrheit in einer Flut von sensationellen Schlagzeilen unterginge. Booths Kumpane und Mitverschwörer Atzerodt, Paine und Herold wurden für schuldig befunden und zum Tode durch Erhängen verurteilt. Zum Tode durch den Strang wurde gleichfalls Mary Stuart verurteilt, die Besitzerin des Gasthauses, in dem Booth zwar gewohnt hatte und deren Sohn in die Affäre verwickelt war, wo sich die Verschwörer aber nur einmal und zufällig getroffen hatten. Sie selber hatte von nichts gewußt. Das war ein klarer Justizmord. Zu lebenslänglicher Haft wurde Dr. Samuel Mudd verurteilt, der Booths Beinbruch behandelt und damit nur seine ärztliche Pflicht erfüllt hatte – er hatte übrigens den verdächtigen Besuch sogleich gemeldet. Zur gleichen Strafe wurde auch Sergeant Cobb verurteilt, der auf das richtige Losungswort nach Vorschrift Booth über die Navy Yard Bridge gelassen hatte. Präsident Johnson lehnte es ab, Gnade walten zu lassen.

Die wirklichen Inspiratoren und Schuldigen des Attentats wurden nie angeklagt und bestraft, obwohl »... Gerüchte behaupteten, Johnson habe die Mörder gedungen, um Bundespräsident zu werden. Aber nicht deshalb, sondern wegen nachgewiesener Betrügereien machte man ihm später den Prozeß« (E. E. Kisch). Auch Stanton wurde nicht vernommen, obwohl sein Handeln und Verhalten nur einem taubstummen Blinden nicht verdächtig sein konnten. Die unerbittliche Gerechtigkeit, die so hart Kaufleute, Schankwirtinnen, Sergeanten und einen Dorffeldscher ereilte, wagte es nicht, den Blick auf die Bankiers zu richten, die sich durch Lincolns Politik bedroht fühlten und die Taten der Politiker dirigierten ...

Der Prozeß wurde um den Hauptakteur gebracht, den Attentäter Booth, der laut der offiziellen Version an der Garrett-Farm sein Leben ausgehaucht hatte ...

Die Öffentlichkeit war nicht informiert, daß Booth verheiratet war. Er hatte seine Ehe verheimlicht wie viele Männer, deren Popularität vor allem von der Gunst weiblicher Fans abhängig ist. Booths Witwe, mit Mädchennamen Izola Martha Mills, machte sich im Jahre 1868 (als die Mumie noch im Keller des Washingtoner Zeughauses lag) auf die Reise quer durch Amerika bis nach San Francisco, wo Booths Bruder Junius Brutus Direktor des dortigen größten Theaters war. Begleitet wurde sie von dem Freund der Familie John H. Stevenson, der bald darauf Izola heiratete und glücklicher Vater eines Sohnes wurde. In Frisco traf sich jedoch zuvor die junge Witwe mit einem Mann, den die Zeitungen als »rätselhaften Ausländer« bezeichneten. Bald trennten sie sich wieder – Izola ging zurück nach dem Osten, der »rätselhafte Ausländer« an Bord eines Schiffes mit Kurs in die südlichen Meere. Eine unbezweifelbare Tatsache aber bleibt, daß der Sohn, der Frau Booth geboren wurde, zwar den Namen Stevenson trug, aber wie ein Ei dem anderen – John Wilkes

Booth ähnelte, dessen Vaterschaft Stevenson senior als Gentleman auf dem Sterbebett anerkannte. Im Hinblick auf das physische Unvermögen einer Mumie, Nachkommen zu zeugen, ist das bestimmt bemerkenswert, zumal kurz darauf ein amerikanischer Soldat den Schauspieler Booth auf den Karolinen erkannte. Booth bat ihn, sein Inkognito zu wahren. Er habe sich ein neues Leben aufgebaut.

Bemerkenswert ist ferner, daß das liebste Besitzstück der Frau Booth-Stevenson, das bis heute unter den Familienandenken der Schriftstellerin Izola Forrester, einer Enkelin John Stevensons des Jüngeren, aufbewahrt wird, eine Kollektion von Meeresmuscheln ist, die sich ausschließlich auf den Karolinen finden lassen.

Nach zahlreichen Mahnungen wurde der Leichnam, der einstmals Booth gewesen sein soll, der Familie übergeben und am 19. Februar 1869 im Familiengrab beigesetzt. Die Verwandten bestätigten ohne Zögern die Identität. Ihr größtes Interesse war es, daß sich die Aufregung möglichst bald legte.

Im Jahre 1903 nahm zu den Ereignissen um das Begräbnis der ehemalige Pförtner des Ford-Theaters Basil Moxley Stellung, der den Leichnam in den Sarg gebettet hatte und einer der Sargträger gewesen war.

»Klar, daß das nicht Booth war – der Tote hatte rötliches Haar (die Schwarzfärbung war durch die Jahre vielleicht ausgeblichen), während Johnny schwarz wie ein Rabe war. Sie waren einander überhaupt nicht ähnlich, aber darauf kommt es ja am Ende nicht an. Wir und die ganze Familie wußten mit absoluter Sicherheit, daß wir nicht Booth beisetzten ...«

Im Jahre 1908 faßte sich der pensionierte Oberstaatsanwalt des Staates Washington, General O'Beirne, ein Herz. Er hatte an der Untersuchung der Umstände teilgenommen, unter denen der Mann in der Scheune der Garrett-Farm getötet wurde. Er gestand, daß ihm nur das ihm aufgezwungene Schweigegelöbnis volle vierzig Jahre lang die Zunge gebunden hatte.

»Im Schuppen der Garrett-Farm waren wirklich drei Männer, dem einen davon wurde absichtlich die Flucht in den Wald ermöglicht. Denken Sie es sich selber zu Ende«, fuhr der alte General mit einem schalkhaften Lächeln fort, »wer dieser

Flüchtling gewesen sein kann ... Die Untersuchung wurde so geführt, daß dieser Sachverhalt nicht verraten wurde.«

Die Aussage des Generals muß man in vollem Umfang bestätigen. Der Prozeß wurde nämlich mit völlig unüblichen Requisiten inszeniert: Die Angeklagten trugen undurchsichtige Filzkapuzen, so daß sie sich gegenseitig nicht sahen und hörten, und ihre Aussagen im Protokoll wurden auf diese Art gefiltert. Außer dem zu lebenslänglicher Haft verurteilten Dr. Mudd wurde niemand verhört, dem Booth auf seinem mehrtägigen Ritt nach dem Süden begegnet war, mit dem er die Kleider gewechselt, Verpflegung erworben, den Verband erneuert hatte usw. Auch Garretts Befürchtungen erwiesen sich als nichtig. Er brauchte überhaupt nicht vor Gericht zu erscheinen.

Das letzte und entscheidende Argument für das Fragezeichen über diesem Grab ist die gerichtsmedizinische Untersuchung der Leiche, der in den dreißiger Jahren unseres Jahrhunderts die Familie zustimmte.

Eine Gruppe von Gerichtsmedizinern fand an der Mumie weder die Tätowierung am rechten Ellbogen noch die Narbe am Hals, die ein besonderes Kennzeichen von Booth war. Die Aufzeichnung von Booths Zahnarzt, der zu der ursprünglichen Identifizierung nicht geladen war, stimmte nicht mit dem Zustand des Gebisses der jetzt untersuchten Leiche überein noch mit den ausgeführten Zahnbehandlungen.

Kurzum, der über die Jahrmärkte geschleppte Booth war nicht der richtige Booth. Die Rundreise der Leiche, offenbar die eines bedeutungslosen, mehr oder weniger unschuldigen Deserteurs, war eine bewußt arrangierte Posse. Die Verurteilung der Unschuldigen dann ein Justizmord, der die wahren Schuldigen deckte.

Wir wissen nicht, was aus Booth wurde – wir wissen nur, daß er nicht mit durchschossener Kehle in der Scheune der Garrett-Farm gestorben ist.

Vielleicht ist er wirklich nach Übersee entkommen, auf die Karolinen oder nach England, wo er angeblich gleichfalls gesehen wurde. Die Flucht vor den Polizisten und Soldaten dürfte wohl ein Kinderspiel gewesen sein gegen die Flucht vor den Inspiratoren des Verbrechens, dessen Vollstrecker Booth wahrscheinlich war. Der lebende Booth mußte für sie eine ständige Bedrohung sein.

Der beschränkte südstaatliche Fanatiker Booth kann auch auf eigenen Antrieb gemordet haben, weil er nicht begriff, daß die einzige Hoffnung für den Süden gerade Lincoln war, der sich um die rascheste Rekonstruktion des Südens bemühte, während die Bankiers und Industriellen des Nordens das genaue Gegenteil, nämlich die wirtschaftliche Ausbeutung und Vernichtung des Südens, betrieben. In diesem Falle wäre er aber der gerechten Strafe nicht entgangen, und es hätte keinen Grund gegeben, ihn durch komplizierte Machinationen zu schützen. Alles spricht dafür, daß er ein Werkzeug – und aufgrund seiner allseits bekannten politischen Haltung ein ideales Werkzeug – der Politiker des Nordens war, die sich immer offensichtlicher in der Opposition gegen Lincoln zusammenschlossen, der allerdings durch die breite Popularität im Volke beschirmt wurde.

Bis hierher wenigstens dürfen wir mit einer reichlichen Portion von Wahrscheinlichkeit, ja Sicherheit das Fragezeichen für beantwortet halten. Davon zeugt auch die Erklärung von Robert Lincoln, dem Sohn des ermordeten Präsidenten, der etwa zwanzig Jahre nach dem Attentat, vor seinem Tode, die privaten Dokumente seines Vaters vernichtete, die, wie er selber erklärte, die Existenz einer breiten Verschwörung und den herausragenden Anteil eines Mitgliedes von Lincolns Regierung daran bewiesen.

Der Bewahrer der Zarenlampen

Die ungeheure innere Kraft, die diesem grausamen Menschen von der Natur gegeben ward, ganz zu schweigen von einer unbestreitbar außergewöhnlichen Bösartigkeit, zog eine außerordentliche Aufmerksamkeit auf sich.
F. F. Jussupow. Das Ende Rasputins, Paris 1927

Der Geist Rasputins hat nicht aufgehört, die Welt zu verseuchen.
Arkadij Vauberg, Znanie Sila, Moskau 1970

Der Mann mit dem in der Kapitelüberschrift angeführten Operettentitel begann sein Leben recht unrühmlich und ohne jedwede Ankündigung einer vielversprechenden Zukunft. Er wurde 1872 in der Familie eines ständig betrunkenen sibirischen Mushiks im Dorf Pokrowskoje geboren. Fürst Jussupow irrt sich zumindest nicht darin, daß die Natur dem jungen Grigorij Jefimowitsch gegenüber fast exzentrisch freigebig war, indem sie ihn mit einer Roßnatur, einem Raufboldcharakter und mit unbezähmbarem Ehrgeiz beschenkte, den er von früher Jugend an durch Pferdediebstähle in dem weiten Gebiet zwischen Tobolsk und Tjumen befriedigte. Sibirien war allerdings nicht der Wilde Westen, und Pferdediebstahl wurde dort nicht durch eine erbarmungslose Lynchjustiz geahndet, dennoch trug dieser abenteuerliche Beruf unserem Grischka ungezählte Scherereien, Hiebe und Haft auf den Polizeistationen und in feuchten Kellern ein. Er ertrug sie stoisch bis zum letzten Vorfall, da ihn erzürnte Bauern fast zu Tode prügelten und die Nachbarn ihn unter der Androhung, mit dem aggressiven Taugenichts endgültig Schluß zu machen, aus dem Dorf verjagten. Als Andenken blieb ihm eine schreckliche Narbe auf dem Schädel, die er den Rest seines Lebens mit Locken nach Popenart verdeckte.

Schwer zu sagen, ob es eine Lehre aus den Prügeln, die Folge einer Gehirnverletzung oder das Ergebnis von Gesprächen mit einem geheimnisvollen und nie ermittelten Mönch war, daß aus dem Saulus plötzlich ein Paulus und aus dem wilden Gauner und Räuber einer der »Gottesnarren« wurde, die damals zu Tausenden durch das weite Rußland wanderten und die Zeit, die sich zum ersten revolutionären Ausbruch der Volksmassen hin bewegte, mit chiliastischer Schwärmerei füllten, die sie nicht nur unter die Bauern säten, sondern auch unter die Angehörigen der besitzenden Klassen, die fühlten, daß die Welt, das heißt ihre Welt, sich dem Ende zuneigte ...

Vom medizinischen Gesichtspunkt scheint die Vermutung, daß sich Grischka Rasputins Psyche infolge einer Gehirnverletzung veränderte, die wahrscheinlichste. Er wanderte nicht nur zu verschiedenen religiös bedeutsamen Orten Sibiriens, sondern änderte auch seine Gewohnheiten – er hörte vorübergehend zu trinken und für immer zu rauchen auf, vor allem jedoch erschienen im Verhalten dieses Analphabeten und einfach strukturierten Mannes neue Züge. Er war unruhig, zerstreut. Erregungszustände lösten sich mit solchen völliger Depression und Apathie ab, er sprach mit sich selber und dergleichen. Das trug freilich zu seinem sich allmählich verbreitenden Ruf eines Gottesnarren bei – in psychiatrischer Hinsicht entspricht dieser Zustand sehr wohl dem klinischen Bild von psychischen Veränderungen bei Berufsboxern nach einer genügenden Anzahl nachhaltiger Knockouts.

Pilger und Gottesnarren waren damals ungewöhnlich in Mode, ihr Ruf drang aus den abgelegensten Dörfern bis in die Residenzstadt. Der Boden war durch die byzanthinisch und orientalisch gefärbte Orthodoxie vorbereitet, aber die rechtgläubige Kirche beobachtete die bedeutenden Einnahmen der »Greise« und Pilger mit Neid und Mißgunst, sofern sie nicht ihren Obolus an die unersättlichen Kassen der Klöster und Kirchen entrichteten.

Bei der Unterstützung der Gottesnarren zeichnete sich besonders die Zarin Alexandra Fjodorowna aus, eine hessische Prinzessin, energisch, herrschsüchtig und wegen der kühlen Aufnahme in der russischen Gesellschaft für immer tödlich beleidigt. Aus der Sehnsucht heraus, eine würdige Vertreterin der Selbstherrschaft zu werden, wurde sie zur religiösen Fanatikerin, und ihr Mystizismus mündete in offensichtliche Hysterie. Einer Pilgerin namens Matronjuschka schenkte sie Geld und ein Grundstück zum Bau eines

Klosters, einer anderen ein Gut sowie eine riesige Geldsumme. Vater Ioann veranstaltete unter dem Patronat der Zarin in der Andrejewski-Kirche öffentliche Massenbeichten, die regelmäßig mit Schlägereien und Selbstgeißelungen endeten und deren Teilnehmer geradenwegs zur Polizei gebracht wurden, die diese Versammlungen des heiligen Popen als empörende Unsittlichkeit bezeichnete. Ein Psychiater, der sich in einem der zahlreichen Prozesse mit den »Ioannitern« äußerte, drückte sich noch erbarmungsloser aus: Das war ein »Irrenhaus in Freiheit«.

In dieser Atmosphäre trat der neugebackene »Heilige« Grischka Rasputin auf. Da er sich in einem Kloster einer strengen Disziplin hätte unterwerfen müssen, entschloß er sich, mit seinem missionarischen Wirken jene Sekte der Raskolniki zu beglücken, die seinem ungebändigten Temperament entsprach: die Chlysty (Geißler), eine der ältesten Sekten. Ihr Nährboden waren der Analphabetismus und das niedrige Kulturniveau. Sie lehnte es ab, geistliche Bücher zu verwenden und glaubte nur an das lebendige Wort Gottes, verkündet von einem der vielen Christusse, über denen ein einziger lebendiger Gott steht – das Haupt der Sekte. Grundgedanke der Sekte war die Unerläßlichkeit der Buße – der Buße mußte jedoch die »Versündigung« innerhalb einer religiösen Versammlung vorangehen.

In den von Rasputin organisierten Zusammenkünften wurde diese Versündigung ausgiebig und gründlich durchgeführt. Die Sekte der Chlysty hatte seit dem 17. Jahrhundert, als sie von Danilo Filipowitsch gegründet wurde (beziehungsweise seit dem 10. Jahrhundert, bis zu dem wir ihre Wurzeln bis zu den Bogomilen und dem syrischen Gnostizismus verfolgen können) genügend Zeit, ein kompliziertes System ihrer Glaubenslehre zu schaffen, insbesondere nach der Deportation von Zehntausenden ihrer Anhänger aus den »Schiffe« genannten Gemeinden nach Sibirien, wo sie sich wieder organisierten und ihre »Christusse« und ihren »lebendigen Gott« erwählten. Zu ihren Ritualen gehörte neben sexuellen Ausschweifungen der Genuß von Brot mit dem beigemischten Blut unschuldiger Kinder, wonach Wasser getrunken wurde, in das ein Kreuz getaucht war. Es klingt unglaublich, daß sich diese Sekte im 19. Jahrhundert auch in Moskau verbreiten konnte, wo die »Schiffe« vor allem in Nonnenklöstern existierten, sowie in Petersburg, wo das »Schiff« der Frau Tatarinowa Berühmtheit erlangte und von hohen staatlichen Würdenträgern besucht wurde ...

Rasputin hatte gut gewählt, auch wenn die Chlysty nie allzu zahlreich waren. Nach Schätzungen aus dem Jahre 1881 gab es im Rußland der siebziger Jahre des 19. Jahrhunderts etwa 13 Millionen Raskolniki, davon aber nur 65 000 in den schwärmerischen Sekten der Chlysty, Skopzen und ähnlichen. Die absolute Mehrheit der Raskolniki, der Popowzy und Bespopowzy, und wie die einzelnen Gruppen auch hießen, bildeten moralisch feste, nüchterne und abstinente Menschen (was unter den außerhalb des Raskol stehenden Mushiks keine übliche Erscheinung war), die sich in gemeinsam verwalteten Gemeinden sammelten und streng auf die Einhaltung der religiösen Vorschriften und moralischen Normen achteten. Solche Sekten waren natürlich für die Creme der Moskauer und Petersburger Gesellschaft keineswegs verlockend, ganz zu schweigen von der geringen Anziehungskraft der Skopzen, die als unerläßlichen und Hauptteil des Aufnahmerituals die Kastrierung der männlichen und die Amputation der Brüste bei den weiblichen Adepten verlangten ...

Die Sekte der Chlysty jedoch versprach interessantere Erlebnisse, weshalb sie als einzige oder fast einzige Sekte der Raskolniki aus dem dörflichen Mushikmilieu direkt in die Städte vordrang. In Petersburg war einer der Gründer der bedeutendsten »Schiffe« der Kaufmann Nenastjew, dessen unentbehrliche Gehilfin die bereits erwähnte Gattin des Obersten Tatarin war, eine geborene Buxhevden, die vom Protestantismus zu den Chlysty übergetreten war. Sie warb die neuen Anhänger in den Salons der höheren Gesellschaft, in den Ministerien und führte sie in das Michajlowski-Palais am Ufer der Fontanka und später direkt in eine Villa in Zarskoje Selo, wo sich zuletzt auch der Minister für Volksaufklärung, Fürst Alexej Golizyn, der Geheimrat Popow, General Golowin, Fürst Engalitschew und weitere Vertreter der höchsten Gesellschaft der Residenzstadt trafen. Das waren fesselnde Sitzungen, die, wie P. Melnikow (1869) angibt, »zu einem reinen

Adamitismus« führten. Die Nudistengesellschaft, die allgemeine Empörung auslöste, wurde im Jahre 1840 auseinandergejagt, und einige ihrer Mitglieder wurden nach damaligem Brauch in Klöster gesteckt. Dort, vor allem in Nonnenklöstern, entstanden dann Filialen, prosperierende »Schiffe« der Chlysty, da diese Frauen häufig zu psychischen Störungen und sexuellen Aberrationen neigen. In Petersburg ging die Chlystowtschina nicht unter. Ihre Anhänger und Gönner waren zu einflußreich. Und der einzige Schriftsteller der Chlysty, der »Theoretiker« Wassilij Radajew, der Rasputins Auftritt in der großen Welt unmittelbar vorbereitete, konnte ungehindert ein Evangelium verbreiten, das die Sekte der Chlysty über alle übrigen Bewohner der Erdkugel und die Steuerleute der Chlystyschiffe über die Päpste, die Archimandriten und Dalai Lamas stellte. Einige Glaubensartikel waren verlockend (z. B.: »... das Bemühen um die Bewahrung von Jungfernschaft oder das reine Leben einer Witwe sind eine Todsünde der Hoffart. Ein Mädchen soll nicht ängstlich ihre Jungfernschaft hüten, um sich nicht damit vor ihren gefallenen Gefährtinnen brüsten zu können ...«), andere, das Verrichten der »Liebe Christi« und der Empfang des »lebendigen Leibes und des lebendigen Blutes des unbefleckten Feuers« betreffend, waren widerwärtig. Anscheinend hörten nicht einmal in der zweiten Hälfte des 19. Jahrhunderts die Ritualmorde an Neugeborenen auf ...
Und noch eine weitere Besonderheit der Chlysty müssen wir erwähnen: das Stillen von Blutungen. Der Glaube an den Einzigen – zumeist einen einfachen und primitiven Menschen –, dessen bloße Gegenwart die Blutung aus einer Operationswunde, einer Verletzung und besonders nach einer Geburt zu stillen vermag, ist uralt, schon im alten Ägypten und in Mesopotamien bekannt. Von dort ist er offenbar mit den gnostischen Elementen auch in den Komplex der Glaubenslehre der Chlysty übergegangen.
Rasputin stieg sehr schnell auf. Dank seiner zweifellos außerordentlichen Eigenschaften, »... den Augen, die konzentriert und direkt blickten und in denen ein phosphoreszierendes Licht spielte, dem Blick, der bei den Anwesenden sonderbare Gefühle hervorrief, vor allem bei Frauen, die sich einge-

schüchtert diesem Blick unterwarfen, von ihm nervös wurden und zuletzt von selber heimlich zu Rasputin aufblickten, das Gespräch mit ihm verlängern und von ihm noch ein weiteres Wort hören wollten ... « (Zitate aus den Erinnerungen von Zeitzeugen) und vor allem durch die Hysterie und den allgemeinen sittlichen Verfall des Adels und der Gutsbesitzer. Grischka hörte nämlich niemals auf, Frauen gegenüber als arroganter und gemeiner Grobian aufzutreten. Aus dem »Greis«, »Freund« und »Gottesnarren« wurde sehr bald ein »Christus« und zuletzt der ersehnte »lebendige Gott«, der Chlysty. Da hatte sich sein Ruhm bereits über ganz Rußland verbreitet, und das Dorf Pokrowskoje, das wohl oder übel den Pferdedieb und Raufbold wieder in Gnaden aufnehmen mußte, wurde zum Wallfahrtsort vornehmer Damen, die »... ihm die Nägel schnitten und zum Andenken aufbewahrten ... ja sogar Rasputin wuschen und das Badewasser sodann tranken ...«.

Grischkas Ruf drang bis nach Petersburg, wo ihn der uns bereits bekannte Organisator der »Irrenhäuser in Freiheit« Ioann auszunutzen gedachte. Er rief Rasputin in die Hauptstadt, ermöglichte ihm den Eintritt ins Alexander-Newski-Kloster und dort den Verkehr mit kirchlicher Prominenz, dem Schwarzhunderter-Mönch Iliodor, dem späteren Moskauer und russischen Patriarchen Sergej und vielen anderen.

Die Zeit war ideal – die Zarin hatte nämlich ihr fünftes Kind geboren. Nach vier Töchtern (Olga, Tatjana, Maria und Anastasia), die »teuflischem Blendwerk« zugeschrieben wurden, von dem sie weder ein Pariser Hellseher, noch der Epileptiker und Gottesnarr Mitja der Selige aus Pensa, noch die Hysterikerin und Alkoholikerin, die greise Darja hatten heilen können, war endlich der ersehnte Zarewitsch, der Thronfolger Alexej Nikolajewitsch geboren. Durch Erbanlagen, die er vom Hause Hessen mitbekommen hatte, war er von der damals unheilbaren, zumeist schicksalhaften Bluterkrankheit betroffen, der Hämophilie. Medikamente gegen diese Krankheit gab es nicht. Dafür war der »lebendige Gott« bei der Hand, Grischka, denn zu seinen zahlreichen Spezialkenntnissen gehörte auch die Fähigkeit, Blutungen zu stillen.

Seine Ankunft in der Zarenresidenz war offenbar demonstrativ und gründlich vorbereitet. In dem kritischen Augenblick der ersten russischen Revolution schreibt der Zar am 1. November 1905 ins Tagebuch: »Wir haben die Bekanntschaft des Gottesmannes Grigorij aus dem Tobolsker Gouvernement gemacht ...«
Den himmelstürmenden Ambitionen des »Gottesmannes« schien nichts mehr im Weg zu stehen. Der Zar, der schon vor Grischka von dem französischen Scharlatan Philipps beeinflußt wurde, und vor allem die Zarin nahmen Rasputin wie einen Heiligen auf. Offiziell wurde ihm der wunderliche Titel »Bewahrer der Zarenlampen« verliehen, verbunden mit der rein formalen Funktion, die Ewigen Lichter unter den Zarenikonen zu betreuen und belohnt mit einem riesigen Gehalt. Inoffiziell wurde er von Zar und Zarin mit »Vater Grigorij« tituliert, später wurde er in der Korrespondenz der beiden nur vielsagend »Er« genannt. Den Titel »lebendiger Gott« mußte er mit Rücksicht auf den Zaren, das Oberhaupt der orthodoxen Kirche, ablegen – dafür erlangte er viele Belohnungen und erwiesenermaßen die besondere Gunst der Zarin. Es dauerte nicht lange, und seine Macht war absolut. Rußland hatte einen neuen Herrscher bekommen, Grischka den Ersten, der sich selbst – welche Bescheidenheit – oft Minister der Seele des Zaren nannte ...
Für diesen unaufhaltsamen Aufstieg gab es subjektive und objektive Gründe.
Zu den subjektiven Gründen gehört Rasputins suggestive, vitale und rücksichtslose Persönlichkeit, die er in Petersburg vorbedacht und konsequent vervollkommnete. Laut Rapport des Polizeidirektors Belezki ging er bei einem bekannten Petersburger Hypnotiseur in die Lehre. Dieser hielt Rasputin wegen seines starken Willens und seiner Konzentrationsfähigkeit für talentiert.
Ein weiterer Lehrer Grischkas war eine sonderbare Gestalt am Zarenhof, ein tibetanischer Magier, das Medium und der Wunderarzt Badmajew. Er war zweifellos ein Agent des deutschen Geheimdienstes, vor allem des Generals Haushofer, und er stellte die Verbindung zwischen reaktionären Kreisen der russischen Gesellschaft und reaktionären deutschen Kräf-

ten her, wie den Geheimgesellschaften Thule und Vril, die – später – den Machtantritt Hitlers vorbereiteten.
Rasputin verfügte über gewisse suggestive Fähigkeiten, die hauptsächlich auf einfache und der hysterischen Atmosphäre am Hofe unterliegende Frauen wirkten. Ihre typische Repräsentantin war die religiöse Fanatikerin, die der Zarin am nächsten stehende Hofdame Wyrubowa, von der Zarin Anja genannt, die von sich sagte, sie sei nur »eine alte dumme Trine« und die das unentwegt durch ihre Handlungen bewies. In ihrer Villa nahe dem Eingang zum Park von Zarskoje Selo fanden auch die intimen Begegnungen der Zarin mit Rasputin statt. Die Zarin liebte diese Dame grenzenlos. Obwohl sie ständig persönlich miteinander verkehrten, wechselte sie mit der Wyrubowa täglich vor dem Schlafengehen zwei bis drei Briefe ... Die Wyrubowa war der erste Hebel, der den Zarenhof zugunsten Rasputins bewegte.
Die objektive Ursache für Rasputins Einfluß waren seine Erfolge bei der »Heilung« des Zarewitsch. A. Vaxberg meint, die wirkliche Quelle dieser Heilung seien Badmajew und Wyrubowa gewesen, die die Bluterkrankheit des Zarewitsch mit traditionellen chinesisch-tibetanischen Arzneien »behandelten«, nämlich mit der »Lebenswurzel« (Ginseng) und den »Panty« (jungen Hirschgeweihen). Beide Arzneien bewirken angeblich bei dafür disponierten Personen eine starke Blutung. Badmajew und die Wyrubowa setzten in Rasputins Gegenwart diese Mittel in den Speisen für den Zarewitsch ab, und die Blutung wurde wie durch einen Zauber gestillt.
Vom pharmakologischen Gesichtspunkt ist ein solcher Mechanismus von Grischkas Erfolgen unwahrscheinlich. »Panty« sind eine Anhäufung von Hormonen, überwiegend Sexualhormone, und sie werden als anregendes Mittel gebraucht, ebenso wie mit einer anderen Wirkung Ginseng. Dieses fördert zwar die Durchblutung der Gewebe und kann Blutungen aller Art verstärken, nicht jedoch hervorrufen. Und vor allem: Bei einer echten Hämophilie würde der Medikamentenentzug allein nicht zum Erfolg führen. Zur Illustration führe ich an, daß das Verbluten eines Patienten beschrieben wurde, und zwar nach der Entfernung eines Zahnnervs. Selbst eine so geringfügige Verletzung mit einer geradezu mikro-

skopischen Blutungsfläche wurde trotz aller ärztlichen Hilfe verhängnisvoll. Wahrscheinlicher ist, daß der Zarewitsch Alexej an einer anderen Krankheit litt, die sich in einer erhöhten Blutung äußerte, und daß der Glaube an Rasputins günstigen Einfluß und die daraus entspringende allgemeine Beruhigung die Krankheit wirklich besserte. Das ist eine natürliche und medizinisch annehmbare Erklärung.

Der letzte Grund für Rasputins Erfolge war seine allseitige und fast unglaubliche Vitalität, die sich in dem unverwüstlichen Elan eines Mushiks und halben Analphabeten äußerte, dessen tägliche Saufereien und Orgien berühmt wurden. In den Rapporten der ausländischen Gesandten, die zuletzt das Handeln und die abzuschätzenden Pläne des Gottesmannes weit sorgfältiger beobachteten als das Handeln und die Pläne des Zaren und seiner Minister (was vom nachrichtendienstlichen Gesichtspunkt ganz vernünftig war), sowie in den täglichen Meldungen der Polizeiagenten kehren stereotyp solche Sätze wieder wie: Er ist um fünf Uhr früh heimgekehrt, mit drei Varianten: ziemlich betrunken, sehr betrunken und volltrunken. Genauso stereotyp klingt die Meldung über seine täglichen Gesellschafterinnen, die er entweder zu Hause, in Zarskoje Selo oder im Hotel Astoria empfing. Nur die Namen wechseln – einige sind vollständig angeführt, andere nur mit den Anfangsbuchstaben, bei den Besuchen in Zarskoje Selo und in der Villa der unschätzbaren Anja werden sie verschwiegen ... Aber damit nicht genug. Der machtlose Präsident der Staatsduma konstatierte resigniert, daß »er mit vielen Briefen derjenigen Mütter überhäuft wurde, deren Töchter von diesem brutalen Wüstling entehrt worden waren«.

Während des Krieges herrschte Grischka nahezu unumschränkt. Die Zarin verlangte von ihrem Gemahl, alle strategischen Absichten im voraus zu erfahren, und so war es Rasputin, der praktisch die unglücklichen Operationen der russischen Armeen lenkte. Ist es nur Zufall, daß die Deutschen gewöhnlich vorbereitet waren?

In Jekaterinenburg, wo die Zarin Alexandra Fjodorowna ihre letzten Lebenswochen verbrachte, malte sie eigenhändig ein Hakenkreuz an die Wand, das bereits seit 1891 von den deutschen Nationalisten als »rein arisches« Emblem bezeichnet

wurde. Es wurde ins Wappen der Geheimgesellschaft Thule übernommen, die von dem deutschen General und Geopolitiker Haushofer geführt wurde. Das letzte Schriftstück versteckte die Zarin in einer Ikone, der sich später der weiße General Kutjepow bemächtigte – es war ein Bericht über die Kontakte zur japanischen geheimen »Gesellschaft des grünen Drachens«, die die fanatischsten Militaristen vereinigte und deren führendes ausländisches Mitglied ebenjener Haushofer war, der laut den Vorschriften am 14. März 1946 den rituellen Selbstmord durch Harakiri beging. Kutjepow wurde dann auf den Dreimaster des russischdeutschen Barons Bautenaas gelockt – er hieß Asgard, in den isländischen Sagas das Fabelreich des Herrschers von Thule – und dort ermordet. Die Ikone mit dem Bericht verschwand.
Zweifellos führte dank der Zarin vom Petersburger Zarenpalast ein direkter und funktionierender Kanal zu Haushofer und zum deutschen Generalstab. Hunderttausende russische Soldaten zahlten dafür mit ihrem Leben.
Rasputin war Millionär. Gegen riesige Bestechungssummen setzte er Minister ein und ab. Vom Herbst 1915 bis zum Herbst 1916 lösten sich fünf Innenminister, drei Kriegsminister, vier Landwirtschaftsminister ab. Es genügte, in Gesellschaft ein Wort gegen den sibirischen Scharlatan zu sagen oder sich kritisch über die fünf militärischen Personenwagen zu äußern, die ihm zugeteilt worden waren – und die Karriere eines Ministers war beendet. Offiziell existierte Rasputin nicht. Als einige mutige Abgeordnete der Staatsduma wagten, nach einem gewissen »Grigorij Rasputin« zu fragen, reagierte Grischka mit einem empörten, wenn auch ziemlich holprig formulierten Telegramm an den Zaren: »Vater! In der Duma solls nur nach dir gehen. Was sein das für Fragen? Dieses Teufelspack! Befiehl du! Und keine Frage mehr!«
Die sehr umfang- und aufschlußreiche Korrespondenz der Zarengattin während des Krieges legt ein beredtes Zeugnis über die damaligen Verhältnisse ab. Zar Nikolaus wurde mit schriftlichen Ratschlägen und Hinweisen überschüttet, die zumeist von Rasputin diktiert waren, bis es ihm gelang, aus Zarskoje Selo an die Front zu entkommen. Diese Briefe, die man im Hinblick auf die offensichtliche und unbefriedigte

Hypersexualität der Zarin nicht ohne Verlegenheit lesen kann, erschienen 1922 zuerst in Berlin, gleich darauf gab sie das Sowjetische Zentralarchiv in der russischen Übersetzung (die Korrespondenz wurde auf englisch geführt) heraus. Sie liefern den Beweis, daß Rasputin über die wichtigsten Fragen des wackligen Reiches entschied. Er bereitete den Sturz des Großfürsten Nikolaj Nikolajewitsch vor, des Oberbefehlshabers der russischen Armeen im ersten Kriegsjahr. Dieser hatte auf Anhieb in Rasputin den ordinären Scharlatan entlarvt, und außerdem war er keineswegs begeistert über die Gunst, die seine Gattin Stana, Tochter des montenegrinischen Königs Nikola, diesem Betrüger gewährte. Wie jeder, der es wagte, an Grischkas Heiligkeit zu zweifeln, wurde der Großfürst zur Zielscheibe des tödlichen Hasses der Zarin, und sein Schicksal war besiegelt.

Trotz der gegenteiligen Meinung einiger Historiker beweisen meiner Ansicht nach die Briefe der Zarengattin eindeutig, daß der »Minister der Zarenseele«, wenn nicht ein direkt bezahlter Agent des deutschen Nachrichtendienstes (bei seiner unersättlichen Raffgier und der garantierten Straflosigkeit wäre das nichts Befremdliches), so doch zumindest ein geschwätziger Informant und beeinflußter Vermittler von politischem und militärischem Gemunkel war. Immer wieder drang er darauf, daß ihm eingehend mitgeteilt wurde, was die russische Regierung und das Hauptquartier zu unternehmen gedachten, vor allem wann und wo eine Offensive eröffnet werden sollte. Seine Wünsche motivierte er mit seiner zauberkräftigen Teilnahme: Er hob (einem begeisterten Zeugnis der Zarin zufolge) eine Ikone mit der Jungfrau Maria in Richtung zur Front, segnete auf die Ferne den Zaren und rief: »Es erstrahle dort das Licht!« Man braucht nicht hinzuzufügen, daß dieser unglaubliche Schamanenzauber keinerlei Erfolg hatte. Das jedoch schrieb die Zarin – auch das ist nachgewiesen – Gottes Zorn über das feindselige Auftreten der Minister und Generale gegen den Gottesmann zu. Die strategischen Ratschläge, die Rasputin durch Vermittlung der Zarin dem Zaren erteilte, der nach dem Sturz des Großfürsten Nikolai Oberbefehlshaber geworden war, waren ausnahmslos für die Mittelmächte günstig. Manchmal haben sie die Form kategorischer Empfehlungen – zum Beispiel schreibt am 17. August 1916 die Zarin: »... Er fragt, ob es wahr ist, was die Zeitungen über die geplante Freilassung der slawischen Kriegsgefangenen schreiben. Er hofft, daß das nicht wahr ist, denn das wäre ein großer Fehler ...« Das ist schon ein direkter Druck, den die Zarin in einem anderen Brief sogar ungeschminkt zugibt: »Ich fühle, daß ich hart handle, wenn ich dich, mein lieber, geduldiger Engel so bedränge, aber all mein Glaube stützt sich auf unseren Freund, der so viel an dich denkt, an Baby (den Zarewitsch) und an Rußland. Unter seiner Leitung werden wir die schwere Zeit überstehen. Es wird ein unbarmherziger Kampf, aber der Gottesmann ist dir nahe, um dich zu beschützen und sicher über alle Klippen zu führen ...«

Und der Zar tanzte folgsam nach Grischkas Pfeife. Ohne ein Wort des Protestes schrieb er eigenhändig nach dem Diktat der Zarin den Befehl, die Untersuchung gegen den kompromittierten und offensichtlich hochverräterischen Kriegsminister Suchomlinow einzustellen, dessen Gattin Rasputins Geliebte war. Grischka hatte sich entschlossen, ihr eine kleine Gefälligkeit zu erweisen ...

Sogleich nach Kriegsausbruch wurde der Ministerpräsident entlassen, der greise Iwan Logginowitsch Goremykin, und zwar auf Wunsch der Zarin und mit der Begründung, er habe hinsichtlich seines hohen Alters nicht genug Kraft – um Rasputin zu beschützen. An seine Stelle trat der Halbdeutsche Boris Wladimirowitsch Stürmer, obwohl er der Vorbereitung eines Separatfriedens mit Deutschland dringend verdächtig war. Die Zarin setzte ihn auf Grund von Rasputins Vision durch, nach der er mütterlicherseits ein Nachkomme der heiligen Anna von Kaschin sei ...

Für die Ernennung in wichtige Funktionen genügte es übrigens, Rasputins betrügerischen Komplizen Badmajew zu gewinnen oder zu bestechen. So war der letzte Minister vor dem Sturz des Zarismus Alexander Dmitrijewitsch Protopopow, ein Mann, dessen Hang zum Aberglauben in eine psychische Erkrankung überging und dessen Ernennung für die Dumamitglieder eine völlige Überraschung war.

Der Gottesmann ahnte nicht, daß das Auftreten einiger mutiger Abgeordneter (am 14. November 1916) gegen die Clique

um die Zarin, gegen Rasputin und Stürmer die Vorankündigung geschichtlicher Ereignisse war und daß die Tage seiner skandalösen Existenz gezählt waren.
Mißerfolge an den Fronten, Hungerrebellionen im Hinterland, Unruhen in den Fabriken. Am Zarenhof und unter den Diplomaten der Westmächte wurde immer lauter von den Kräften gesprochen, die sich bemühten, den Zaren zu einem Separatfrieden mit Deutschland zu bewegen. In diesem Zusammenhang wurde vor allem über die Zarin gesprochen, es fielen auch die Namen Badmajew, Stürmer, Andronikow, Bautenaas, aber immer – Grischka Rasputin. Fast magnetisch zog er jetzt den Haß auf sich wie noch vor einigen Jahren Bewunderung und Vergötterung. Die Beseitigung Rasputins wurde zum Programm einer kleinen Revolution, die den Zarismus retten und dieses ganze wunderliche Gesindel hinwegfegen sollte, welches das größte Land der Welt beherrschte. Es war eine regelrechte Manie, alle Mißerfolge Rußlands an den Fronten und im Hinterland nun mit der Person Rasputins zu verbinden.
Die Opposition wurde vom Vorsitzenden der Staatsduma, Rodsjanko, geführt, der unablässig den Zaren ersuchte, Rasputin politisch unschädlich zu machen. Ohne Erfolg. Das magere Ergebnis seiner riskanten Interventionen war nur eine zeitweise Entsendung des Gottesmannes aufs Land, woher er dann auf die hysterischen Bitten der Zarin nach wenigen Tagen zurückgerufen wurde.
Mitglieder der Zarenfamilie mischten sich ein, die die Demütigung der Zarengattin durch den Scharlatan und die kaum zu verbergende Schande für den Zaren nicht mehr ertrugen. Die Aktion übernahm ein junger Offizier und entfernter Verwandter des Zaren, der berühmte und reiche Fürst Jussupow. Über Rodsjankos Möglichkeiten gab er sich keinerlei Illusionen hin, nachdem ihm der angeheiterte Rasputin selber verraten hatte: »In der Duma verbreiten sie über mich nur Verleumdungen und belästigen damit auch noch den Zaren ... Aber lange werden sie nicht mehr schwatzen. Ich löse denen ihre Duma auf und schicke sie alle an die Front. Ich werd's ihnen zeigen – sie werden noch an mich denken ...«
Auch das war nicht ausgeschlossen. In der stickigen und

sozusagen chiliastischen Atmosphäre des Zarenhofes konnte wirklich alles passieren.
In der Hoffnung, mit Rasputins Tod werde »die teuflische Kraft, in deren Bann der Zar und die Zarin geraten waren ... sowie alles Übel und das Hauptunglück Rußlands ...« verschwinden, plante Fürst Jussupow den Mord. Er begann Rasputin zu besuchen, was diesem ungemein schmeichelte. Mit Ausnahme von exaltierten und durch seinen dämonischen Zauber gefesselten Hofdamen einschließlich der Zarin selber mied die Aristokratie den ewig besoffenen Wüstling. Jussupow war also eine Zierde in Rasputins Salon mit Zigeunerkapellen und ungezügelten Saufgelagen. Der erste Schritt war erfolgreich getan.
Jussupow besuchte eine Reihe bedeutender Persönlichkeiten und forderte sie zur Teilnahme an der Verschwörung gegen den allmächtigen Rasputin auf. Theoretisch stimmten ihm alle aus tiefstem Herzen zu, eine praktische Hilfe lehnten jedoch alle ebenso einmütig ab. Felix Jussupow stieß nur auf Ausflüchte. Er entschloß sich deshalb, mit einer kleinen Gruppe Mitverschworener allein zu handeln. Die wichtigste und nach einer eventuellen Aufdeckung der Verschwörung offensichtlich entscheidende Rolle spielte der junge Vetter des Zaren, der Großfürst Dimitrij Pawlowitsch, dessen Immunität von vornherein garantiert war und der vielleicht auch fähig war, die übrigen Attentäter zu decken. Wie sich erwies, war diese Kalkulation Jussupows weitblickend und richtig. Weitere Verschwörer waren der Schwarzhunderter Purischkewitsch, Führer der äußersten rechten Elemente in der Duma, ferner Jussupows Freund aus der Armeezeit, Leutnant Suchotin, und der Arzt Lazovert, dessen Aufgabe es war, das stärkste Gift zu besorgen und außerdem die Rolle des Chauffeurs von Purischkewitschs Automobil zu spielen, mit dem Rasputin heimlich in Fürst Jussupows Palais gebracht werden sollte.
Es kam der 16. Dezember 1916.
Rasputin entsprach Jussupows Bitte und ließ abends seine Leibwache zu Hause. Er glaubte, Jussupow wolle seinen Besuch geheimhalten, um nicht die Aristokratie gegen sich aufzubringen. Er fühlte sich nicht beleidigt – die Tatsache, Gast in einem der unzugänglichsten Paläste zu sein und Jus-

supows Gemahlin Irina, eine berühmte Schönheit, kennenzulernen, schmeichelte ihm zur Genüge.
Die Szene war wohldurchdacht. Im Empfangssalon stand Gebäck bereit, wie es Rasputin liebte – sechs Piroggen mit Schokoladenüberguß, deren jede eine Dosis von vier Gramm Zyankali enthielt – die tödliche Dosis beträgt ein zweihundertstel Gramm! Die Piroggen hätten ein ganzes Regiment vergiften können. Weitere zwei Gramm Zyankali waren auf den Boden der Weingläser gestreut, die für den unersättlichen Säufer Grischka bereitstanden. Dieser empfand erregte Freude angesichts der Genüsse, die ihn dank der gutversorgten, vor allem durch ihre importierten Port- und Madeiraweine berühmten Keller des Fürsten erwarteten. Aus der ersten Etage erklang gedämpfte Musik. Der Fürst gab vor, seine Gemahlin empfange dort die anderen Gäste – sobald sie sich freimachen könne, werde sie sich unverzüglich zu ihrem Gatten und dem unwiderstehlichen Grischka begeben. In Wirklichkeit spielten dort der Großfürst, der Leutnant und Purischkewitsch unermüdlich Grammophonplatten ab und warteten auf die Nachricht vom Tode des gehaßten Rasputin, der zur Mordzeit etwa fünfundvierzig Jahre alt war. Irina weilte außerhalb des Palais.
Rasputin verspeiste mit Appetit die Piroggen, trank den vergifteten Wein, aber statt tot zusammenzubrechen, fiel er in eine wehmütige Stimmung, in der er den Gastgeber aufforderte, auf der Gitarre zu spielen und zu singen. Jussupow gehorchte.
Es war eine unglaubliche, makabre Szene. Rasputin trank, mit sechs Gramm Zyankali im Leibe, vergifteten Portwein. Jussupow sang Romanzen, und in der ersten Etage fielen der Vetter des Zaren, der elegante Leutnant und der Führer einer Dumafraktion in immer tiefere Verzweiflung. Um zwei Uhr nachts hatten alle Beteiligten gerade genug. Rasputin fühlte eben doch ein gewisses Unwohlsein, er griff sich immer wieder an die Kehle und ahnte wohl, daß er vergiftet wurde. Von diesem Augenblick an unterscheiden sich die Schilderungen der Augenzeugen und anderer.
Felix Jussupow tritt in seinen Memoiren als unbezweifelbarer Hauptheld auf. Nach seiner Schilderung entschuldigte er sich bei Rasputin, er müsse für einen Augenblick zu den ande-

ren Gästen. Er informierte sie, daß man Rasputin offenbar nicht vergiften könne, und lehnte ihren Vorschlag ab, den »Greis« gemeinsam auf eine andere Weise aus der Welt zu schaffen. Er kehrte allein zurück. Rasputin täuschte vor zu schlafen. Als sich ihm der Fürst näherte, packte er ihn mit seinen kräftigen Händen an der Gurgel und begann ihn zu würgen. Jussupow, eine zeitgenössische Fotografie belegt es, alles andere als ein Athlet, gelang es jedoch, die Pistole zu ziehen und Rasputin in die Brust zu schießen. Dieser brach ohne ein Lebenszeichen zusammen.

In Purischkewitschs Version wird behauptet, daß alle in den Raum gestürzt seien, weil Jussupow es abgelehnt habe, zu dem unheimlichen Unsterblichen allein zurückzukehren, und daß in der ausgebrochenen Rauferei Jussupow zweimal geschossen habe. Fest steht nur, daß sich Fürst Felix Jussupow später mit erlesener Geschmacklosigkeit die Kugel, die Rasputins Leib durchschlagen hatte, in einen Fingerring einsetzen ließ.

Die dritte Version schließlich liefert das Tagebuch von Reverend B. S. Lombard, des damaligen Kaplans der britischen Botschaft in Petrograd, das erst 1967 entdeckt und veröffentlicht wurde. Danach soll Jussupow, ein vertrauter Freund des Kaplans, Rasputins Aufmerksamkeit auf ein »sehr schönes elfenbeinernes Kruzifix« gelenkt und ihn dann heimtückisch in die Hüfte geschossen haben.

Wie es auch gewesen sein mag – der massige »Greis« Grischka lag regungslos da und zeigte keinerlei Lebenszeichen, was auch der Arzt und Behelfschauffeur Dr. Lazovert bestätigte, der von dem endlosen Warten am Lenkrad von Purischkewitschs Automobil schon halb erfroren war. Die Verschwörer zogen Rasputin das Oberkleid aus, das Suchotin anlegte, und dieser fuhr mit Lazovert und dem Großfürsten Dimitrij Pawlowitsch ostentativ in dessen Palais, damit alle sahen, daß Rasputin das Palais des Fürsten Jussupow verlassen hatte. Unklar bleibt, wie der junge Milchbart den bärtigen und langhaarigen Grischka darstellen konnte. Über dieses Detail äußern sich Jussupows Memoiren nicht.

Im Palais blieben Jussupow und Purischkewitsch zurück. Sie warteten auf das Automobil des Großfürsten, mit dem die Leiche zur Newa gebracht und dort in ein bereits vorher

geschlagenes Loch im Eis geworfen werden sollte. Sie berieten sich im Nebenzimmer und kehrten dann zurück, um Rasputins Leiche für den Transport zurechtzumacheh. Die »Leiche« war jedoch verschwunden. Sie erblickten sie, wie sie munter durch den tiefen Schnee auf dem Hof watete und schrie: »Felix, Felix, na warte, das sag ich der Zarin ...«
Jussupow erstarrte zur Salzsäule, der geistesgegenwärtigere Purischkewitsch rannte Rasputin nach und feuerte aus nächster Nähe vier Kugeln (nach anderen Zeugnissen zwei) aus seiner schweren Dienstpistole auf ihn. Rasputin brach zusammen, und Purischkewitsch zerrte ihn mit größter Anstrengung an dem goldenen Gürtel, einem Geschenk der Zarin, zurück in den Salon. Es scheint, daß beide Mörder in Hysterie verfielen. Jussupow stürzte sich wie wahnsinnig auf Rasputin, der sich wieder aufzurappeln begann, und schlug mit einem schweren Bronzeleuchter so lange auf ihn ein, bis er selber in Ohnmacht fiel. Purischkewitsch erklärte pathetisch der auf die Schüsse hin herbeigeeilten Wache, daß der Erzfeind Rußlands, Rasputin, getötet war, und beschwor den Wachmann, nichts zu melden, »wenn er ein treuer Patriot bleiben wolle«. Es versteht sich, daß der Polizist unter diesen Umständen kein treuer Patriot bleiben wollte und alles augenblicklich seinem Vorgesetzten meldete.
Während Fürst Jussupow bewußtlos dalag, kehrten Doktor Lazovert und der falsche Grischka, Leutnant Suchotin, mit dem Automobil des Großfürsten zurück. Sie luden die Leiche Rasputins ein und warfen sie unters Eis der Newa. Auch diese Aktion wurde recht dilettantisch durchgeführt – auf dem Eis blieben Rasputins Galoschen liegen, die von der Polizei sofort entdeckt wurden ...
Jussupow erwachte, von Dienern betreut, erst gegen Morgen aus der Ohnmacht und beseitigte die Spuren. Es war auch höchste Zeit. Die Hofkreise waren alarmiert, die Zarin wurde immer wieder in den Armen der Wyrubowa ohnmächtig und drohte dann jedem furchtbare Strafe an, der dem geliebten Grischka auch nur ein Haar gekrümmt hätte.
Der Fürst erschoß seinen Hund und erklärte dem Polizeigeneral, vor den er zitiert wurde, die Schüsse und Purischkewitschs pathetische Worte an den Schutzmann durch einen

Unfall: In Trunkenheit habe er den Hund angeschossen, den Jussupow Rasputin genannt habe. Es sei nötig gewesen, das leidende Tier auf dem Hof von seinen Qualen zu erlösen ...
Die Zarin säumte nicht und schickte ihrem Gatten einen empörten Brief. »Wir sitzen hier alle beisammen – du kannst dir unsere Gefühle und Gedanken vorstellen – unser Freund ist verschwunden! Gestern hat Ihn Anja gesehen, und Er hat gesagt, daß Felix Ihn gebeten habe, nachts zu Ihm zu kommen, er werde Ihm sein Automobil schicken und Ihn abholen, damit Er Irina kennenlerne – das Automobil kam wirklich, ein Offizier mit zwei Zivilisten, und Er fuhr ab. Heute nacht war großer Krawall im Hause Jussupows – eine große Gesellschaft, der Großfürst Dimitrij Purischkewitsch und andere, alle betrunken. Die Polizei hörte Schüsse, Purischkewitsch kam herausgelaufen und rief den Schutzleuten zu, daß unser Freund getötet worden sei. Ich kann und will es nicht glauben, daß Er tot sein soll. Gott im Himmel, erbarme dich unser!«
Je mehr die Polizei Klarheit gewann, um so diskreter wurde die Untersuchung geführt, die unter anderem in Jussupows Salon Spuren nicht von Hunde-, sondern von Menschenblut entdeckte. Als nach drei Tagen, am 19. Dezember, Rasputins Leiche gefunden wurde und der Mord unstrittig erwiesen war, verstummte alles vollends. Nur die Zarin war nicht zu beruhigen. »Sie haben mir den Lebenden genommen, aber den Toten werden sie mir nicht nehmen«, erklärte sie und ordnete an, den »Gottesmann« im Park von Zarskoje Selo beizusetzen, um ihm so nahe wie möglich zu sein und an seinem Grabe täglich beten zu können. Der Zar unterbrach in einer kritischen Situation Beratungen mit den Vertretern der verbündeten Mächte und eilte von Mogiljew nach Petrograd, damit ihm nicht die Ehre entging, gemeinsam mit den Ministern den silbernen Sarg mit den sterblichen Überresten des Pferdediebes und Liebhabers seiner Gattin zu tragen.
Rasputins Geist aber spukte weiter. Der Innenminister Protopopow fiel auf einer spiritistischen Sitzung in Trance und teilte den Anwesenden die frohe Kunde mit, daß soeben der Geist von Grigorij Jefimowitsch in ihn eingetreten sei ... Die Dämmerung der Selbstherrschaft, der ausweglose Zerfall, symbolisiert durch Rasputin, wurden immer irrsinniger.

Sogleich nach Rasputins Tod meldeten sich Speichellecker mit dem Vorschlag, Grischka heiligzusprechen. Seine Diebereien, Ausschweifung und unersättliche Trunksucht wären kein Hindernis gewesen. Schwieriger war das Problem der Todesursache. Die Kirche läßt nämlich keine Heiligsprechung von Ertrunkenen zu. Und der Polizeiarzt, der die Obduktion durchführte, hatte eindeutig erklärt, der Tod sei durch Ertrinken eingetreten – Rasputin wurde also noch lebend in die eisigen Fluten der Newa geworfen.

Die Zarin entschied, daß das Protokoll der Obduktion ungültig sei, und forderte den Pathologen und Hofrat Professor Kosorotow auf, den Irrtum umgehend zu korrigieren. Kosorotow entsprach natürlich dem erlauchtesten Wunsch, entdeckte kein Wasser in den Atemwegen der Leiche, fand die Lungen nicht gebläht (was bei Ertrunkenen die Regel ist) und erklärte Grischka als zuverlässig tot, bevor er in die Newa geworfen wurde. Nichts stand also einer Heiligsprechung im Wege – allein die Petrograder Arbeiter und Soldaten, denn sie machten bald darauf mit dem Zarismus Schluß und setzten viel wichtigere Dinge auf die Tagesordnung. Bereits am 9. März 1917 gruben sie Rasputins Sarg im Park von Zarskoje Selo aus und verbrannten die Überreste einer der dunkelsten Gestalten der russischen Geschichte im Paskarewer Wald und verstreuten die Asche in alle Winde.

Zwei Tage zuvor schrieb die Zarin einen Brief. In ihm lag als Amulett ein Stück Holz von Rasputins Sarg, und darin stand das weinerliche Bekenntnis der Zarin: »Was kann ich tun? Nur beten und beten! Unser teurer Freund im Jenseits betet ebenfalls für dich – so ist Er uns noch nahe. Und dennoch wie sehr möchte ich Seine tröstende und ermunternde Stimme hören ...« Vielleicht haben die Leser schon bemerkt, daß der Zar und Gatte in den Briefen grundsätzlich mit Kleinbuchstaben angeredet wird, während der selbsternannte Grischka I. unter allen Umständen die großen Initialen verdient ...

Fast alle Teilnehmer an Rasputins Ermordnung lebten so lange, daß sie über ihre Heldentat dickere oder dünnere Memoiren schrieben. Dies taten sowohl der Schwarzhunderter Purischkewitsch, vom Petrograder Revolutionstribunal am 3. Januar 1918 barmherzig nur zu einer bedingten Strafe verurteilt, die ihm die Flucht ermöglichte, als auch die Emigranten Fürst Jussupow und Großfürst Dimitrij Pawlowitsch. Eine Flut von Büchem, Theaterstücken, Filmen und Jahrmarktsliedem entstand. Skandale brachen aus. Die Tochter Rasputins, Maria, eine Tingeltangelsängerin, verklagte den Fürsten Jussupow und den Großfürsten Dimitrij Pawlowitsch. Sie forderte von ihnen 25 Millionen Francs, auf welche Summe sie den Verlust ihres ansonsten unschätzbaren Väterchens einschätzte. Fürst Jussupow verklagte amerikanische Filmproduzenten und verlangte anderthalb Millionen Dollar für seine beleidigte Ehre.

Rasputins Person begann sich nach dem Tode zu verändern. In einigen Werken von Emigranten, aber auch nichtrussischen Publizisten, wurde aus dem Pferdedieb Grischka ein wahrer Heiliger, dessen Ermordung den ersten Schuß der russischen Revolution bildete, der den Antritt anarchistischer Elemente vorankündigte und den Weg zur Entfesselung der bolschewistischen Revolution öffnete.

Dem Leser ist klar, daß derartige Behauptungen unsinnig sind, daß Rasputins Ermordung im Gegenteil durch das Bemühen motiviert war, den unrettbaren Zarismus zu retten, und daß sie von Verschwörern ausgeführt wurde, die zweifellos jeden Verdacht von Fortschrittlichkeit, ganz zu schweigen von Anarchismus und Bolschewismus, empört zurückgewiesen hätten. Das Hauptargument für die »Heiligkeit« Grischkas und seine übernatürlichen Fähigkeiten bleibt sein Tod in Raten, wobei ihn weder die sechs Gramm Zyankali noch die drei bis sechs Schüsse umbrachten, ja nicht einmal die Schläge mit dem Bronzeleuchter, sondern erst die Wellen der Newa. Vor allem mußte man das Überleben einer für 300 Menschen tödlichen Dosis Zyankali als Wunder erklären, als Beweis für die Rasputin von Gott verliehene Kraft.

Mit diesem Wunder beschäftigte sich 1971 die sowjetische Zeitschrift »Chimija a shisn«. Der Autor des Artikels, W. Shwirblis, erklärt das Rätsel durch den chemischen Zerfall des Zyankali, wenn es dem Kontakt mit dem in der Atmosphäre vorhandenen Kohlendioxyd (CO_2) ausgesetzt wird und nicht hermetisch verschlossen in Behältern aufbewahrt wird. Als Salz der schwachen und unbeständigen Zyanwas-

serstoff säure HCN (Blausäure) zerfällt das Zyankali nach der Formel: $2 KCN + H_2O + CO_2 = K_2CO_3 + 2 HCN$.
Bei nichthermetischem Verschluß verflüchtigt sich die Zyanwasserstoffsäure bald, und es bleibt K_2CO_3 – die ungiftige und harmlose Pottasche, zurück.
Shwirblis nimmt an – offenbar zu Recht –, daß die Verschwörer das Zyankali schon längere Zeit, mindestens einige Tage, bereithielten und es zum Beispiel in Papier aufbewahrten. Rasputin verspeiste also mit Pottasche gefüllte Piroggen und trank durch Pottasche denaturierten Portwein ...
Außerdem erlaube ich mir den Hinweis, daß weder Schlagsahne noch Portwein mit 8 bis 9 Prozent Zuckergehalt für einen Mord durch Zyankali die geeignete Speise und das passende Getränk sind. Von 5 g Zyankali, aufgelöst in 0,25 l Portwein, verschwinden (zerfallen) binnen 35 Minuten ein Drittel, nach zweieinhalb Stunden zwei Drittel. Das Zyankali bildet mit dem Zucker das gesundheitsunschädliche Nitril.
Doktor Lazovert hat sich bei der ganzen Affäre nicht als Fachmann erwiesen – er konstatierte den Tod oder wenigstens die Agonie, wohingegen sich die »Leiche« nach einigen Augenblicken erhob und munter flüchtete. Es ist möglich, daß er das Zyankali gar nicht geprüft hatte. Man kann nicht ausschließen, daß derjenige, der Lazovert das weiße Pulver verkauft hatte, dank Jussupows Geschwätzigkeit über die Absicht der Verschwörer informiert war, vor der Mitschuld zurückschrak und Lazovert eine unschädliche Chemikalie unterschob. Es stimmt, Zyankali verrät sich durch den starken Bittermandelgeruch (die giftige Komponente von Amygdalin, Bittermandelöl, ist gerade das HCN), und es empfiehlt sich nicht, diesen Geruch lange zu schnuppern, denn bei einer genügend starken Dosis eingeatmeten Zyanwasserstoffs entsteht ein klinisches Bild, das in den medizinischen Lehrbüchern dramatisch beschrieben wird: Schrei – Sturz – Tod. Wahrscheinlich hat Lazovert nicht so viel riskiert und lieber auf die Geruchsprobe verzichtet.
Ich halte die Vertauschung des Zyankali mit einer anderen Chemikalie für durchaus wahrscheinlich, denn selbst wenn sechs Gramm Kaliumzyanid mehrere Tage lang der atmosphärischen Feuchtigkeit und dem Kohlendioxid ausgesetzt

wären, bliebe doch genug von dem zuverlässig wirkenden Gift zurück. Der Tod durch die Vergiftung mit Blausäure oder ihren Verbindungen tritt sehr rasch durch inneres Ersticken ein, wobei sich die roten Blutkörperchen, das Hämoglobin, in einer untrennbaren chemischen Verbindung mit Zyan zu Zyanhämoglobin verbinden und nicht mehr fähig sind, Sauerstoff an die Gewebe abzugeben. Anfangs im Verlauf einiger Sekunden, später von Zehntelsekunden hört das Gehirn zu funktionieren auf und gleich darauf auch die übrigen Organe, vor allem das Herz.
Grischka Rasputin war zweifellos wie alle Menschen den Gesetzen der Physiologie unterworfen. Wir können deshalb mit Sicherheit annehmen, daß das »Gift«, das ihm in den süßen Piroggen und im Wein serviert wurde, entweder das Zerfallsprodukt von Kaliumzyanid war (Pottasche) oder eine andere Chemikalie. Grischka wurde also nicht vergiftet, und es gibt keinen Grund, sein Überleben übernatürlichen Kräften zuzuschreiben.
Es folgten ein oder zwei Schüsse des Fürsten Jussupow. Wie es auch dazu gekommen war und welche Richtung der Schußkanal hatte – sie waren nicht tödlich. Ist Jussupows Version über den Kampf mit Rasputin, der ihn gewürgt haben soll, richtig, kann man einen Schuß in den unteren Teil des Brustkorbs erwarten. Die Version des Reverend Lombard spricht von einem »Schuß in die Hüfte«. Lombard setzt jedoch in seinem Tagebuch ausdrücklich hinzu, daß Felix Jussupow mit einem »kleinen Revolver« schoß.
Das ist begreiflich. Die enganliegenden Uniformen der zaristischen Armee und die ebenso anliegende modische Kleidung von damals erlaubten nicht, eine großkalibrige Pistole am Leibe zu verstecken. Wir können annehmen, daß Jussupow einen kleinen, flachen Revolver benutzte, weit eher aber eine Pistole mit einem Kaliber von höchstens 6 mm. Eine solche Kugel konnte, wenn sie nicht lebenswichtige Organe traf, den durch seine Pferdenatur berühmten Rasputin in keinem Falle töten. Wenn nicht das Herz oder die großen Adern getroffen wurden, dann war die Wunde zwar eine schwere Verletzung, aber keine tödliche. Wahrscheinlich verwendete Jussupow eine Pistole vom Kaliber 4,5 mm, wie es

damals die Damenpistole oder die sich großer Beliebtheit erfreuenden »schießenden Bleistifte« waren.
Auch das Überleben der ersten Schußverletzung ist also nicht unerklärbar und schon gar kein Wunder.
Die weiteren Schüsse gab Purischkewitsch ab. Nach eigener Aussage aus unmittelbarer Nähe – Lombard jedoch hielt Jussupows Bericht wie folgt fest: »Dimitrij Purischkewitsch schoß danach aus einer schweren Dienstpistole, aber auch dann war Rasputin nicht tot. Felix sagte mir, er habe ihn mit einem Stock erschlagen ...«
Es taucht also eine weitere Version auf. Purischkewitsch, Abgeordneter der Staatsduma, Zivilist, kein Soldat, schoß auf den laufenden Rasputin nachts, bei schlechtem Licht und äußerst erregt. Laut Lombard fiel damals nur ein Schuß. Rasputin wurde getroffen – allerdings wo, das können wir nur raten. Die Kugel von großem Kaliber – offenbar 9 mm, falls es sich um eine Dienstpistole handelte, z. B. eine Nagan oder Mauser – bewirkte einen augenblicklichen Schock und warf Rasputin zu Boden. Bemerkenswert jedoch ist, daß keine stärkere Blutung eintrat. Jussupow beseitigte die Blutspuren lediglich im Salon, dort, wo er auch seinen Hund erschoß. Daß auf dem Hof der Schnee weggefegt oder das blutbespritzte Pflaster abgewaschen wurde, wird nirgends erwähnt. Wäre ein lebenswichtiges Organ getroffen worden, dann wäre eine bedeutende Blutung eingetreten, um so eher, als Rasputin bloß in Unterwäsche war. Das Oberkleid benutzte inzwischen als Maskierung Leutnant Suchotin.
Der letzte Akt des Mordes in Raten, der dem Ertrinken vorausging, war die Szene, als Jussupow mit einem Leuchter oder Stock auf Rasputin einschlug. Es scheint, daß der Pferdedieb Grischka in seinem Leben größeren physischen Drangsalen widerstanden hatte als den paar Schlägen des schlappen, asthenischen Aristokraten. Seine berühmte Vitalität half ihm zu überleben. Erst das Wasser der Newa, aus dem es wegen der Eisdecke kein Entrinnen gab, bedeutete das definitive Ende.

ISBN 3-360-001254-2

Rosa-Luxemburg-Str. 39, 10178 Berlin
Originaltitel: Otazníky nad hroby, Prag 1982
Umschlagentwurf: Peperoni Werbeagentur, Berlin
Druck und Bindung: Salzland Druck, Staßfurt

Die Bücher des Verlags Das Neue Berlin
erscheinen in der Eulenspiegel Verlagsgruppe.

www.das-neue-berlin.de